県立宇都宮東・佐野・矢板東高校附属中学校

〈収録内容〉

JN108061

便利な DL コンテンツは右の QR コードから

解答用紙

過去年度　問題は紙面に掲載

⇒

※データのダウンロードは 2025 年 3 月末日まで。

※データへのアクセスには、右記のパスワードの入力が必要となります。 ⇒ 024702

本書の特長

実戦力がつく入試過去問題集

- ▶ 問題 …………… 実際の入試問題を見やすく再編集。
- ▶ 解答用紙 …… 実戦対応仕様で収録。
- ▶ 解答解説 …… 解答例は全問掲載。詳しくわかりやすい解説には、難易度の目安がわかる「基本・重要・やや難」の分類マークつき（下記参照）。各科末尾には合格へと導く「ワンポイントアドバイス」を配置。

入試に役立つ分類マーク

基本 確実な得点源！
受験生の90％以上が正解できるような基礎的、かつ平易な問題。
何度もくり返して学習し、ケアレスミスも防げるようにしておこう。

重要 受験生なら何としても正解したい！
入試では典型的な問題で、長年にわたり、多くの学校でよく出題される問題。
各単元の内容理解を深めるのにも役立てよう。

やや難 これが解ければ合格に近づく！
受験生にとっては、かなり手ごたえのある問題。
合格者の正解率が低い場合もあるので、あきらめずにじっくりと取り組んでみよう。

合格への対策、実力錬成のための内容が充実

- ▶ 各科目の出題傾向の分析、最新年度の出題状況の確認で、入試対策を強化！
- ▶ その他、学校紹介、過去問の効果的な使い方など、学習意欲を高める要素が満載！

解答用紙ダウンロード 解答用紙はプリントアウトしてご利用いただけます。弊社ＨＰの商品詳細ページよりダウンロードしてください。トビラのＱＲコードからアクセス可。

famima PRINT 原本とほぼ同じサイズの解答用紙は、全国のファミリーマートに設置しているマルチコピー機のファミマプリントで購入いただけます。※一部の店舗で取り扱いがない場合がございます。詳細はファミマプリント（http://fp.famima.com/）をご確認ください。

UD FONT 見やすく読みまちがえにくいユニバーサルデザインフォントを採用しています。

公立中高一貫校の入学者選抜

ここでは，全国の公立中高一貫校で実施されている入学者選抜の内容について，その概要を紹介いたします。

公立中高一貫校の入学者選抜の試験には，適性検査や作文の問題が出題されます。

多くの学校では，「適性検査Ⅰ」として教科横断型の総合的な問題が，「適性検査Ⅱ」として作文が出題されます。しかし，その他にも「適性検査」と「作文」に分かれている場合など，さまざまな形式が存在します。

出題形式が異なっていても，ほとんどの場合，教科横断的な総合問題(ここでは，これを「適性検査」と呼びます)と，作文の両方が出題されています。

それぞれに45分ほどの時間をかけていますが，そのほかに，適性検査がもう45分ある場合や，リスニング問題やグループ活動などが行われる場合もあります。

例として，東京都立小石川中等教育学校を挙げてみます。

① 文章の内容を的確に読み取ったり，自分の考えを論理的かつ適切に表現したりする力をみる。

② 資料から情報を読み取り，課題に対して思考・判断する力，論理的に考察・処理する力，的確に表現する力などをみる。

③ 身近な事象を通して，分析力や思考力，判断力などを生かして，課題を総合的に解決できる力をみる。

この例からも「国語」や「算数」といった教科ごとの出題ではなく，「適性検査」は，私立中学の入試問題とは大きく異なることがわかります。

東京都立小石川中等教育学校の募集要項には「適性検査により思考力や判断力，表現力等，小学校での教育で身に付けた総合的な力をみる。」と書かれています。

教科知識だけではない総合的な力をはかるための検査をするということです。

実際に行われている検査では，会話文が多く登場します。このことからもわかるように，身近な生活の場面で起こるような設定で問題が出されます。

これらの課題を，これまで学んできたさまざまな教科の力を，知識としてだけではなく活用して，自分で考え，文章で表現することが求められます。

実際の生活で，考えて，問題を解決していくことができるかどうかを学校側は知りたいということです。

問題にはグラフや図，新聞なども多く用いられているので，情報を的確につかむ力も必要となります。

算数や国語・理科・社会の学力を問うことを中心にした問題もありますが，出題の形式が教科のテストとはかなり違っています。一問のなかに社会と算数の問題が混在しているような場合もあります。

少数ではありますが，家庭科や図画工作・音楽の知識が必要な問題も出題されることがあります。

作文は，文章を読んで自分の考えを述べるものが多く出題されています。

文章の長さや種類もさまざまです。筆者の意見が述べられた意見文がもっとも多く採用されていますが，物語文，詩などもあります。作文を書く力だけでなく，文章の内容を読み取る力も必要です。

調査結果などの資料から自分の意見をまとめるものもあります。

問題がいくつかに分かれているものも多く，最終の１問は400字程度，それ以外は短文でまとめるものが主流です。

ただし，こちらも，さまざまに工夫された出題形式がとられています。

それぞれの検査の結果は合否にどのように反映するのでしょうか。

東京都立小石川中等教育学校の場合は，適性検査Ⅰ・Ⅱ・Ⅲと報告書(調査書)で判定されます。

報告書は，400点満点のものを200点満点に換算します。

適性検査は，それぞれが100点満点の合計300点満点を，600点満点に換算します。

それらを合計した800点満点の総合成績を比べます。

このように，形式がさまざまな公立中高一貫校の試験ですが，文部科学省の方針に基づいて行われるため，方向性として求められている力は共通しています。

これまでに出題された各学校の問題を解いて傾向をつかみ，自分に足りない力を補う学習を進めるとよいでしょう。

また，環境問題や国際感覚のような出題されやすい話題も存在するので，多くの過去問を解くことで基礎的な知識を蓄えておくこともできるでしょう。

適性検査に特有の出題方法や解答方法に慣れておくことも重要です。

また，各学校間で異なる形式で出題される適性検査ですが，それぞれの学校では，例年，同じような形式がとられることがほとんどです。

目指す学校の過去問に取り組んで，形式をつかんでおくことも重要です。

時間をはかって，過去問を解いてみて，それぞれの問題にどのくらいの時間をかけることができるか，シミュレーションをしておきましょう。

検査項目や時間に大きな変更のある場合は，事前に発表がありますので，各自治体の教育委員会が発表する情報にも注意しましょう。

県立 宇都宮東高等学校附属 中学校
（うつのみやひがしこうとうがっこうふぞく）

〒321-0912　宇都宮市石井町3360-1
☎028-656-5155
交通　ＪＲ宇都宮駅・東武宇都宮駅　バス

https://www.tochigi-edu.ed.jp/utsunomiyahigashi/nc3/

［プロフィール］

平成19年４月、宇都宮東高等学校の附属中学校として開校。

［カリキュラム］

・50分授業。
・総合的な学習の時間では「**リテラシー総合**」として英会話スパイラルや体験学習などを実施。
・**自彊タイム**では、宇都宮大学や県弁護士会と連携して、中大連携講座や中学生法律教室を実施。校内弁論発表会も行う。
・数学と英語では１クラスを２展開する**少人数授業**を実施。きめ細かな指導が行われている。

［部活動］

・令和元年度には、水球部が関東大会に出場した。
・附属中学校で設置されている部活動は以下のとおり。

★運動部・文化部

野球、バレーボール（女）、サッカー、ソフトテニス、弓道、水泳、剣道、音楽

［行　事］

学校祭、体育祭、合唱コンクールなどの学校行事は高校生と一緒になって行われている。

４月　宿泊学習（１年）
５月　体育祭
７月　合唱コンクール、中学生法律教室
９月　宇東祭（学校祭）
10月　校内弁論発表会
11月　修学旅行（３年）、校内球技大会
３月　イングリッシュキャンプ（２年）

［進　路］

社会体験学習（２年）や**東京大学見学**（３年）を行っている。

★卒業生の主な進学先（宇都宮東高校）

東京大、京都大、北海道大、東北大、大阪大、茨城大、宇都宮大、埼玉大、千葉大、東京学芸大、一橋大、早稲田大、慶應義塾大、自治医科大

［トピックス］

・**創造アイディアロボットコンテスト全国大会**に例年のように出場しており、令和元年度には審査員特別賞や全日本中学校技術家庭科研究会長賞を受賞した。
・保護者とともに県内に居住する者又は入学時に居住見込みの者であれば受検が可能。
・入学者の選考に際しては、「適性検査」「作文」「面接」の結果、および「学習や生活の記録」が資料とされる。

県立 佐野高等学校附属 中学校
（さのこうとうがっこうふぞく）

〒327-0847　佐野市天神町761-1
☎0283-23-0161
交通　ＪＲ佐野駅・東武線佐野駅
　　徒歩10分

https://www.tochigi-edu.ed.jp/sano/nc3/

［プロフィール］

・県立佐野高等学校の附属中学校として、平成20年４月に開校。

［カリキュラム］

・45分×７時限授業。
・選択教科「**CTP（Critical Thinking Program）**」を設置（１～３年）。プレゼンテーションや討論など、英語による実践的コミュニケーション能力を磨く。英語劇なども行う。
・選択教科「**数理探求**」（２・３年）を設置。日常的に数学的思考力を鍛える。数学能力検定にも挑戦する。
・数学の**少人数編制授業**や英語の**ティームティーチング**など、きめ細かな指導で確かな学力の育成をめざす。
・学習支援の１つとして、定期試験前に先生に聞くことができる「質問教室」と、各自が自習する「自習室」を開設。

［部活動］

・中学３年の夏からは、高校生と一緒に活動することができる。
・令和２年度は女子テニス部が関東大会に出場した。
・平成31年度には、囲碁将棋部が、「文部科学大臣杯第15回小・中学校将棋団体戦」の県予選会中学の部で３連覇を果たし、東日本大会に出場した。

★運動部・文化部

陸上競技、野球、ラグビー、硬式テニス（女）、卓球（男）、バスケットボール（男）、バレーボール（女）、囲碁将棋、吹奏楽、美術、手芸

［行　事］

・学校祭や運動会は中高合同で実施。
・中学ではふれあい宿泊学習（１年）、合唱コンクール、校外体験学習、マラソン・ウォーキング大会、伝統文化大会、スキー林間学校（２年）、修学旅行（３年）などを実施。

［進　路］

・**キャリア教育**では体験学習を重視。農作業体験や学校林での林業体験などが実施される。各分野の専門家を招いた講話なども行われる。
・総合的な学習の時間で「**グローカル探究プログラム**」を実施。総合文化室・総合創作室といった施設が整備されており、茶道や華道などの体験を通して日本の伝統文化について学び、グローバル教育の基盤を育てる。

★卒業生の主な進学先（佐野高校）

東京大、東北大、宇都宮大、群馬大、埼玉大、筑波大、千葉大、横浜国立大、慶應義塾大、早稲田大、上智大

［トピックス］

受検資格や入学選考の資料に関しては、宇都宮東高校附属中学校と同じ。

〒329-2136　矢板市東町4-8
☎0287-43-1243
交通　ＪＲ矢板駅　徒歩10分

県立矢板東高等学校附属中学校

https://www.tochigi-edu.ed.jp/yaitahigashi/nc3/

［プロフィール］

平成24年４月、矢板東高校の附属中学校として開校。

［カリキュラム］

・50分×６時限授業。
・「**矢板教養教育**」の名称の下、生徒が広く深い教養を身に付けることができるような教育活動を展開する。
・特別教室棟には**セミナー室**があり、数学や英語などの授業を１クラス２展開の**少人数**で実施することにより、一人ひとりに対するきめ細かな指導が可能となっている。
・数・英・国については、標準よりも授業時間数を増やすことで基礎学力を育成する（３年間で105時間増）。
・総合的な学習の時間では「**矢東クリエイション**」として、イングリッシュコミュニケーションや研究論文の作成、サイエンスキャンプに取り組む。
・特別教室棟には**伝統文化室**があり、茶道・陶芸・華道の体験学習を行う。

［部活動］

・令和３年度は、**吹奏楽部**（高校）が県吹奏楽コンクールで金賞を受賞した。
・附属中学校では以下の部活動を設置。

★運動部・文化部

野球（男）、サッカー（男）、バスケットボール（男）、バレーボール（女）、ソフトテニス（女）、卓球（女）、吹奏楽、伝統文化

［行　事］

４月　スタート合宿
６月　体育大会
７月　合唱コンクール
９月　学校祭
10月　芸術鑑賞会、サイエンスキャンプ
11月　イングリッシュキャンプ（２年）、修学旅行（３年）、伝統文化教室
１月　百人一首かるた大会

［進　路］

・職場体験学習（２年）、農業体験活動、生き方講話（社会人講師）などを実施。

★卒業生の主な合格実績（矢板東高校）

東京大、京都大、北海道大、東北大、茨城大、宇都宮大、埼玉大、千葉大、筑波大、東京電気通信大、東京学芸大、新潟大、都留文科大

［トピックス］

受検資格や入学選考の資料に関しては、宇都宮東高校附属中学校と同じ。

入試！インフォメーション

※本欄の内容は令和６年度入試のものです。

受検状況　（数字は男／女／計）

学校名	募集定員	出願者数			受験者数			入学予定者数		
宇都宮東高校附属中学校	105	153	175	328	153	173	326	34	71	105
佐野高校附属中学校	105	114	133	247	114	132	246	49	56	105
矢板東高校附属中学校	70	55	71	126	54	70	124	27	43	70

栃木県立中学校

出題傾向の分析と合格への対策

●出題傾向と内容

検査は適性検査と作文の2種で実施された。適性検査は100点満点で，試験時間は，適性検査は50分（平成27年度入試から），作文は45分である。作文及び面接はA，B，Cの3段階の評価で，学習や生活の記録の「各教科の学習の記録」の評定も点数に加味される。

適性検査は，大問5題，小問10～12問からなり，各教科のさまざまな分野から複合的な問題が出題される。記述式の解答や会話文の読み取りを要求する問題も出題される。全体を通して，課題解決能力，思考力，表現力，論理力など，日常的な学習の中で身につけた総合的な力を検査するものとなっている。

各科目の出題傾向について分析すると，社会分野からの出題では，地図やグラフといった資料を正確に読み取り判断する問題が出題される。算数分野からの出題では，分野を問わずまんべんなく出題されているが，立体図形や規則性の問題は頻出である。理科分野からの出題では，図表やグラフを用いて実験の観察や考察をさせる問題が出題されている。

作文問題は，資料や会話文を活用し，条件に従って，自分の考えや意見をまとめて600字程度で記述する問題が出題される。資料の読み取りだけでなく，そこから発展させた自らの考えを指定された文字数で論理的に説明する力が求められる。

● 2025 年度の予想と対策

適性検査では資料や図版を用いた問題構成での出題が続くと思われる。グラフ・地図・イラスト・写真・表など，さまざまな種類の資料を用いた出題が予想されるので，さまざまな種類の問題を解き，解法のパターンをつかんでおくとよい。これらの問題では，資料から情報を正しく読み取る力，そこから考えられることは何かという思考力，別の資料と組み合わせて考察するという分析力が問われることが予想されるので，意識的に対策を行っておくとよい。また，算数の立体図形に関する問題などは，紙などを使って，実際に組み立ててみることで，理解が増すので，ていねいに対策しておきたい。

作文問題では，資料・会話文を用いた問題が続くと思われる。日頃から新聞記事などを読む習慣をつけておきたい。要求される作文の字数は，600字程度（原稿用紙1枚半）と長めである。これは自分の考えの根拠を示し，筋道立てて説明するのに十分な字数として設定されていると考えてよい。また，指定された条件を全て満たした作文となるように意識することが重要である。

✔学習のポイント

資料問題では，グラフの種類によって着眼点は変わってくる。なぜその種類のグラフが使われているかを意識して問題練習に取り組もう。

MEMO

大切なことはメモしておこうネ！

2024年度

★★★★★★★★★★★★★★★★★★★★★★★★

入　試　問　題

2024年度

栃木県立中学校入試問題

【適性検査】　(50分)　　＜満点：100点＞

1　図書委員のしおりさんたちは，10月の読書週間に，学校図書館でたくさん本を借りてもらえるような企画(きかく)を考えています。

しおり：　読書週間では，みんなに今よりもっとたくさんの本を読んでもらいたいね。

ふみか：　私(わたし)たちの学校図書館の本の貸出冊数(かしだしさっすう)は，どれくらいなのかな。

しおりさんたちは，先生に次のような資料（図１）を見せてもらいました。

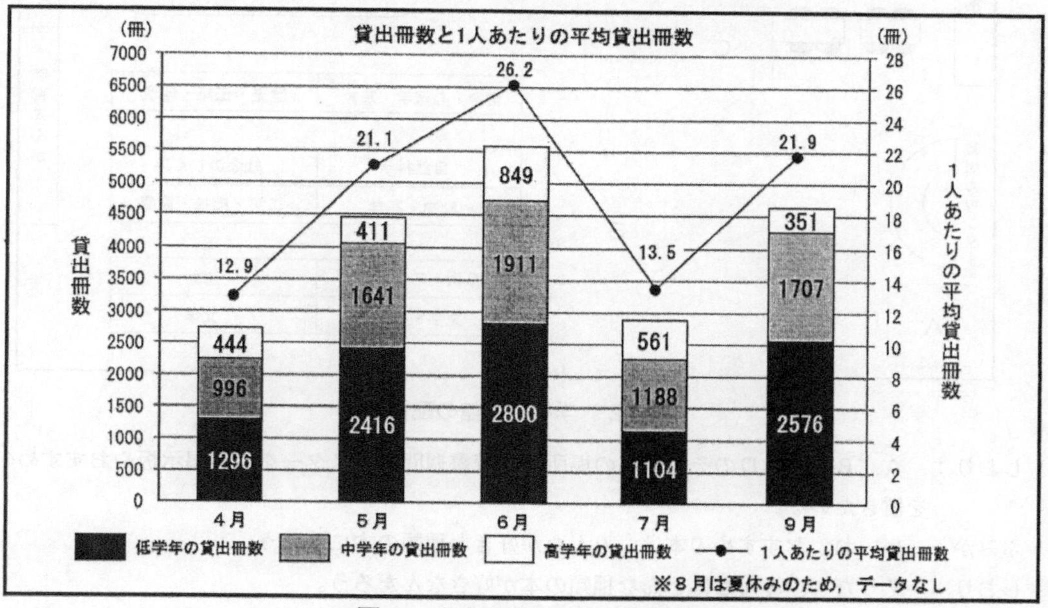

図１　先生が見せてくれた資料

ふみか：　貸出冊数が5000冊以上ある月があるよ。

しおり：　その月は，図書集会があって，みんなに図書館で本を借りてくださいと呼(よ)びかけをしたからかな。

まなぶ：　月ごとの貸出冊数には，ばらつきがあるね。

しおり：　そうだね。ほかには，どんなことが分かるかな。

［問１］　図１の資料から分かることとして適切なものを，次のアからエの中から一つ選び，記号で答えなさい。

ア　１人あたりの平均貸出冊数と，低学年，中学年，高学年それぞれの本の貸出冊数が，４月から６月にかけて増え続けている。

イ　１人あたりの平均貸出冊数が最も少ない月は，低学年，中学年，高学年ともに貸出冊数も最も少ない。

ウ　６月の１人あたりの平均貸出冊数は，４月の１人あたりの平均貸出冊数の２倍以上になっている。

エ　どの月も，本の貸出冊数が最も多いのは低学年であり，最も少ないのは高学年である。

しおりさんたちは，読書週間の企画で，学校図書館の配置図（図２）を見ながら，Ａ，Ｂ，Ｃ，Ｄのそれぞれの場所にどのようなものを置くか，話し合っています。

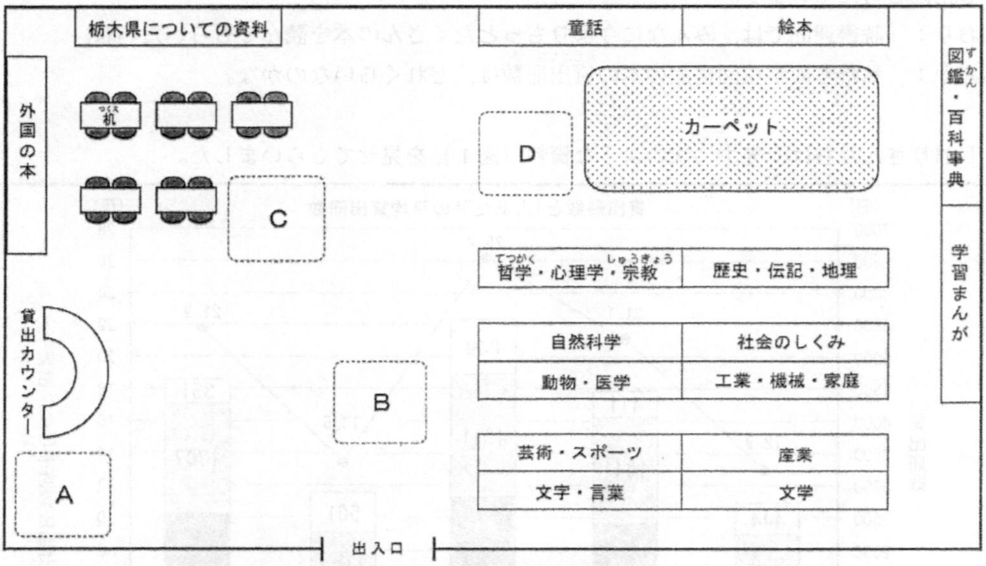

図２　学校図書館の配置図

しおり：　Ａ，Ｂ，Ｃ，Ｄのそれぞれの場所に，読書週間のポスターをはる掲示板やおすすめの本を置きたいな。

ふみか：　いいね。おすすめの本は，みんなが好きな種類の本にしよう。

しおり：　そうだね。みんなはどんな種類の本が好きなんだろう。

まなぶ：　インターネットで調べてみたら，小学生が好きな本の種類に関する資料を見つけたよ。その中から，好きと答えた人が多かった本の種類を，低学年，中学年，高学年ごとにまとめてみたよ（図３（次のページ））。これを参考にして考えてみよう。

ふみか：　低学年は，昼休みに学校図書館の奥のカーペットでよく読書をしているから，その近くの場所に低学年が一番好きな種類のおすすめの本を置いたらどうかな。

しおり：　近くには，その種類の本だなもあるし，そう決めよう。ほかの学年はどうかな。

まなぶ：　ぼくがまとめた表では，中学年と高学年が一番好きな種類の本は，「まんが・コミックス」だけど，ぼくたちの学校図書館には置いてないから，おすすめの本にできないね。

ふみか：　そうだね。ほかにも，学校図書館に置いてない種類の本があるのかな。

まなぶ：　表の中の「まんが・コミックス」以外の種類の本は，学校図書館にあるよ。

ふみか：　じゃあ，中学年と高学年で，好きと答えた人数が２番目に多い「アニメ」の本を置くのはどうかな。

まなぶ：　でも，学校図書館にある「アニメ」の本は数が少ないから，「アニメ」以外の本を置こうよ。

ふみか：　そうしよう。それなら，中学年と高学年ともに，好きと答えた人数が３番目に多い種類の本を置くのはどうかな。

まなぶ：　いい考えだね。中学年や高学年は，机（つくえ）でよく本を読んでいるよね。だから，机に最も近い場所に，その種類の本を置こう。

しおり：　残り二つの場所のうち，読書週間のポスターをはる掲示板（けいじばん）を置く場所を一つ作りたいから，おすすめの本を置く場所はあと一つだよ。その場所には，低学年から高学年までの多くの学年の人たちにおすすめする本を置きたいね。

ふみか：それなら，本を借りるときは，必ず貸出カウンターを利用するから，その近くの場所に，おすすめの本を置いたらいいかな。

まなぶ：　じゃあ，まだおすすめの本に選んでいない種類の本のうち，「まんが・コミックス」と「アニメ」を除（のぞ）いて，低学年，中学年，高学年で好きと答えた人数の合計が，一番多い種類の本を置くのはどうかな。

ふみか：　そうだね。その種類の本は，学校図書館の奥の本だなにあって，なかなか気づかない人も多いだろうから，ぜひ，おすすめしたいね。

しおり：　賛成。おすすめの本の種類と置く場所は決まったね。そうすると，残り一つの場所は，読書週間のポスターをはる掲示板を置く場所になるね。

小学生が好きな本の種類

好きな本の種類	低学年	中学年	高学年
まんが・コミックス	72 人	133 人	152 人
アニメ	94 人	102 人	96 人
絵本	106 人	38 人	10 人
図鑑（ずかん）	71 人	54 人	21 人
探偵（たんてい）もの・推理（すいり）もの	29 人	59 人	52 人
ファッション・おしゃれ	45 人	39 人	50 人
学習まんが	41 人	51 人	37 人
歴史まんが	23 人	45 人	52 人
ファンタジー	27 人	41 人	50 人

図３　まなぶさんがまとめた表

（学研教育総合研究所「2016 年小学生白書『小学生の生活・学習・グローバル意識に関する調査』（好きな本・雑誌（ざっし）のジャンル）」をもとに作成）

［問２］　会話から，しおりさんたちは，図２のＡ，Ｂ，Ｃ，Ｄの場所には，それぞれ何を置くことにしたか，次のアからクの中から最も適切なものを一つずつ選び，記号で答えなさい。

ア　おすすめの絵本
イ　おすすめの図鑑（ずかん）
ウ　おすすめの探偵（たんてい）もの・推理（すいり）ものの本
エ　おすすめのファッション・おしゃれの本
オ　おすすめの学習まんがの本
カ　おすすめの歴史まんがの本
キ　おすすめのファンタジーの本
ク　読書週間のポスターをはる掲示板

2 たろうさんは，国語の授業で，短歌や俳句（はいく），物語などに多くの鳥が出てくることを知りました。そこで，自主学習で鳥が出てくる俳句（図１）を調べることにしました。

鳥が出てくる俳句調べ

※季語は**太字**で表している。

【春】

鶯（うぐいす）や　文字も知らずに　歌心　　高浜虚子（たかはまきょし）

大和路（やまとじ）の　宮もわら屋も　**つばめ**かな　　与謝蕪村（よさぶそん）

【夏】

飛び習ふ（う）　青田の上や　**燕（つばめ）の子**　　堀（ほり）　麦水（ばくすい）

木隠（こがく）れて　茶摘（ちゃつ）みも聞くや　**ほととぎす**　　松尾芭蕉（まつおばしょう）

【冬】

ふり仰（あお）ぐ　空の青さや　**鶴渡（つるわた）る**　　杉田久女（すぎたひさじょ）

図１　たろうさんが自主学習で調べた鳥が出てくる俳句

たろう：　お父さん，鳥が出てくる俳句をノートにまとめたら，こんなにあったよ。

父　　：　よくまとめたね。たろうが気に入った俳句はどれだい。

たろう：　そうだな。ぼくは最後の俳句が好きだな。冬の青空に白い鶴が飛んでいる景色がうかんで，きれいだなって思ったよ。

父　　：　なるほど。ほかの俳句も鳥の様子が目にうかぶね。

たろう：　うん。ぼくの知っている鳥がいろいろ出てきてびっくりしたよ。

父　　：　昔から人々（ひとびと）にとって，鳥は身近な存在（そんざい）だったのだろうね。

たろう：　そうだね。調べていく中で鳥が季語になっていることが分かったけれど，どうしてだろう。

父　　：　季節ごとの鳥の様子にちがいがあるから，俳句の季語として用いていたんだろうね。

たろう：　それはおもしろいね。鳥が季語になる理由を調べてみたいな。

父　　：　いい考えだね。俳句における季節の区切りを考えるときには，この表（図２）を参考にするといいよ。

春	２月	夏	５月	秋	８月	冬	１１月
	３月		６月		９月		１２月
	４月		７月		１０月		１月

図２　俳句における季節の区切りを示した表

たろう：　ありがとう。これで鳥が季語になる理由について，くわしく調べられそうだな。俳句に出てきた鳥の特ちょうを調べて，まとめてみよう（図３（次のページ））。

〈うぐいすについて〉

- 産卵，子育ては２月から３月ごろに始まる。
- 産卵や子育てをする時期に，オスだけが「ホーホケキョ」と鳴く。
- 体の大きさは約１５㎝，やぶの中にひっそりと生息している。

〈ほととぎすについて〉

- ５月ごろにインドや中国から日本にやって来て卵を産む。
- 都市部や住宅地では，５月から６月中じゅんごろまで鳴き声が聞こえる。
- 体の大きさは約２８㎝，林ややぶの中に生息している。

〈つばめについて〉

- 東南アジアから日本にやって来て，人通りの多い場所に巣を作る。
- １年に２回子育てをする。
- 体の大きさは約１７㎝。

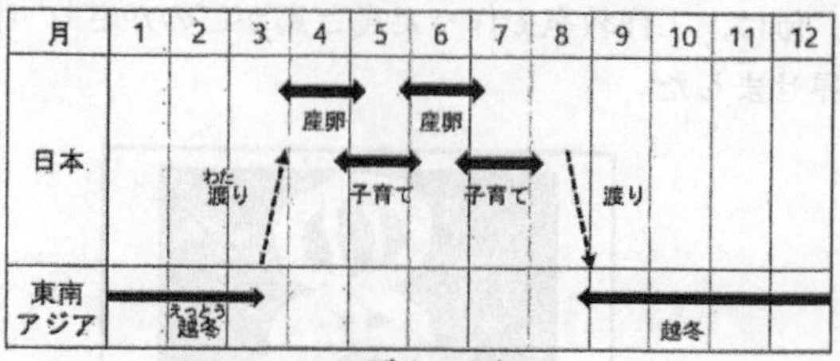

つばめの１年

図３　たろうさんがまとめた鳥の特ちょう

（「日本自然保護協会ウェブサイト」，「鳥ペディアウェブサイト」をもとに作成）

たろう：　俳句における季節の区切りと調べた鳥の特ちょうを考えながら，改めて俳句をよみ返すともっと情景をイメージしやすくなったな。うぐいすやほととぎすに対しては，姿よりも［①］に季節を感じていたのだろうね。

父　　：　そうだね。つばめと季語の関係は，何か分かったかな。

たろう：　うん。「つばめ」が春の季語なのは，3月ごろに日本にやって来て，その姿が見られるようになるからなんだね。同じつばめでも，「燕の子」だと夏の季語になるのは，［②］という理由だからだね。じゃあ，つばめを使った秋の季語もあるのかな。

父　　：　いいところに気づいたね。「きえん」という言葉があって，つばめの様子を表す秋の季語だよ。「えん」はつばめの漢字の音読みなんだ。

たろう：　調べたことから考えると，つばめは３月ごろに日本にやって来て，８月ごろに東南アジアへもどっていくから，「きえん」は漢字で「［③］燕」と書くんだね。

父　　：　その通り。よく分かったね。

［問１］　［①］，［②］にあてはまる言葉や文をそれぞれ書きなさい。また，［③］にあてはまる漢字１字を書きなさい。

たろうさんと父の様子を見ていた母が，声をかけました。

母　　：　あら，鳥についていろいろ調べたのね。日本には昔から，「つばめが巣を作る家は縁起がいい」という言い伝えがあるのよ。

たろう：　そういえば鶴も縁起のいい鳥とされているよね。お祝いのときによく見るよ。

母　：　そうね。鶴は長寿の鳥として親しまれているわね。つばめや鶴のほかにも，縁起がいい鳥はいろいろいて，好んでお店や家にかざっている人も多いのよ。

たろう：　なるほどね。ぼくの家にも鳥のかざりがあるといいな。

母　：　そういえば前に参加した工作教室で鳥と鳥かごのかざりを作ったことがあったわ。１枚の紙を折って，切って，はり合わせるだけで簡単に鳥かごができたの。その鳥かごの中に，好きな鳥を作ってつり下げれば，すてきな鳥のかざりになるわ。たしか，そのときに使った鳥かごの型紙が，家にあったと思うけど。

たろう：　その型紙，見せてちょうだい。ぼくも作ってみたいな。

母は，工作教室で作った鳥と鳥かごのかざり（図４）と，鳥かごの型紙（図５）をたろうさんに見せました。

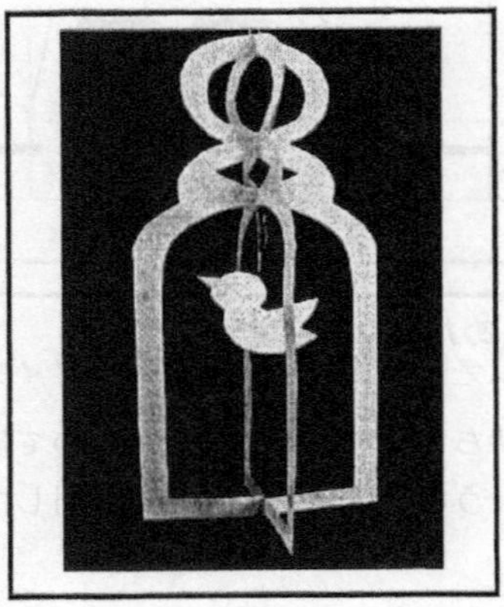

図４　鳥と鳥かごのかざり

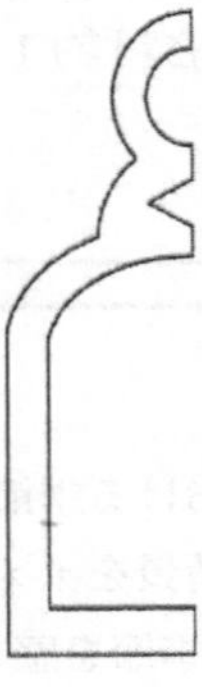

図５　鳥かごの型紙

たろう：　わあ，かわいいかざりだな。上から見ても下から見ても十字に見えるんだね。１枚の紙から，この鳥かごができるなんて不思議だな。お母さん，作り方を教えて。

母　：　もちろんよ。まずは，じゃばら状に八つに折った色紙に，型紙を置いて（図６），形を写し取り，はさみで切り取るのよ。

たろう：　よし。ずれないようにていねいに切ろう。

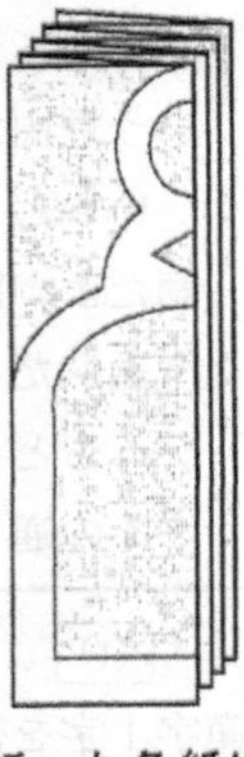

図６　折った色紙に，型紙を置いたもの

たろうさんは，じゃばら状に八つに折った色紙を型紙の線に沿って切り取り，広げました（図７）。

（図７は次のページにあります。）

たろう：　同じ形が八つ，つながって切り取れたぞ。この後，のりではり合わせていけば鳥かごができるってことだよね。どのようにはり合わせればいいの。

母：　型紙の形を一つの面と考えると，全部で①から⑧の八つの面があるでしょう。この面全体にのりをつけて，面どうしをはり合わせるのよ。どの面とどの面をはり合わせればいいか考えてごらん。

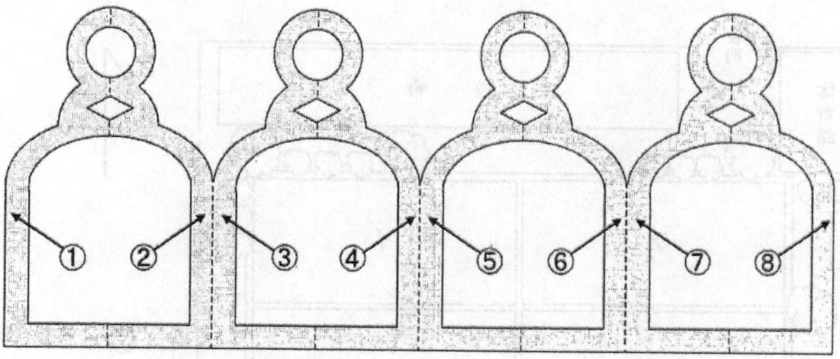

図７　型紙の線に沿って切り取って広げた形

［問２］　図７の①から⑧の面をどのようにはり合わせると，図４の鳥かごができますか。最も適切なものを，次のアからエの中から一つ選び，記号で答えなさい。

ア　①と②，③と④，⑤と⑥，⑦と⑧をはり合わせる。
イ　②と③，④と⑤，⑥と⑦，①と⑧をはり合わせる。
ウ　④と⑤，③と⑥，②と⑦，①と⑧をはり合わせる。
エ　②と③，①と④，⑥と⑦，⑤と⑧をはり合わせる。

3　栃木県に住むあきこさんの学校の児童会代表委員は，９月下じゅんに行う異学年の交流活動について話し合っています。

あきこ：　前回の話し合いで，来週月曜日の午前10時から行う交流活動では，1年生と６年生はシャボン玉遊び，２年生と４年生はドッジボール，３年生と５年生はかげふみをすることになったね。今日は，活動場所を決めよう。

な　ほ：　そうしよう。ドッジボールは体育館，かげふみとシャボン玉遊びは，それぞれ校庭の４分の１ずつの場所を使おう。

さとし：　そうだね。学校の見取り図（図（次のページ））で校庭を４つに分けて，アからエのどこを使えばいいか相談しよう。まずは，かげふみをする場所を考えよう。

かずき：　昨日の午前10時くらいには，校庭にかげはいくつもできていたよね。大きな木のかげには７，８人，小さな木のかげには２，３人はかくれることができるよ。

な　ほ：　それじゃあ，かくれる場所が多くなるように，大きな木のかげができる場所でかげふみをしよう。

あきこ：　いいね。天気予報を見たとき，交流活動の前日の日曜日は雨が降るらしいけれど，次の日の月曜日は晴れるという予報だったよ。もし前の日に雨が降った場合，交流活動をする月曜日には校庭の土はかわくかな。

な　ほ：　校庭には，水たまりができやすくて土がかわきにくい場所があるよね。校庭の南東は，他の場所と比べると地面が低くなっていて，水たまりができやすい場所だから，そこで交流活動をするのはやめよう。

さとし：　そうすると，かげふみで遊ぶ場所は □ になるね。

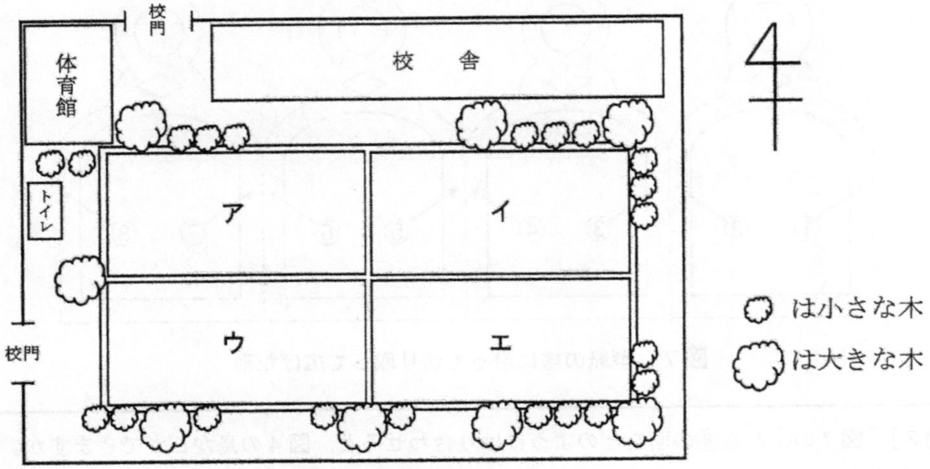

図　学校の見取り図

［問１］　会話の中の □ にあてはまる最も適切な場所を，図のアからエの中から一つ選び，記号で答えなさい。なお，学校の周りに高い建物はないものとします。

次に，教室にもどった６年生のあきこさんは，1年生とシャボン玉で遊ぶときに使うシャボン液についてクラスで話し合っています。

あきこ：　６年生がシャボン液を準備することになったんだよね。

はると：　シャボン液の作り方を調べてきたよ。材料は，洗(せん)たくのりと台所用洗ざいと水を用意するよ。洗たくのりと台所用洗ざいの量は５：１の割合(わりあい)だよ。水は，台所用洗ざいの10倍必要で，これら三つの材料を混ぜると完成だよ。

さとし：　１人分のシャボン液は160mLとして作っていこう。１年生18人分と６年生23人分のシャボン液のそれぞれの分量を計算しておくね。

あきこさんたちは，洗たくのりや台所用洗ざい，計量カップなどを用意して水道へ行き，まずは１年生18人分のシャボン液を作り始めました。

はると：　まずは，水の分量を量って入れるね。

あきこ：　次は，私(わたし)が洗たくのりの分量を量って入れるね。

さとし：　最後に，ぼくが台所用洗ざいの分量を量って入れるよ。

あきこ：　三つの材料を入れたから混ぜてみよう。あれ，なんだかねばりが少ないね。

さとし：　全体の量が多い気がするよ。

はると：　どうしよう。水の分量をまちがえて，２Ｌ入れちゃったよ。

あきこ：　そうだったんだ。でも，だいじょうぶ。まだ６年生のシャボン液を作っていないから，これを6年生の分にしよう。

さとし：　そうすると，今まちがえて作った1年生のシャボン液に，水を ① mL，洗たくのりを ② mL，台所用洗ざいを ③ mL加えれば，6年生のシャボン液の分量になるね。

はると：　その後，1年生のシャボン液を別の容器に作ればいいんだね。むだにならなくてよかったよ。ありがとう。

［問2］　会話の中の ① ， ② ， ③ にあてはまる数をそれぞれ答えなさい。

4　ひろとさんの住む地域(ちいき)でマラソン大会が開催(かいさい)されます。小学生のひろとさんたちと，中学生のみさきさんが所属している地域ボランティアサークルで，完走記念スタンプと，参加賞のオリジナルステッカーを作成することになりました。マラソン大会のパンフレット（図1）を見ながらスタンプのデザインについて話し合っています。

しもつかれマラソン 2024 大会要項(ようこう)

1　開催日　2024年10月○日（○）雨天決行

2　会　場　しもつかれ運動公園

3　種　目

種目	内　容	定員
1）フルマラソン	42.195km を走ります。	400 人
2）ハーフマラソン	21.1km を走ります。	300 人
3）リレーマラソン	5人組を作って 42.195km をリレー形式で走ります。	50 組
4）ペアラン	2人で一緒(いっしょ)に 10km を走ります。	100 組

※　参加できる種目は，1人1種目です。

4　参加費

1）　フルマラソン　　7,000 円

2）　ハーフマラソン　　5,000 円

3）　リレーマラソン　　1人3,500 円

4）　ペアラン　　1人3,500 円

5　開会式　8時より，しもつかれ運動公園陸上競技場にて行います。

6　参加賞　Tシャツ，オリジナルステッカー（ボランティアサークルより）

7　その他　完走した方には，市の特産物（くり，キウイ）をプレゼントします。

図1　マラソン大会のパンフレット

みさき：　完走記念スタンプのデザイン（図2）を考えてきたよ。デザインには特産品のくりを入れたよ。

ひろと：　いいデザインだね。このデザインで消しゴムスタンプを作ろう。

そうた：　スタンプをおしたときに，このデザインになるように四角い消しゴムにほろう。

ゆ　い：　じゃあ，スタンプに使う消しゴムに，ほる部分を黒でかいてみるね。

図2　完走記念スタンプのデザイン

［問１］　ゆいさんが四角い消しゴムにかいたデザインを，下のアからエの中から一つ選び，記号で答えなさい。

ア　　　　イ　　　　ウ　　　　エ

次に，ひろとさんたちはパソコンを使って作った，参加賞のオリジナルステッカーのデザイン（図３）を，ステッカー用紙にどのように印刷するか話し合っています。

ひろと：　ステッカーの円の直径は，６㎝にしたよ。

ゆ　い：　ステッカー用紙の大きさは，どのくらいなのかな。

みさき：　このステッカー用紙の袋には（210×297㎜）と書いてあるよ。これは，短い方の辺の長さが210㎜で，長い方の辺の長さが297㎜ということだね。

そうた：　１枚のステッカー用紙からできるだけ多くステッカーを作りたいね。用紙の長い方の辺が横になるようにして，すき間をあけずに，縦に３段並べた円を用紙の左はしと下の辺に付けて，２列目からはその前の列に並べた円の右はしと用紙の下の辺に付けて並べていったらたくさん作れそうだよ（図４）。

図３　ステッカーのデザイン

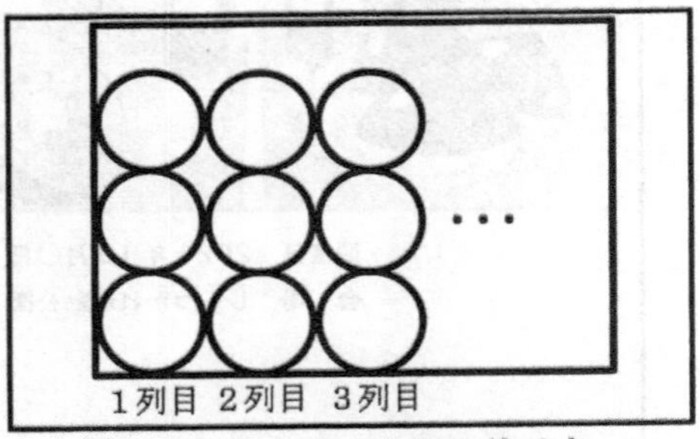

図４　そうたさんの円の並べ方

みさき：　いいね。でも，そうたさんの円の並べ方だと用紙の右側が余ってしまってもったいないね。１列目は用紙の下の辺に，２列目は上の辺に付けて，円の間をつめて交互にくり返して並べていくと，そうたさんの円の並べ方よりももう１列だけ横に多く並べることができるよ（図５）。

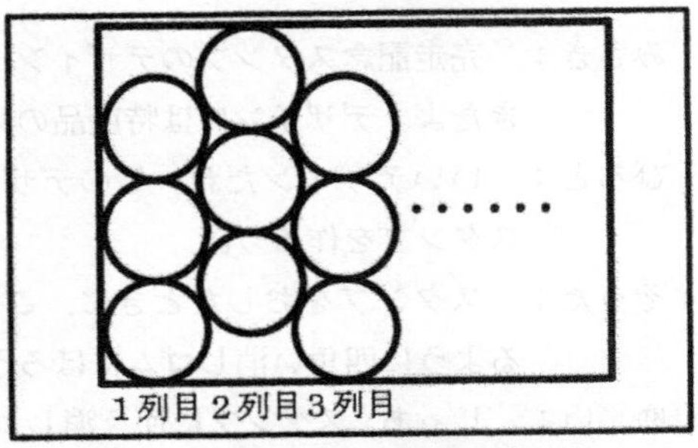

図５　みさきさんの円の並べ方

そうた：　なるほど。じゃあ，みさきさんの円の並べ方で作ることにしよう。
ゆ　い：　そうだね。ところで，パンフレットを見るといろいろな種目があるけれど，どの種目に参加したとしても，１人に１枚ステッカーをプレゼントするんだよね。
ひろと：　どの種目もよゆうをもって，１種目につき10枚ずつ多く作ろう。
みさき：　そうしよう。

［問２］　みさきさんの円の並べ方でステッカーを用意すると，ステッカー用紙は何枚必要ですか。また，その求め方を式と言葉を使って答えなさい。

５　すぐるさんは，中学生の姉が出場する陸上競技大会に，家族で応えんに来ています。姉は，リレーと走り高とびに出場します。
すぐる：　リレーの予選の１組目が始まるね。何チームが決勝に進めるのかな。
父　　：　合計８チームだよ。予選は４組あって，まず，それぞれの組で１位になったチームは決勝に進めるよ。残りはそれぞれの組の２位以下のチームで，記録が上位のチームから順に決勝に進めるんだ。
すぐる：　なるほど。お姉ちゃんたちのチームは４組目だから，３組目までの結果を見れば，決勝に進むための目安が分かるね。
母　　：　そうね。それぞれの組の結果が電光けい示板に出たら，メモをしておくわ。

３組目までの競技が終わり，すぐるさんは，母が１組目から３組目までの結果を書いたメモ（図１）を見ながら母と話をしています。

１組目

順位	記録
1	50.69 秒
2	51.32 秒
3	51.39 秒
4	52.83 秒
5	53.69 秒
6	54.34 秒
7	55.01 秒

２組目

順位	記録
1	50.74 秒
2	51.53 秒
3	52.48 秒
4	53.03 秒
5	54.29 秒
6	55.46 秒

３組目

順位	記録
1	51.49 秒
2	51.67 秒
3	52.31 秒
4	52.95 秒
5	54.00 秒
6	54.77 秒

図１　母が１組目から３組目までの結果を書いたメモ

母　　：　お姉ちゃんたちのチームのベスト記録は，51.45秒だったわ。もし，この記録で走ったとしたら，４組目で何位までに入れば決勝に進めるのかしら。
すぐる：　51.45秒で走って同着がいなかった場合，４組目で最低でも［　　］位に入れば，決勝に進めるね。

［問１］　会話の中の［　　］にあてはまる数を答えなさい。

リレーの予選の結果，姉たちのチームは決勝に進むことが決まり，その後しばらくして走り高とびの決勝が始まりました。すぐるさんは，父がプログラムに何かを記入しながら競技を見ていることに気づき，父と話をしています。

すぐる：　お父さん，さっきからプログラムに何を書いているの。

父　　：　プログラムには，結果を書きこめる表があるから，それぞれの選手がとんだ結果を書いているんだ。「試技順（しぎじゅん）」はとぶ順番のことで，その高さを成功した場合は「○」，失敗した場合は「×」を書くんだよ。

すぐる：　ちょっと見せて。同じ高さには３回まで挑戦（ちょうせん）できるんだね。１回目か２回目に成功した場合，その後は同じ高さをとばないから空らんなのかな。

父　　：　その通りだよ。お姉ちゃんは１m35cmを２回目で成功したから，３回目は空らんなんだ。

すぐる：　３回続けて失敗した選手の競技は終わりになるんでしょ。

父　　：　そうだね。そして，最後に成功した高さがその選手の記録になるよ。

走り高とびの競技が終わり，正式な記録と順位が発表になりました。

すぐる：　お姉ちゃん，順位は５位なんだ。お姉ちゃんがとべなかった１m45cmを成功した選手は３人だから，４位なのかと思ったらちがうんだね。

父　　：　そうなんだよ。発表された記録と順位を書いたから，プログラムの表（図２）を見てごらん。同じ記録でも，順位が同じ選手もいれば，ちがう選手もいるね。

試技順（しぎじゅん）	氏名	高さ						記録	順位
		1m30cm	1m35cm	1m40cm	1m45cm	1m50cm	1m55cm		
1	A	○	○	× ①	× ○	× × ×		1m45cm	2 位
2	B	○	○	○	○	× ○	× × ×	1m50cm	1 位
3	C	○	× ○	○	× × ×			1m40cm	5 位
4	D	○	○	②	× ○	× × ×		1m45cm	3 位
5	E	× ○	× × ×					1m30cm	12 位
6	F	× × ○	○	③	× × ×			1m40cm	7 位
7	G	○	× × ×					1m30cm	10 位
8	H	× ○	× ○	④				1m35cm	9 位
9	I	○	× ○	⑤	× × ×			1m40cm	8 位
10	J	○	× × ×					1m30cm	10 位
11	K	○	× ○	⑥	× × ×			1m40cm	6 位
12	L	○	○	⑦	× × ×			1m40cm	4 位

図２　父が結果を書いたプログラムの表

すぐる：　本当だ。記録がよい選手が上位になるのは分かるけど，記録が同じ選手は，どんなルールで順位が決まるの。

父　　：　記録が同じだった場合は，最後に成功した高さで「×」の数が少ない選手が上位になるんだよ。その数も同じだった場合は，すべての高さの「×」の合計数が少ない選手が上位になるんだ。それでも差が出ない場合は，同じ順位ということだよ。

すぐる：　そういうことなんだ。じゃあ，１m40cmの高さは，「○」や「×」が書かれていない所があるけど，全部書けていれば発表よりも前に順位が出せたんだね。

父　　：　そうなんだよ。お姉ちゃんが成功した後，次の高さに挑戦（ちょうせん）するまで時間があると思ってトイレに行ったから，結果を書けていない部分があるんだ。その間の記入をすぐるにたのんでおけばよかったな。でも，記録や順位をもとに考えれば，もしかしたら「○」や「×」を記入して，正しい表を完成させることができるんじゃないかな。

すぐる：　そうか。おもしろそうだね。考えてみるよ。

［問２］　会話や図２をもとに，図２の表の①から⑦の □ にあてはまる結果を，それぞれ○や×や空らんで答えなさい。
ただし，途中（とちゅう）で競技をやめた選手はいなかったものとします。

【作　文】（45分）

【注意】　1　題名と氏名は書かないこと。

2　原稿用紙の正しい使い方に従って書くこと。

ただし，書き進んでから，とちゅうを書き直すとき，直すところ以外の部分も消さなければならないなど，時間がかかる場合は，次の図のように，一つのます目に２文字書いたり，ます目をとばして書いたりしてもよい。

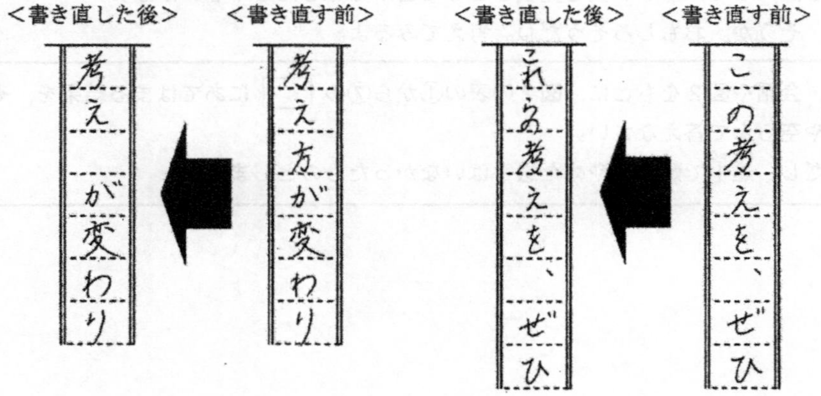

中学生になり，学級の係活動について話し合うことになりました。新しい友達とよりよい学級にするために，あなたなら，どのような係を提案しますか。

次の条件に従って書きなさい。

（条件）

ア　あなたの提案する係の内容と，その係を提案する理由を書きなさい。ただし，提案する係は，小学校で経験した係でも，新たに自分で考えた係でもよい。

イ　あなたの考えるよりよい学級とは，どのような学級かにもふれなさい。

ウ　あなたが経験したこと，または，見聞きしたことにもふれなさい。

エ　字数は六百字程度で書きなさい。

2024 年 度

解 答 と 解 説

＜適性検査解答例＞

1 ［問1］ ウ

［問2］ A イ　B ク　C ウ　D ア

2 ［問1］ ① 鳴き声(声)　② つばめが夏に子育てをする　③ 帰

［問2］ イ

3 ［問1］ ウ

［問2］ ① 300(mL)　② 250(mL)　③ 50(mL)

4 ［問1］ エ

［問2］ 80(まい)

〔求め方〕

みさきさんの円の並べ方では，円を縦に３段横に５列並べられることになる。よって，１枚のステッカー用紙から作ることができるステッカーの数は，

3×5＝15(枚)

参加者の人数は，

400＋300＋5×50＋2×100＝1150(人)

どの種目も，ステッカーを10枚ずつ多く作るので，全部で，

1150＋10×4＝1190(枚)

したがって，

1190÷15＝79あまり5

となるので，ステッカー用紙は80枚必要となる。

5 ［問1］ 3(位)

［問2］ ① ■○　② ××○　③ ×○　④ ×××　⑤ ××○　⑥ ×○　⑦ ○

○配点○

1	問1	4点	問2	16点	2	問1	12点	問2	6点
3	問1	4点	問2	18点	4	問1	6点	問2	14点
5	問1	6点	問2	14点	計100点				

＜適性検査解説＞

1 （国語・算数：資料の読み取り，計算）

基本 ［問1］ ア　高学年の貸出冊数は４月が444冊，５月が411冊と減っているので誤り。

イ　１人あたりの平均貸出冊数が最も少ない月は４月であるが，低学年の貸出冊数は1296冊で，７月の低学年の貸出冊数である1104冊を上回っているので，誤り。また，高学年の貸出冊数も444冊で，９月の高学年の貸出冊数である351冊を上回っている。

ウ　６月の１人あたりの平均貸出冊数は26.2冊，４月は12.9冊であるから，
26.2÷12.9＝2　あまり0.4　であり，２倍以上になっているので適切である。

エ　７月の低学年の貸出冊数は1104冊，中学年の貸出冊数は1188冊であり，中学年のほうが本の貸出冊数が多いので誤り。

［問2］ まず，低学年が一番好きな種類のおすすめの本を奥のカーペット近くに置くので，Dに置くのは「絵本」である。次に，「まんが・コミックス」と「アニメ」に続いて中学年と高学年に人気がある種類の本は，中学年は「探偵もの・推理もの」で，高学年では「探偵もの・推理もの」と「歴史まんが」である。このうちどちらにも人気がある「探偵もの・推理もの」を机の近くのCに置く。C，Dに置いたものと「まんが・コミックス」と「アニメ」を除いた種類の本について，低学年，中学年，高学年で好きと答えた人数のそれぞれの合計は，

「図鑑」　71＋54＋21＝146(人)
「ファッション・おしゃれ」　45＋39＋50＝134(人)
「学習まんが」　41＋51＋37＝129(人)
「歴史まんが」　23＋45＋52＝120(人)
「ファンタジー」　27＋41＋50＝118(人)

であるので，好きと答えた人数の合計が一番多い「図鑑」を貸出カウンターの近くのAに置く。残りの場所のBにはポスターをはる掲示板を置く。

2 （国語・理科・算数：季語，資料の読み取り，鳥の生態，立体図形）

［問1］ ①　図３に説明がある鳥のうち，うぐいすとほととぎすは共通して鳴き声について書かれている。図１の俳句にも，うぐいすの俳句には「歌心」，ほととぎすの俳句には「聞く」という言葉が含まれていることから，鳥の姿よりもその鳴き声に注目して，季節を感じていたことが分かる。

②　図３よりつばめが子育てをするのは５月と７月であり，図２より５月から７月は俳句における夏に分類されていると分かるので，これが燕の子が夏の季語になっている理由だと考えられる。

③　図３とたろうさんの発言から，つばめは春に日本にやって来て，秋に東南アジアにもどっていくと分かる。その様子を表した季語が「きえん」なので，「き」と読み，もどるという意味の漢字を考えると「帰」があてはまる。

［問2］ 図４と会話文中の「上から見ても下から見ても十字に見える」というたろうさんの発言から，４つのパーツが１周つながるような形になることが分かる。ア，ウ，エのはり合わせ方だと，つなぎ合わせたときに１周できないので，イが答えになる。

3 （算数，理科：資料の読み取り，太陽とかげ，方位，比の計算）

基本 ［問1］ 太陽は南の空を通るので，かげはものの北側にできる。校庭の中で木のかげができると考

えられるのは，南側に木があるウとエである。校庭の南東は水たまりができやすいので交流活動をするのはやめるとなほさんが発言しているので，エは適さない。よって，かげふみで遊ぶ場所は，ウである。

［問2］ 1人分のシャボン液は160mLで，はるとさんの発言より，洗たくのり，台所用洗ざい，水の割合は，5：1：10であると分かる。したがって，1人分のシャボン液を作るには，

洗たくのり　160÷(5＋1＋10)×5＝50(mL)
台所用洗ざい　160÷(5＋1＋10)×1＝10(mL)
水　160÷(5＋1＋10)×10＝100(mL)

が必要になる。

1年生18人分のシャボン液に必要な材料の量はそれぞれ，

洗たくのり　50×18＝900(mL)
台所用洗ざい　10×18＝180(mL)
水　100×18＝1800(mL)

6年生23人分のシャボン液に必要な材料の量はそれぞれ，

洗たくのり　50×23＝1150(mL)
台所用洗ざい　10×23＝230(mL)
水　100×23＝2300(mL)

文中では1年生用のシャボン液を作ろうとして，まちがえて水を2L，すなわち2000mL入れてしまっているので，6年生用のシャボン液を作るためには，

洗たくのり　1150−900＝250(mL)
台所用洗ざい　230−180＝50(mL)
水　2300−2000＝300(mL)

を追加すればよい。

(別解)

洗たくのりと台所用洗ざいについては，6年生の人数から1年生の人数を引いた数に1人分の液体の量をかけて求めることもできる。

洗たくのり　50×(23−18)＝250(mL)
台所用洗ざい　10×(23−18)＝50(mL)

4 (国語・算数：会話文・資料の読み取り，平面図形，あまりのある計算)

［問1］ 消しゴムスタンプをおすと，ほった部分が白く，ほっていない部分は黒くなる。また，紙におしたときには左右が反転するので，図2と見比べて，色が白黒反対で，左右もすべて反転しているエが答え。

重要 ［問2］ 297mmは29.7cmである。そうたさんの並べ方だと，横には，

29.7÷6＝4あまり5.7

より，4列並べることができる。

みさきさんの並べ方だと，そうたさんの並べ方よりも1列多く並べられるとあるので，横に5列並ぶと分かる。また，縦には3段並べることができる。したがって，1枚のステッカー用紙から作ることができるステッカーの枚数は，

3×5＝15(枚)

となる。

1人に1枚ステッカーをプレゼントするので，各種目に何人が参加するかを調べる。図1

より，

　　フルマラソン　　　400人
　　ハーフマラソン　　300人
　　リレーマラソン　　5×50＝250（人）
　　ペアラン　　　　　2×100＝200（人）

各競技につき10枚ずつ多くステッカーを準備するので，用意するステッカーの枚数は，

　400＋300＋250＋200＋10×4＝1190（枚）

したがって，必要なステッカー用紙の枚数は，

　1190÷15＝79あまり5

より，80枚である。

5　（国語・算数：会話文の読み取り，資料の読み取り，論理）

［問1］　決勝に進めるのは合計8チームなので，決勝に進めるチームは，各組の1位のチームと，2位以下のチームの中から全体で上位の4組である。3組目までの1位のチームは決勝進出が決まっている。2位以下のチームの中で，51.45秒以内のチームは，1組目の2位と3位の2チームだけである。4組目の中で2位以下でも，2位以下で全体の上位4チームに入ればよい。したがって，2位から数えて何チームまでに入ればよいか計算すると，

　4－2＝2（チーム）

　1位のときは記録によらず決勝進出が決まるので，3位までであれば決勝に進めると考えられる。

やや難　［問2］　問題文より，条件を整理すると，

　⑴　記録がよい選手が上位になる
　⑵　記録が同じ場合は最後に成功した高さで「×」の数が少ない選手が上位
　⑶　⑵も同じだった場合はすべての高さの「×」の合計数が少ない選手が上位

というルールになっている。

　まず，記録が1m45cmのAとDを考える。1m45cmの「×」の数は両者とも1回である。全体の「×」の合計数は，1m40cmの時を除いてA，Dともに4回である。順位はAの方が高く，1回目に「×」が書かれているので，1m40cmでは，Aが「×」1回，Dが「×」2回となる。

　次に，記録が1m40cmのC，F，I，K，Lを考える。4位のLと5位のCを見ると，Cは1m40cmを1回目で成功しているので，Lも1回目で成功したと考えられる。また，5位のCと6位のKを見ると，□以外の部分は同じ記録になっているため，Kは「×」1回であることが分かる。また，7位のFと8位のIを見比べると，Fの方が順位は高いが，1m35cmまでの「×」の回数はFの方が多いことから，1m40cmの「×」の数で順位が決まっていると考えられるので，1m40cmではFが「×」1回，Iが「×」2回だと分かる。

　最後にHを考える。記録が1m35cmになっているということは，1m40cmでは成功していないため「×」3回である。

★ワンポイントアドバイス★

長い文章や会話文，資料から情報を得て，それをもとに計算させる問題が多く出題されている。計算自体は難しくないので，問題文から必要な情報をすばやく読み取って整理し，ミスなく計算する練習をしておこう。

＜作文問題解答例＞《学校からの解答例の発表はありません。》

私は，新しい友達とよりよい学級にするために，イベント係を提案します。なぜなら，イベントを行うことでクラスメイトとの仲を深めることができ，意見を素直に言いやすくなると思うからです。

私の考えるよりよい学級とは，みんなが自分の思ったことや感じたことを積極的に表現できる学級です。そのために，積極的にコミュニケーションをとることが大切だと考えます。クラス全員が参加できるイベントを行うことで，楽しみながら自然と会話をすることができます。

イベント係は，このようなイベントを季節ごとに計画し，進行します。イベントのために話し合いを進めていく中で，イベント係になった人同士でもコミュニケーションが生まれ，仲を深めるきっかけになります。

私は，四年生のときにレク係を経験しました。新しい学年になってすぐの時は，おたがいのことをよく知らないため，自分の意見を伝えづらく，班やクラスでの話し合いがなかなか進みませんでした。しかし，レク係が決まり，係の人たちと休み時間や放課後などにみんなが楽しめるイベントを行うと，これをきっかけにみんなの好きなものや性格について知ったり，話したりするようになりました。その後，話し合いでもみんなが自分の意見を積極的に発言できるようになりました。

このように，私は自分の考えを表現できる学級を実現するために，コミュニケーションのきっかけとなるイベントを計画し，進行するイベント係を提案します。

＜作文問題解説＞

基本 **（作文：複数の条件で，主張が関係するように自分の意見を述べる）**

今までの経験から，自分の考えるよりよい学級と，そのために必要な係について表現する問題である。提案する係の内容と提案する理由，よりよい学級とはどんな学級か，自分の経験したことの3点が関係するように注意する。

600字程度なので，3～5段落構成にする。第一段落では，提案する係とその理由を書く。第二段落では，自分の考えるよりよい学級について説明し，係の内容と，それがどのように役立つかを示す。また，それに関連するような，自分の経験したことや見聞きしたことを述べる。必要に応じて，段落を分けてもよい。最終段落では，よりよい学級や提案する係について簡潔にまとめる。

★ワンポイントアドバイス★

経験したことや見聞きしたことを具体的に入れると，伝えたいこととのつながりが分かりやすい。解答例では，「コミュニケーション」を「好きなものや性格について知ったり話したりする」と表現している。
また，問題文に「新しい友達と」よりよい学級にすると書かれているため，新しい友達と関わる場面に触れられるとよい。新しい友達とうまくいかなかったことがうまくいくようになった例を出すと分かりやすくなる。

2023年度

★★★★★★★★★★★★★★★★★★★★★★★★

入　試　問　題

2023年度

栃木県立中学校入試問題

【適性検査】（50分）　＜満点：100点＞

1　休日の朝，しんじさんは，朝食について母と妹と話をしています。

しんじ：　お母さん，今日の朝ごはんは納豆が食べたいな。

妹　：　私も食べたい。

母　：　いいわよ。冷蔵庫にあるわよ。

しんじ：　納豆が２パックあるね。賞味期限が近いものから食べようね。

妹　：　どうして。

しんじ：　食品ロスを減らすためだよ。総合的な学習の時間に，先生から食品ロスについての資料（図１）が配られたんだ。その資料の中に，期限が切れたために，手つかずのまま捨てられる食品があると書いてあったんだよ。

母　：　食品ロスを減らすために取り組んでいくことは，とても大切なことだね。

しんじ：　授業のあと，食品ロスについてくわしく知りたいと思って，資料をいくつか集めたんだ（図２）。

【家庭から出た食品ロスの主な原因】
- 料理を作りすぎて，食べきれないなどの「食べ残し」
- 期限切れ等により，手つかずのままで捨てる「直接はいき」
- 野菜の皮など食べられるところまで厚くむき捨てる「過剰除去」

図１　食品ロスについての資料

（消費者庁「食品ロス削減ガイドブック（令和４年度版）」をもとに作成）

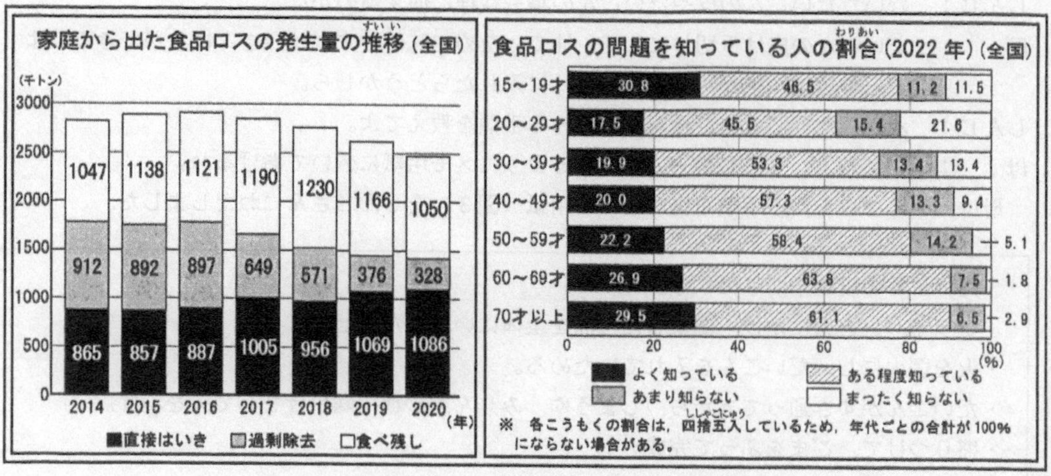

図２　しんじさんが集めた資料

（環境省「令和３年度食品廃棄物等の発生抑制及び再生利用の促進の取組に係る実態調査」，消費者庁「令和４年度第２回消費生活意識調査」をもとに作成）

母　：　集めた資料からどんなことがわかったのか，あとで教えてね。

［問１］　図２の資料からわかることとして適切なものを，次のアからエの中からすべて選び，記号で答えなさい。

ア　20才から29才は，食品ロスの問題を「まったく知らない」と回答した人の割合(わりあい)が他の年代と比べて最も高い。

イ　2014年と2020年の家庭から出た食品ロス発生量の全体にしめる「食べ残し」の割合は，同じである。

ウ　2016年から2020年の期間において，「直接はいき」と「食べ残し」の発生量は，増えたり減ったりしているが，「過剰除去(かじょうじょきょ)」の発生量は減っている。

エ　食品ロスの問題を「よく知っている」と回答している人と「ある程度知っている」と回答した人を合わせた割合は，15才から19才が最も高い。

食品ロスについて学んだしんじさんは，材料をむだにしない料理が作れないかと考え，母と話をしています。

しんじ：　お母さん，今度の休みの日に，みそ汁(しる)を作っていいかな。材料をむだにしないように作ってみたいんだ。

母　：　いいわよ。どんなみそ汁にするの。

しんじ：　だいこん，油あげ，ねぎの入ったみそ汁にしたい。それから，だしはにぼしからとってみたいな。家庭科の教科書に，だしをとったあとのにぼしは，取り出さないで具として食べてもよいと書いてあったから，やってみるよ。

母　：　それはいいわね。

しんじ：　取り除(のぞ)いたにぼしの頭とはらわたはどうしようかな。

母　：　小皿にまとめておいてくれれば，あとで私(わたし)が料理に使うわ。

しんじ：　むいただいこんの皮やだいこんの葉も料理に使えるのかな。

母　：　だいこんの皮は千切りにして，油でいためて味付けすれば，きんぴらができるわよ。だいこんの葉は，細かく刻(きざ)んでみそ汁に入れたらどうかしら。

しんじ：　わかった。じゃあ，きんぴらを作る手順を教えてよ。

母　：　いいわよ。しんじが一人で作れるようにメモ用紙に書いてあげるわ。

母は，きんぴらを作る手順を書いたメモ用紙（図３）をしんじさんにわたしました。

・だいこんの皮を千切りにする。
・フライパンを火にかけ，温まったら油を全体にいきわたらせる。
・火を弱火にし，だいこんを入れていためる。
・だいこんがすき通ってきたら，しょうゆ，みりん，砂糖(さとう)で味付けをして火を消す。
・盛(も)りつけて，ごまをふって完成。
　※　作り始めてから完成するまでの調理時間は10分間。

図３　きんぴらを作る手順を書いたメモ用紙

しんじ：　ありがとう，お母さん。きんぴらは10分間で作ることができるんだね。
母　　：　そうよ。
しんじ：　じゃあ，みそ汁を作る手順と，手順ごとの調理時間は，学校で習ったことをもとにしながら，ノートに書いてみるよ。

しんじさんは，みそ汁を作る手順と，手順ごとの調理時間をノートに書き（図４），母に見せました。

①　にぼしの頭とはらわたを取る。（５分間）
②　なべに入れた水に，にぼしを入れて待つ。（25分間）
③　野菜をよく洗い，だいこん，だいこんの葉，油あげ，ねぎを切る。（10分間）
④　②のなべに火をかけ，だしをとる。（10分間）
⑤　④のなべにだいこんを入れてにる。（５分間）
⑥　⑤のなべに，だいこんの葉，油あげ，ねぎを入れる。そのあとにみそを入れ，ふっとうしたら火を消して完成。（５分間）

図４　みそ汁を作る手順と，手順ごとの調理時間を書いたノート

しんじ：　お母さん，書き終わったよ。みそ汁ときんぴらを作る時間を合わせると70分間かかるということだよね。
母　　：　ちょっと待って。もっと短い時間で料理が作れるわよ。
しんじ：　じゃあ，こんろを複数同時に使えばいいのかな。
母　　：　そうね。でも，私も別の料理をしたいから，使うこんろは一つだけにしてね。
しんじ：　わかった。でもどうすればいいの。
母　　：　みそ汁を作る手順の中に，手の空いている時間があるでしょ。その時間をうまく使えば，使うこんろは一つでも，時間を短くできるよね。
しんじ：　なるほどね。きんぴらはどうかな。
母　　：　きんぴらも手の空いている時間で，メモ用紙（**図３**）のとおりに作ればいいわよ。
しんじ：　そうすると，みそ汁ときんぴらを作る時間を合わせて，最短で[　　]分間かかるということだね。

［問２］　会話の中の[　　]にあてはまる数を答えなさい。
ただし，調理時間は**図３**，**図４**に示されたものとします。

2　さとこさんは，自宅から見えた熱気球を見て，家族と話をしています。
妹　　：　お姉ちゃん，見て。大きくふくらんだ風船がうかんでいるよ。
さとこ：　あれは熱気球というんだよ。
父　　：　近くの公園で熱気球をうかばせているみたいだね。
妹　　：　熱気球って，どうして空中にうかぶことができるのかな。
さとこ：　それはね，熱気球の中であたためられた空気が上へ動くことを利用してうかぶんだよ。
妹　　：　あたためられた空気って，上へ動くんだね。

さとこ：　そうだよ。例えば［　　　］も同じことだよ。

［問１］　さとこさんの発言の［　　］に入る最も適切なものを，次のアからエの中から一つ選び，記号で答えなさい。

ア

くもりの日より，晴れた日に干(ほ)した洗たく物の方が早くかわくこと

イ

夏の暑い日，日なたに置いたうき輪がさらにふくらむこと

ウ

ストーブをつけた部屋全体が，足元より頭の方があたたかいこと

エ

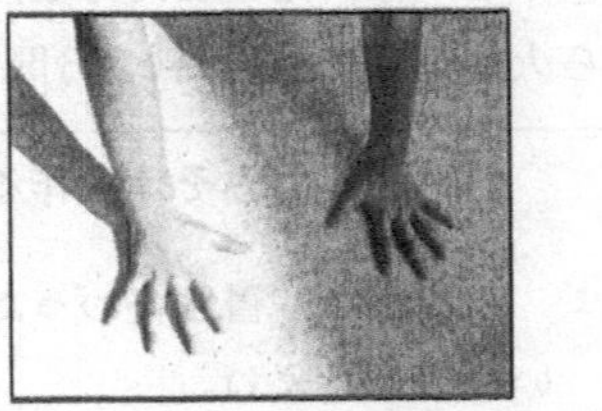

日かげより，日なたの地面の方があたたかいこと

妹　　：　そうなんだ。熱気球って形もかわいいし，しくみもおもしろいね。
さとこ：　そうだ，一緒(いっしょ)に熱気球の模型(もけい)を作って部屋にかざろうか。
妹　　：　いいね。作ってみたい。でも熱気球みたいな形をどうやって作ったらいいの。
父　　：　ためしに画用紙でいろいろな型を作って，セロハンテープでつなぎ合わせてみたらどうかな。
さとこ：　二人で考えてみるね。

二人は，画用紙を使って型を考え，図１のように，型と型がすき間なく重ならないようにセロハンテープでつなぎ合わせてみました。

妹　　：　なんだか熱気球の形とちがうね。
さとこ：　そうだね。てっぺんがとがっているし，丸みもないね。わたしたちが見た熱気球は，てっぺんが平らだったし，上半分はもう少し丸みがあったよね。お父さん，どうしたらいいかな。
父　　：　少し工夫が必要だね。上半分はビーチボールを参考にするといいよ。もう一度，考えてみようか。

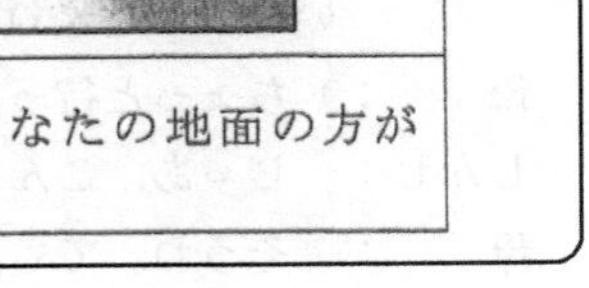

図１　横からみた形（左）と下から見た形（右）

二人はもう一度型を考えて，作り直してみました（図２）。

さとこ：　お父さん，さっきよりもいい形ができたよ。
父　　：　よくできたね。熱気球のイメージに近づいたね。

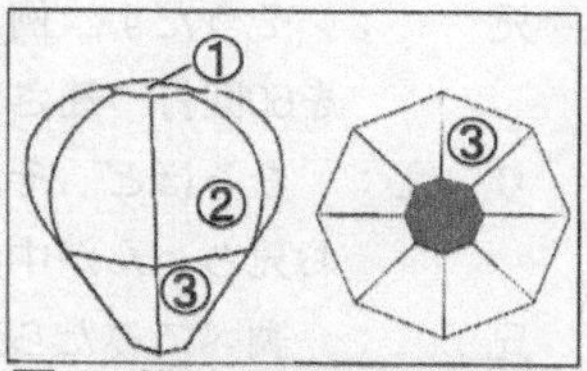

図２　横からみた形（左）と下から見た形（右）

［問２］　二人は下の型の中から，①，②，③の型を選んで熱気球（図２）を作りました。①，②，③にあてはまるものを，下のアからサからそれぞれ一つずつ選び，記号で答えなさい。ただし，作成する際は，前のページの図１のように，型と型がすき間なく重ならないようにセロハンテープでつなぎ合わせるものとします。

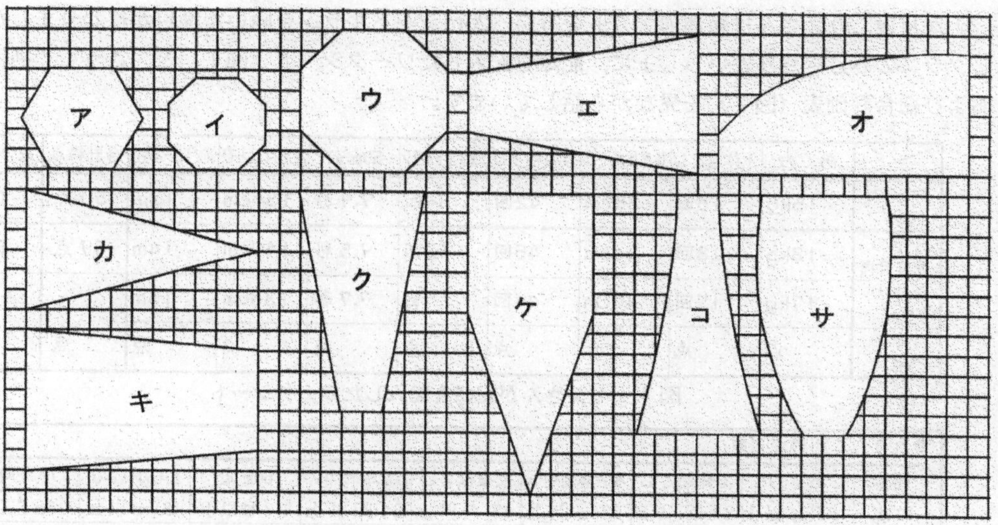

※　マス目は，図形の大きさがわかるように示したもので，どのマスも縦（たて）と横の長さは同じです。

3　小学生のりえさんは，体育の授業で，１か月後に行われる新体力テストの目標を考えました。家に帰ったりえさんは，目標を達成するために，自分でできるトレーニングについて中学生の兄に相談しています。

りえ：　今年の新体力テストでは20mシャトルランの記録をのばしたいな。毎日できそうなトレーニングはないかな。

兄　：　シャトルランの記録をのばしたいなら，例えば，長いきょりを走ったり，なわとびをしたりすることで必要な体力が高まるらしいよ。

りえ：　せっかくなら楽しく続けられるものがいいな。

兄　：　中学校の授業でなわとびをしたとき，曲に合わせてとんだら楽しくできたよ。全部で３分21秒間の曲だったから，なかなかいい運動にもなったしね。

りえ：　楽しくとんでいるうちに体力が高まるなら，挑戦（ちょうせん）してみたいわ。曲に合わせてとぶって１拍（いっぱく）に１回とぶということかな。

兄　：　そうだよ。例えば楽ふに書いてある速度記号が「♩＝60」の曲なら，１分間に４分音ぷを60回打つ速さだから，１秒間に１回とぶことになるね。

りえ：　なるほど，それなら曲に合わせてとべば，一曲終わったときに何回とんだかわかるね。お兄ちゃんが中学校の授業でなわとびをした時の曲はどんな速さだったの。

兄　：　調べてみたら，「♩＝120」と書いてあったよ。

りえ：　それなら，最初から最後まで引っかからずにとんだ場合，その曲に合わせてとべば，一曲終わったときに［　　］回とんだことになるね。それだけとべば体力がつきそうね。がんばって練習してみるよ。

［問１］　会話の中の［　　］にあてはまる数を書きなさい。

１か月後，りえさんは新体力テストを行い，20mシャトルランを除いた種目が終わりました。同じクラスのみさきさんといっしょに，記録を記入したワークシート（図１）と，こうもく別得点表および総合評価表（図２）を見ながら話しています。

	あく力	上体起こし	長座体前くつ	反復横とび	20mシャトルラン	50m走	立ちはばとび	ソフトボール投げ	合計得点	総合評価
昨年の記録	15kg	15回	35cm	42回	34回	9.9秒	134cm	13m	50点	C
今年の記録目標	18kg	18回	41cm	45回	42回	9.5秒	140cm	14m	59点	B
今年の記録	17kg	17回	40cm	47回	回	9.7秒	138cm	15m		
今年の得点	点	点	点	点	点	点	点	点	点	

図１　りえさんが記録を記入したワークシート

●こうもく別得点表●

得点	あく力	上体起こし	長座体前くつ	反復横とび	20mシャトルラン	50m走	立ちはばとび	ソフトボール投げ
10点	25kg以上	23回以上	52cm以上	47点以上	64回以上	8.3秒以下	181cm以上	25m以上
9点	22〜24	20〜22	46〜51	43〜46	54〜63	8.4〜8.7	170〜180	21〜24
8点	19〜21	18〜19	41〜45	40〜42	44〜53	8.8〜9.1	160〜169	17〜20
7点	16〜18	16〜17	37〜40	36〜39	35〜43	9.2〜9.6	147〜159	14〜16
6点	13〜15	14〜15	33〜36	32〜35	26〜34	9.7〜10.2	134〜146	11〜13
5点	11〜12	12〜13	29〜32	28〜31	19〜25	10.3〜10.9	121〜133	8〜10
4点	9〜10	9〜11	25〜28	25〜27	14〜18	11.0〜11.6	109〜120	6〜7
3点	7〜8	6〜8	21〜24	21〜24	10〜13	11.7〜12.4	98〜108	5
2点	4〜6	3〜5	18〜20	17〜20	8〜9	12.5〜13.2	85〜97	4
1点	3kg以下	2回以下	17cm以下	16点以下	7回以下	13.3秒以上	84cm以下	3m以下

●総合評価表●

段階	小1	小2	小3	小4	小5	小6
A	39以上	47以上	53以上	59以上	65以上	71以上
B	33〜38	41〜46	46〜52	52〜58	58〜64	63〜70
C	27〜32	34〜40	39〜45	45〜51	50〜57	55〜62
D	22〜26	27〜33	32〜38	38〜44	42〜49	46〜54
E	21以下	26以下	31以下	37以下	41以下	45以下

図２　新体力テストのこうもく別得点表および総合評価表

（「令和４(2022)年度版リーフレット　体力向上啓発資料　栃木県教育委員会事務局スポーツ振興課」をもとに作成）

みさき：　残りはシャトルランだけだね。ここまでの結果はどうだったの。
りえ：　二つの種目で目標を達成したよ。今年は，記録目標だけでなく，総合評価も達成したいと思っているんだ。
みさき：　じゃあ，「今年の記録目標」の得点と，「今年の記録」のすでに終わっている種目の得点を，比べてみようよ。
りえ：　すでに終わった種目のうち，「今年の記録目標」の得点と同じだったのは［①］種目で，今の時点の合計得点は［②］点だったよ。
みさき：　総合評価表の合計得点をみると，私たちの学年で，B段階になるための合計得点の最低点は［③］点だね。
りえ：　そうなると，シャトルランで最低でも［④］回走れば，B段階になるんだよね。毎日なわとびのトレーニングをしてきたから，できそうな気がするよ。
みさき：　おたがいにがんばろうね。

［問２］　会話の中の［①］，［②］，［③］，［④］にあてはまる数をそれぞれ書きなさい。

4　さゆりさんは，音楽の時間に，世界にはさまざまな楽器があることを知りました。その中で興味をもったアンデス地方にある民族楽器について，母と話をしています。

さゆり：　サンポーニャという楽器があるんだよ。
母　　：　どんな楽器なのかしら。
さゆり：　サンポーニャは，長さのちがう筒がたくさん並んでいるんだ。それぞれの筒に息を吹きこむと音が出るんだよ。
母　　：　見てみたいわ。インターネットで調べてもらえるかな。
さゆり：　これがサンポーニャ（図１）だよ。サンポーニャに似たストロー笛の作り方（図２）ものっているよ。

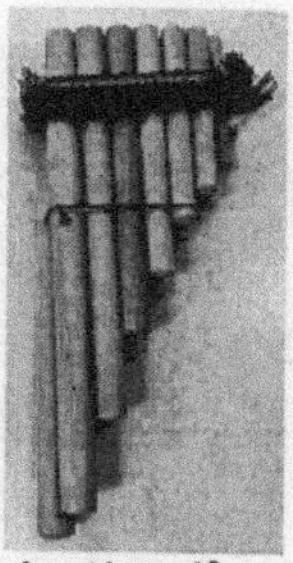

図１　サンポーニャ

［直径８㎜，長さ21㎝のストローを使ったストロー笛の作り方］

①　「ド」の音のストローの長さを16㎝とする。「ド」の長さを１として，下の表をもとに，ほかの音のストローの長さを求める。

※それぞれの音におけるストローの長さの割合はおおよその値です。

音	ド	レ	ミ	ファ	ソ	ラ	シ	高いド
長さの割合	1	0.9	0.8	0.75	0.65	0.6	0.55	0.5

②　求めた長さに切る。

③　空気がもれないように，②のストローの下側の先をつぶしてセロハンテープでとめる。

④　となりのストローとの間かくをあけるためのストローを，６㎝の長さに７本切る。

⑤　ドから順番に並べ，④のストローを一本ずつ間にはさみながら，セロハンテープで固定する。

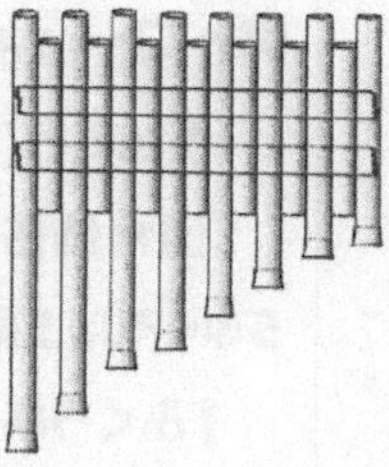

図２　サンポーニャに似たストロー笛の作り方

母　　：　おもしろそうね。直径や長さが同じストローなら家にあるから，一緒に作ってみましょう。うまくできたら，私が計画している親子手作り教室で，ストロー笛を作ってみたいわ。一つのストロー笛を作るには，ストローが何本必要なのかしら。

さゆり：　音は八つだからストローは８本，さらに間にはさむストローは７本だから，全部で15本のストローがあればいいよね。

母　　：　さゆりの考えで切ると，あまりの部分が多く出て，もったいないと思うわ。できるだけ少ない本数で作れないかしら。

［問１］　家にあるストローを使って，前のページの図２の作り方でストロー笛を作るとき，最も少ない本数で一つのストロー笛を完成させるには，何本必要になるか答えなさい。

さゆりさんは，母と一緒にストロー笛を作ることができました。

さゆり：　できたね。音を出すのは少し難しいけれど，簡単に作れるから楽しいね。

母　　：　これなら親子で楽しく作れるわ。セロハンテープはたくさんあるから，同じサイズのストローだけ買っておけばいいわね。一つのストロー笛に必要な本数がわかったから，予備をふくめて400本買いたいわ。できるだけ安く買いたいわね。

さゆりと母の会話を聞いていた父と姉が，二人の会話に参加しました。

姉　　：　私が買い物に行ったＡ店に，同じサイズのストローがあったわ。１ふくろ100本入りで，税込み280円で売っていたわ。

さゆり：　今日のＢ店のチラシ（図３）にものっていたよ。

父　　：　そのサイズのストローなら，ネットショップでも売っているよ。
このＣ店のウェブページの画面（図４）を見てごらん。

母　　：　ネットショップだと合計金額によっては，配送料がさらにかかることがあるのよね。

さゆり：　どこで買えば一番安いのかな。

お買い得品！

ストロー（直径８㎜，長さ21㎝）

１ふくろ（50本入り）

通常価格　150円（税込）

５ふくろ以上購入すると

１ふくろあたり通常価格の10％引

図３　Ｂ店のチラシの一部

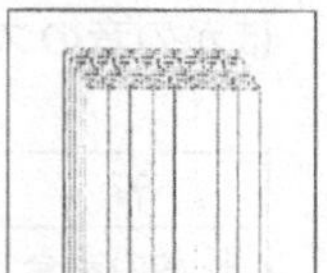

ストロー150本で

400円（税込）

１ふくろ１０本入り２９円（税込）からのご注文でもお受けします。

サイズ　直径８㎜，長さ２１㎝

配送料　３００円（税込）

（購入金額の合計１０００円以上で配送料無料）

図４　Ｃ店のウェブページの画面

［問２］　会話や図３，図４をもとに，ストローを400本買うとき，Ａ店，Ｂ店，Ｃ店のどの店が一番安いのか，答えなさい。また，それぞれの店における合計金額の求め方を，式と言葉を使って答えなさい。

5　たけるさんのクラスでは，ＡＬＴのアラン先生のお別れ会で，メッセージをテレビ画面に表示することになり，班（はん）ごとに考えています。

はな：　アラン先生へのメッセージはこれでどうかな（図１）。

アラン先生と笑顔で過ごした日々（ひび）を絶対にわすれません。

図１　はなさんが考えてノートに書いたメッセージ

たける：　アラン先生のために，漢字を少なくした方が読みやすいよね。
ひろき：　そうだね。パソコンでメッセージを作るときに漢字を減らしておくね。

ひろきさんは，はなさんが考えたメッセージをキーボードで入力しました（図２）。

｜：カーソル

アラン先生と笑顔ですごした日々おぜったいにわすれません。｜

図２　ひろきさんがキーボードで入力したメッセージ

はな：　あれ，「お」がちがうよ。
ひろき：　本当だ。
たける：　それに，「先生」以外は，平仮名（ひらがな）にしたらどうかな。
ひろき：　そうだね。あれ，どのキーで文字を消すんだっけ。
たける：　キーボード（図３）の右上の方にあるバックスペースキーをおせば，文字を消せるよ。カーソルを，「笑顔」と「で」の間にあわせて（図４），まず「笑顔」を平仮名にしてみよう。
ひろき：　わかった。バックスペースキーを２回おした後に，Ｅ，Ｇ，Ａ，Ｏの順番でキーをおし，エンターキーをおすんだよね。
たける：　次は，カーソルを「お」と「ぜ」の間にあわせて（図５），「日々お」を直そう。

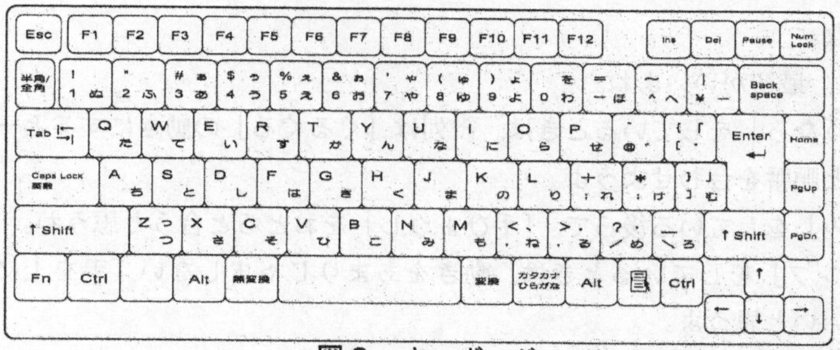

図３　キーボード　※ Enter：エンターキー　Back space：バックスペースキー

笑顔｜ですごした	日々お｜ぜったいに
図４	**図５**

［問１］　前のページの図５の「日々お」の部分を，図３のキーボードを使ってローマ字で入力し直すとき，どのキーをどの順番でおしますか。（前のページの）会話文中の下線部を参考にして説明しなさい。

次に，たけるさんたちは，お別れ会の出し物について話し合っています。

ひろき：　アラン先生のために，みんなで歌を歌おうよ。
ちえこ：　いいね。あと，歌がない間奏（かんそう）のところでダンスをおどるのはどうかな。
たける：　それはいい考えだね。
は　な：　前列と後列にして，さらに動きを変えてみようか。
たける：　そうだね。さっそく前列と後列の動きを考えてみよう。
ちえこ：　わかりやすいように，動きに名前をつけておこうね。

たけるさんたちは，前列と後列に分かれて動きを考え名前をつけました（図６）。

図６　前列・後列の動きとその名前

たける：　まず，前列の動きの順番を考えてみよう。何か意見のある人はいますか。
ちえこ：「足ぶみ」の後に「ジャンプ」をすると動きやすいので，続けておどりたいな。
は　な：「げんき」と「さようなら」は動きが似ているので，続けておどらない方がいいと思うよ。
たいき：「げんき」と「さようなら」は，お別れにふさわしい動きなので，どちらかは最後にした方がいいと思うな。
たける：　後列はどうかな。
かいち：「きらきら」は，最初がいいよね。
よしお：　前列が「さようなら」をしているときは，後列は「ぐるぐる」の動きにすると一体感が出るから，前列と順番を合わせようよ。
たかこ：　前列が「足ぶみ」をしている後ろで，「手びょうし」をおどると合うと思うわ。
たいき：　前列が「ジャンプ」をしているときは，動きをあまりじゃましない「手を上に」をおどっていた方がいいと思うよ。
たける：　あとは，一番最後に「指さし」をおどることにして，話題に出なかった「ふりふり」をあいたところでおどることにすれば，ここまで出た意見で順番を決めることができるね。アラン先生が喜んでくれそうなダンスになりそうだね。

［問２］　たけるさんたちの会話文から，全員の意見を取り入れて決めると，前列と後列は，それぞれどのような順番でおどることになりますか。前のページの図６のアからコの記号で答えなさい。ただし，それぞれの動きをおどるのは，一度ずつとします。

【作　文】（45分）

【注意】　1　題名と氏名は書かないこと。

　　　　　2　原稿用紙の正しい使い方に従って書くこと。

ただし，書き進んでから，とちゅうを書き直すとき，直すところ以外の部分も消さなければならないなど，時間がかかる場合は，次の図のように，一つのます目に２文字書いたり，ます目をとばして書いたりしてもよい。

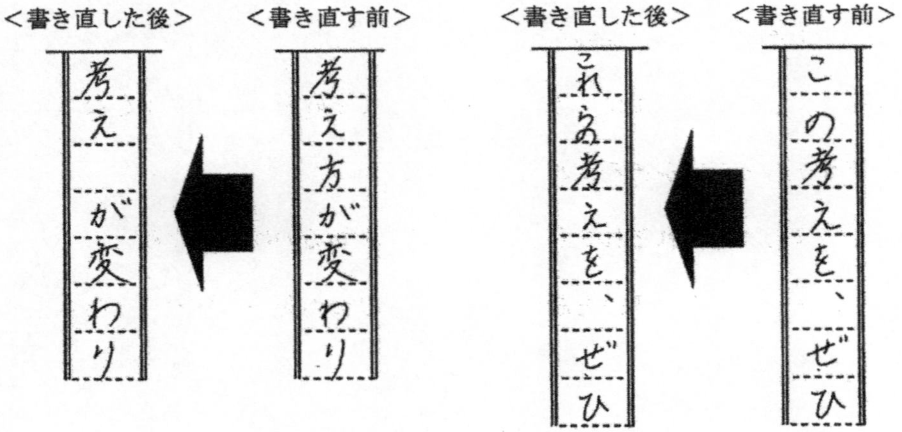

ある小学校の６年１組では，学級活動の時間に「なりたい自分を目指して」というテーマで班ごとに話し合いをしています。

Ａさん：　「なりたい自分」ってむずかしいな。みんなはあるの。

Ｂさん：　将来の夢ならあるよ。ぼくは，小さいころからサッカーをやっているから，プロサッカー選手になりたいな。

Ｃさん：　私は，同じバレエ教室に通っている高校生のＹさんにあこがれているよ。練習でつらい時に，いつもはげましてくれるの。Ｙさんのように，人の気持ちがわかる人になりたいと思っているよ。

Ｄさん：　ぼくは，「大会でよい成績を残す」とか「検定に合格する」とか，身近な目標をもつことも大切だと思うよ。今できることに一生けん命取り組むことで，「なりたい自分」を見つけることができるんじゃないかな。

Ｔ先生：　話し合いはできましたか。「なりたい自分」について，さまざまな意見が出たと思います。今回は，将来の夢や目標，またはこんな大人になりたいという姿を「なりたい自分」として，とらえていきましょう。

海外で活やくしている大谷翔平さんは，プロ野球選手になりたいという夢をかなえるために，具体的な行動を決めて実行したそうです。みなさんも「なりたい自分」になるために，これから取り組みたいことを考えてみましょう。

Ａさん：　テレビで見たことがあるけど，大谷選手は野球の練習だけでなく，周りの人へ感謝することや，ゴミ拾いをすることも大切にしていたんだって。

Ｂさん：　そうなんだね。ぼくは，サッカーチームのかんとくから，整理整とんをすることで，心が整って，プレーに集中できると教わっているよ。

Cさん：　素敵なかんとくね。私は，人の気持ちがわかる大人になるために，思いやりの心をもつことや，人の気持ちについて考えること，それに読書にも進んで取り組んでいきたいな。

Aさん：　読書は，Cさんの「なりたい自分」にどうつながっていくの。

Cさん：　それはね，去年のクラスで自分が読んだ本をしょうかいする機会が多くて，たくさんの本を読んだの。その経験から，読書は人の気持ちについて考えることにつながると思ったんだ。

Dさん：　身近な経験が自分の目標や夢につながっていくんだね。「なりたい自分」についてもっと考えてみたいね。

あなたは，「なりたい自分」になるために，どのようなことを大切にしていきたいですか。会話を参考にして，次の条件にしたがって書きなさい。

（条件）

ア　「なりたい自分」の姿と，そのための具体的な行動を書きなさい。

イ　あなたが経験したこと，または，見聞きしたことにもふれなさい。

ウ　字数は600字程度で書きなさい。

MEMO

大切なことはメモしておこうネ！

2023 年 度

解答と解説

＜適性検査解答例＞

1 ［問1］ ア，ウ
［問2］ 50（分間）

2 ［問1］ ウ
［問2］ ① イ　② サ　③ ク

3 ［問1］ 402
［問2］ ① 3　② 50　③ 58　④ 44

4 ［問1］ 7（本）
［問2］ B（店）
［求め方］ A店では，100本入り280円を４ふくろ買う。
だから，合計金額は，
280（円）×4（ふくろ）＝1120（円）
B店では，50本入り150円を８ふくろ買う。
１ふくろにつき10％引きになる。
だから，合計金額は，
150（円）×（1－0.1）×8（ふくろ）＝1080（円）
C店では，150本入り400円を２ふくろと，10本入り29円を10ふくろ買う。
だから，合計金額は，
400（円）×2（ふくろ）＋29（円）×10（ふくろ）＝1090（円）
合計金額が1000円以上だから配送料は無料なので1090円。

5 ［問1］ バックスペースキーを３回おした後，Ｈ，Ｉ，Ｂ，Ｉ，Ｗ，Ｏの順番でキーをおし，エンターキーをおす。
［問2］ （前列） イ（→）エ（→）オ（→）ア（→）ウ
（後列） カ（→）コ（→）ケ（→）ク（→）キ

○配点○
1 問1 6点　問2 7点　2 問1 6点　問2 12点
3 問1 6点　問2 16点　4 問1 8点　問2 15点
5 問1 8点　問2 16点　計100点

＜適性検査解説＞

1 （国語：資料の読み取り，算数：資料の読み取りと計算）

基本 ［問1］ ア 「食品ロスの問題を知っている人の割合(2022年)」の資料から，食品ロスの問題を「まったく知らない」と回答した人の割合は20～29才で21.6％と，他の年代と比べて最も高くなっているので，正しい。

イ 「家庭から出た食品ロスの発生量の推移」の資料から，食品ロス発生量の全体にしめる「食べ残し」の割合は，2014年が1047÷(1047＋912＋865)＝0.37…，2020年が1050÷(1050＋328＋1086)＝0.42…となっているので，誤り。

ウ 「家庭から出た食品ロスの発生量の推移」の資料から，2016年から2020年の期間において，「直接はいき」の発生量は，887→1005→956→1069→1086，「食べ残し」の発生量は，1121→1190→1230→1166→1050と，どちらも増えたり減ったりしていることがわかる。一方，「過剰除去」の発生量は，897→649→571→376→328と，減り続けていることがわかる。よって，正しい。

エ 「食品ロスの問題を知っている人の割合(2022年)」の資料から，それぞれの年代における食品ロスの問題を「よく知っている」と回答している人と「ある程度知っている」と回答した人を合わせた割合は，次のようになる。

15～19才：30.8＋46.5＝77.3(％)
20～29才：17.5＋45.5＝63.0(％)
30～39才：19.9＋53.3＝73.2(％)
40～49才：20.0＋57.3＝77.3(％)
50～59才：22.2＋58.4＝80.6(％)
60～69才：26.9＋63.8＝90.7(％)
70才以上：29.5＋61.1＝90.6(％)

したがって，割合が最も高いのは60才から69才だとわかるので，誤り。

［問2］ しんじさんは母に，みそ汁を作る手順の中で手の空いている時間をうまく使うよう言われている。図4を見ると，②で25分間待つ必要があるため，その時間に他の作業をすることを考える。しんじさんが使うことのできるコンロは一つであり，手の空いている時間できんぴらも作るので，25分の待ち時間の間に③の手順で材料を切り，そのままきんぴらを作ればよいと考えられる。したがって，①(５分間)→②，③，きんぴら(25分間)→④(10分間)→⑤(５分間)→⑥(５分間)の手順となり，合計は5＋25＋10＋5＋5＝50(分間)である。

2 （理科・算数：気体，立体図形）

［問1］ 「あたためられた空気が上へ動く」例を選べばよい。ストーブで部屋をあたためるとき，足元より頭の方があたたかくなる。

［問2］ 図２の「下から見た形」から，②と③の型は①の型のまわりに８枚つなぎ合わせていることがわかる。よって，①は正八角形になっている**イ**または**ウ**が正しい。上半分は丸みがあるため，②の型は外側にふくらんだ形をしているものを選べばよいから，**サ**が正しい。このとき，**サ**の型の①とつなぎ合わせる部分の長さは２マス分であるから，①は**イ**であることがわかる。③は台形であり，**サ**の型の③とつなぎ合わせる部分の長さは６マス分であるから，長い方の底辺の長さが６マス分である**ク**が正しいとわかる。

3 **（算数：単位量あたりの大きさ，資料の読み取り）**

基本

［問1］「♩＝120」とは，１分間に４分音ぷを120回打つ速さのことなので，１拍（いっぱく）に１回とぶとき，0.5秒に１回とぶことになる。曲は全部で３分21秒＝201秒あるから，一曲の間にとぶ回数は，201÷0.5＝402(回)である。

［問2］①：「今年の記録目標」と「今年の記録」が，図２の「こうもく別得点表」の同じ点数のところにあるものを選ぶ。「あく力」，「立ちはばとび」，「ソフトボール投げ」の３種目である。

②：図１のワークシートに今年の得点を記入すると，次のようになる。

	あく力	上体起こし	長座体前くつ	反復横とび	20mシャトルラン	50m走	立ちはばとび	ソフトボール投げ
今年の記録	17kg	17回	40cm	47回	回	9.7秒	138cm	15m
今年の得点	７点	７点	７点	10点	点	６点	６点	７点

したがって，今の時点での合計得点は，

7+7+7+10+6+6+7＝50(点)

③：図１から，59点がＢ段階になるのは小５しかないので，りえさんは今年小５であることがわかる。表から，小５でＢ段階になるための合計得点の最低点は58点である。

④：②と③から，シャトルランの点数が８点以上であればＢ段階になるとわかる。表から，シャトルランが８点のときの最低回数は44回である。

4 **（算数：割合，資料の読み取り）**

やや難

［問1］「ド」の音のストローの長さは16cmなので，それぞれの音におけるストローの長さは16×(長さの割合)で求められる。表にまとめると，次のようになる。

音	ド	レ	ミ	ファ	ソ	ラ	シ	高いド
長さ[cm]	16	14.4	12.8	12	10.4	9.6	8.8	8

間かくをあけるためのストローの長さは６cm，使うストローの長さは21cmであるから，それぞれの音に対応するストローの長さが21−6＝15(cm)以下であれば間にはさむストローの１本分を，21−6×2＝9(cm)以下であれば２本分を節約することができる。つまり，ドに対応するストローを作るときには他のストローは作れないが，レ～ラに対応するストローを作るときには６cmのストローを１本ずつ，シと高いドに対応するストローを作るときには２本ずつ作ることができるとわかる。したがって，シと高いドに対応するストローを作るときに６cmのストローを合計４本作り，あと３本分をレ，ミ，ファに対応するストローから作れば，残るソ，ラは１本のストローから作ることができるため，このとき最も少ない本数となる。よって，合計７本のストローが必要になる。

［問2］会話や図３，図４の中から必要な情報を見つける。

5 **（総合：パソコン入力，ローマ字，国語：会話文の読み取り）**

［問1］バックスペースキーをおせば，カーソルのすぐ左の文字を消すことができる。会話の内容から，「日々（ひび）」を「ひび」に，「お」を「を」に直せばよいとわかるので，３文字分を消し，「ひびを」にあたるローマ字「HIBIWO」を入力する。書き方は会話文中の下線部にしたがう。

［問2］　会話文の内容をまとめると，次のようになる。

前列
- 「足ぶみ」の後に「ジャンプ」を続けておどる。
- 「げんき」と「さようなら」は続けておどらない。
- 「げんき」と「さようなら」のどちらかは最後にする。
- 「ふりふり」をあいたところでおどる。

後列
- 「きらきら」は最初にする。
- 前列が「さようなら」をしているときに「ぐるぐる」の動きにする。
- 前列が「足ぶみ」をしているときに「手びょうし」をおどる。
- 前列が「ジャンプ」をしているときに「手を上に」をおどる。
- 最後に「指さし」をおどる。

これらのことをふまえて順番を考える。全員の意見を取り入れるためには，下の表のような順番にすればよい。

前列	イ　ふりふり	エ　さようなら	オ　足ぶみ	ア　ジャンプ	ウ　げんき
後列	カ　きらきら	コ　ぐるぐる	ケ　手びょうし	ク　手を上に	キ　指さし

★ワンポイントアドバイス★

会話文や図表をよく読み，必要な情報をさがすような問題が多い。表にまとめたり，空いているスペースにメモをとったりして情報を整理することが大切である。かかる時間や使う道具が最も少なくなる場合を考える問題では，条件を整理し，どの作業をまとめることで短縮(節約)になるかよく考えよう。

＜作文問題解答例＞《学校からの解答例の発表はありません。》

私は小さいころから続けているバスケットボールの大会で優勝したいです。そのために，チームメイトとのコミュニケーションを大切にしようと思います。なぜなら，それがひとりひとりの自信につながって，より強いチームになれると考えるからです。

具体的には，あいさつを通しておたがいの存在を認め合います。そして，号令や円じんで自分やチームメイトをふるいたたせ，プレイ中には声をかけてはげまし合います。私はつらい練習ほど自分のことで精一ぱいになってしまって，まわりのチームメイトのことが見えなくなってしまいます。しかし，そういうときこそ声をかけ合って乗りこえていけば，本番でより力を発揮できるようになると考えます。

たしかに，優勝をめざすには技術をみがくことも欠かせませんが，それだけでは自分のなりたい姿には近づけないと思います。以前，チームのかんとくが，コミュニケーションの大切さを教えてくれました。自分から発信して相手に返してもらうというやりとりが，自分は認めてもらえているという自信や強い信らい関係をつくると言っていました。ひとりひとりの技術をみがくだけではなく，コミュニケーションを通して，心やチーム内の連けいを強くしていくことが重要だと思います。

このように，コミュニケーションは自分やチームの強さにつながると思います。だから，私はこれらを大切にすることで大会で優勝するという自分のなりたい姿をめざしていきたいです。

＜作文問題解説＞

基本 **（作文：会話を参考にして，自分の意見を述べる）**

会話文の内容をもとに，自分の目標を達成するため何をすればよいかを表現する問題である。なりたい自分とそのための行動や大切にしたいことが関連するように注意して，自分の考えを述べる。

600字程度なので，３～５段落構成にする。第１段落では，なりたい自分や大切にしたいことを示す。第２段落では，なりたい自分になるための具体的な行動を書く。また，経験したことや見聞きしたことを述べる。必要に応じて，段落を分けてもよい。最終段落では，自分の意見をまとめる。

★ワンポイントアドバイス★

「具体的」に書くときには，例を入れると説得力が増す。解答例では，「コミュニケーション」を「号令や円じん」，「自分から発信して相手に返してもらうというやりとり」と言いかえている。また，自分の経験や見聞きしたことは，自分の言いたいこととどのように関係しているか考えるようにする。自分の主張の根きょになるような経験や見聞きしたことを書けると，まとまった文章になる。

長めの作文を書くときには，あらかじめ構成を考えてから書き始めるとよい。その際には，一文が長くならないように注意する。

MEMO

大切なことはメモしておこうネ！

2022年度

入　試　問　題

2022年度

栃木県立中学校入試問題

【適性検査】（50分）　＜満点：100点＞

1　よしおさんは，となり町にある祖父母の家を訪れ，祖父と次のような会話をしています。

よしお：　おじいちゃんが子どものころに通っていた小学校のことが新聞の記事に出ているね。近くの学校と統合されるって書いてあるよ。

祖　父：　子どもの数が減ってきているからね。ちょっとさびしいけれど，閉校となった学校をうまく活用するなどして，人が集まってきてくれたらうれしいな。

よしお：　このような新聞の記事をときどき見かけるようになってきたよ。子どもの数が減っているということは，栃木県や日本の人口も減っているのかな。

祖　父：　じゃあ，この資料（図１）を見てごらん。栃木県と日本の人口推移と将来予測を表しているよ。よしおは，どんなことに気づくかな。

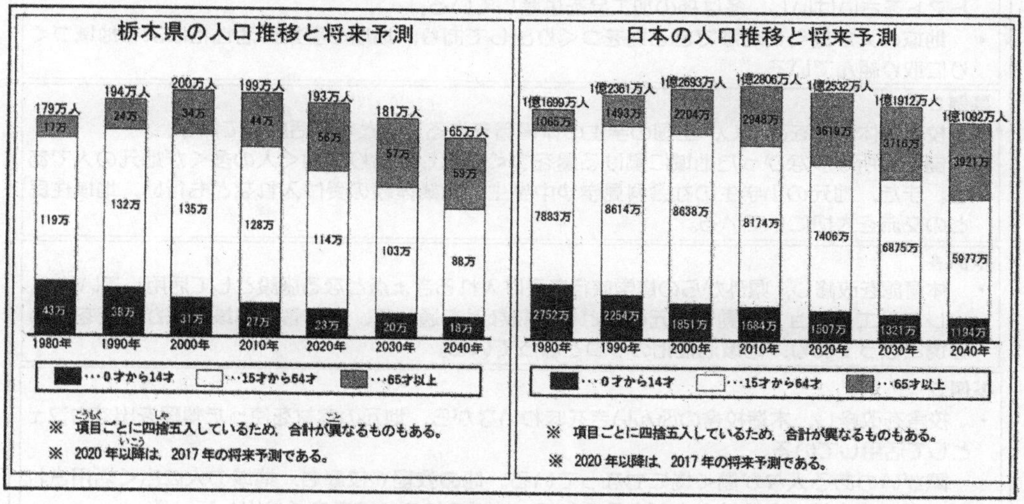

図１　祖父が見せてくれた資料

（「国立社会保障・人口問題研究所ウェブサイト」，「栃木県ウェブサイト」をもとに作成）

［問１］　あとのアからオの内容について，図１の資料から読み取れることとして適切なものには○を，適切でないものには×を，それぞれ書きなさい。

ア　０才から14才の人口は，栃木県と日本のどちらも減少してきており，特に中学生の減少により，将来も減少していくと予想されている。

イ　65才以上の人口は，栃木県と日本のどちらも増加してきており，将来も，引き続き増加していくと予想されている。

ウ　栃木県の総人口と日本の総人口は，どちらも増加していく時期があったが，将来は，どちらも減少していくと予想されている。

エ　2040年の０才から14才の人口は，1980年の０～14才の人口と比かくすると，栃木県と日本のどちらも半分以下になると予想されている。

オ　15才から64才の人口は，栃木県と日本のどちらも増加していく時期があったが，2040年にはどちらも総人口の５割を下回ると予想されている。

よしおさんは，自宅にもどった後も，「閉校(へいこう)となった学校をうまく活用するなどして，人が集まってきてくれたらうれしいな。」と語っていた祖父の言葉が気になりました。そこで，国内の他の地域(ちいき)において，閉校した学校を有効活用している事例を調べ，それらの情報をまとめました（図２）。

事例１
- 校舎の給食調理室やランチルームを改修し，地元の農産物を加工してはん売する洋菓子(ようがし)店として活用している。
- 食材を地元の生産者から直接仕入れることで，地域の活性化に取り組んでいる。店のオーナーは地元出身者で，ふるさと大使でもある。

事例２
- 校庭や体育館を改修し，農業用施設(しせつ)として活用している。春から夏は，新しい技術によりトマトをさいばいし，冬は柿(かき)の加工品を生産している。
- 地域の人が働くことができる場をつくり出しており，地域の農業の活性化による地域づくりに取り組んでいる。

事例３
- 校舎や体育館を改修し，全国の学生の体育着を作る工場として活用している。
- 働く場所が少なかった地域に働ける場をつくり出しており，働く人の多くが地元の人である。また，地元の小学生の社会科見学や中学生の職業体験の受け入れなども行い，地域住民との交流を大切にしている。

事例４
- 体育館を改修し，県外からの修学旅行を受け入れるきょ点となる施設として活用している。
- レクリエーション活動や地元のおどり体験などを通して，利用者と地域住民が親交を深める場となっており，地域活性化の一つとなっている。

事例５
- 校舎を改修し，木造校舎のふんいきを味わいながら，地元の食材を使った料理を出すカフェとして活用している。
- 障がいのある人々が働く場にもなっている。他の教室や校庭も，地域の人に広く活用されている。市内外から多くの人が来ることで，地域のにぎわいをつくり出している。

図２　閉校した学校の活用事例をまとめたもの

（「文部科学省ウェブサイト」をもとに作成）

［問２］　図２の事例１から事例５を読み取り，五つの事例すべてに共通している特ちょうとして最も適切なものを，下記のアからオの中から一つ選び，記号で答えなさい。

ア　地域の自然環境(かんきょう)を生かした施設として活用することにより，地域の農林業の活性化につながっている。

イ　閉校した学校の施設をそのまま使用することにより，訪(おとず)れた人々になつかしさを感じさせることにつながっている。

ウ　子どもたちや大人たちが交流できる施設とすることにより，地域の伝統や文化を学び伝えることにつながっている。

エ　閉校した学校の施設を活用の仕方に応じて改修して利用することにより，地域の活性化につながっている。

オ　閉校した学校を活用したい会社を招き入れ，そこで活動してもらうことにより，地域の人口増加につながっている。

2　そうたさんと弟のてつやさんは，プログラミング教室に参加しました。二人は家に帰ってから，プログラミングによって動くロボットについて話しています。

てつや：　今日は，ロボットを動かせて楽しかったね。

そうた：　そうだね。配られたロボットを，おそうじロボットにしてみようよ。

てつや：　そんなことができるの。

そうた：　ロボットにぞうきんを取りつければできるよね。まずは，ぼくたちの部屋をそうじするロボットの動き方を考えてみようよ。

二人は，自分たちの部屋をイメージした図（図１）をかきました。次に，ロボットに命令する順番（図２）を考えました。

そうた：　①から⑨の順番どおりに動かすと，部屋のゆかの大部分をそうじできそうだけど，そうじできない部分もありそうだね。

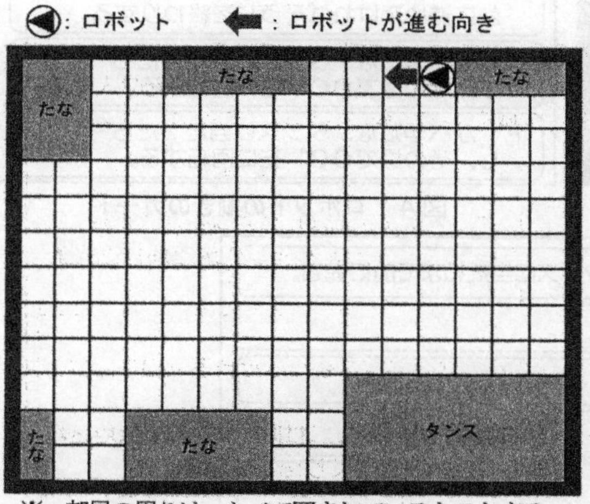

※　部屋の周りは，かべで囲まれているものとする。

図１　部屋のイメージ

①　かべやたな，タンスに当たるまで前に進む。
②　かべやたな，タンスに当たったら一度停止し，その場で９０°左に回転する。
③　ロボットの大きさ（１マス）だけ前に進む。前に進めなければそうじを終わりにする。
④　その場で９０°左に回転する。
⑤　かべやたな，タンスに当たるまで前に進む。
⑥　かべやたな，タンスに当たったら一度停止し，その場で９０°右に回転する。
⑦　ロボットの大きさ（１マス）だけ前に進む。前に進めなければそうじを終わりする。
⑧　その場で９０°右に回転する。
⑨　①にもどる。

図２　ロボットに命令する順番

［問１］　図１で示すロボットの位置から矢印の方向にスタートし，図２の順番で動かすと，ゆかをそうじできない部分があります。解答らんの図に，そうじできないゆかの部分をしゃ線  で示しなさい。

ただし，たなやタンスの下をロボットは通れないものとします。

（しゃ線の示し方の例）

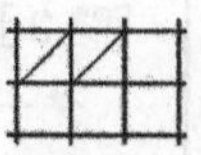

次に二人は，どうしたらゆかをそうじできない部分がなくせるか話し合っています。

てつや：　どうしたら，ゆかをそうじできない部分がなくなるのかな。

そうた：　スタートの位置と向きを変えて，動かし方を考えてみたらどうかな。

てつや：　じゃあ，ためしてみよう。

二人は，四つのスタートの位置と向き（図３）をためしたところ，ゆかをそうじできない部分をなくす位置と向きを見つけたので，ロボットに命令する順番を考えました。

てつや：　やったね，お兄ちゃん。これなら同じところを二度通ることなく，ゆかをすべてそうじできるようになったよ。さっそくロボットを動かそうよ。

そうた：　ちょっと待って。ロボットの動きのカード（図４）を作って，カードを並べかえながらロボットの動きを整理してみよう。

てつや：　カードを並べかえたら，９回の命令で思いどおりの動きになったよ（図５）。

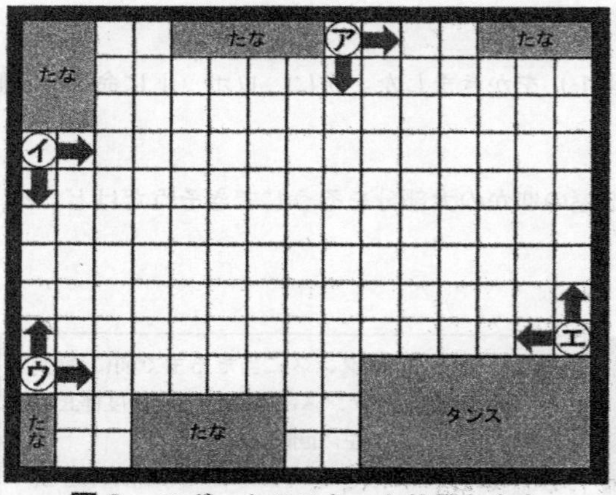

図３　ロボットのスタート位置と向き

A　かべやたな，タンスに当たるまで前に進む。

B　その場で９０°右に回転する。

C　その場で９０°左に回転する。

D　ロボットの大きさ（１マス）だけ前に進む。前に進めなければそうじを終わりする。

E　かべやたな，タンスに当たったら一度停止し，その場で９０°右に回転する。

F　かべやたな，タンスに当たったら一度停止し，その場で９０°左に回転する。

図４　ロボットの動きのカード

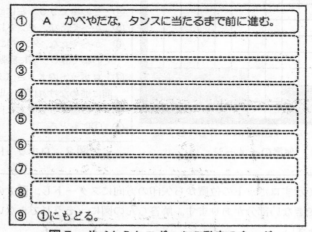

①　A　かべやたな，タンスに当たるまで前に進む。

②

③

④

⑤

⑥

⑦

⑧

⑨　①にもどる。

図５　並べかえたロボットの動きのカード

［問２］　二人が考えた，ゆかをすべてそうじできるスタートの位置と向きはどれですか。スタート位置を図３の㋐から㋓の中から一つ選び，解答用紙の○の中に記号を書き，向きにつ

いては，以下の解答の例のように矢印をぬりつぶしなさい。

　また，二人はロボットの動きのカードをどのように並べかえましたか。図５（前のページ）の②から⑧の ⬚ にあてはまる動きのカードを，図４（前のページ）のＡからＦの中から一つずつ選び，記号で答えなさい。なお，ＡからＦのカードはすべて使うものとします。ただし，ＡからＦのカードは２回使ってもよいものとします。

（解答の例）スタートの位置が㋐で向きが左の場合

3　栃木県のとちまる町に住むたけしさんは，書道展をみるため，一人でとなり町の文化センターに行きました。その帰りに，たけしさんは公衆電話からお母さんに電話をかけています。

たけし：　お母さんどうしよう。お昼ご飯を食べたらねむくなって，バスの中でねてしまい，Ｂ駅で降りるはずが，通り過ぎたようなのであわててバスを降りたんだ。

母　　：　今どこにいるの。

たけし：　分からない。バスから降りて，少し歩いたところにある公園の公衆電話から電話をかけているよ。

母　　：　周りに目印になるようなものは見えるかしら。

たけし：　うーん。太陽でまぶしいけれど，太陽の方向に，タワーが見えるよ。

母　　：　となり町のタワーね。分かったわ。Ｂ駅への行き方を調べるから，とりあえずタワーに向かいなさい。タワーの中に公衆電話があるから，たどり着いたらまた電話しなさい。

たけし：　分かった。また電話するね。

　母は，電話を切った後，むすめのえりかさんと話をしています。

母　　：　どこの公園から電話をかけてきたのかしら。でも，タワーに着けばＢ駅までの道順を伝えられるから，家に帰って来られるわね。

えりか：　お母さん，タブレットでとなり町の地図（図（次のページ））を調べたら，たけしはこの公園から電話をしてきたことが分かったわ。

母　　：　すごいわね。どうしてこの公園だと分かったの。

［問１］　たけしさんが電話をかけた公園はどこですか。会話や図を参考に，図のアからエの中から一つ選び，記号で答えなさい。また，その記号を選んだ理由を書きなさい。

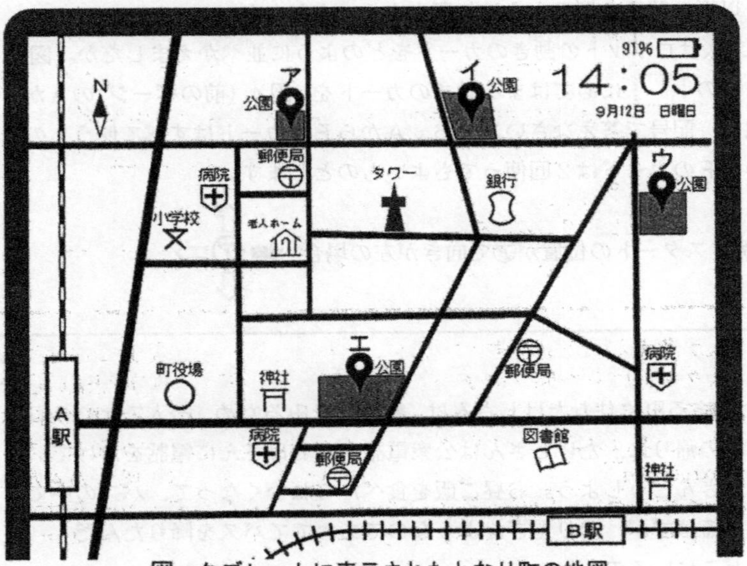

図　タブレットに表示されたとなり町の地図

しばらくすると，たけしさんから電話がかかってきました。えりかさんは，たけしさんに道案内をするよう母からたのまれたので，タブレットに表示された地図を見ながら，たけしさんにタワーからB駅へ向かうための道順を次のように伝えました。

えりか：　たけし，メモをとる準備はできたかしら。

たけし：　いつでもいいよ。まちがえずにメモを取りたいから，ゆっくり話してね。

えりか：　じゃあ，ゆっくり説明するね。<u>まず，タワーに面している道に出て，タワーを背(せ)にして左に進んでね。まっすぐ進んだら，右に曲がってね。しばらく行くと左側に郵便局(ゆうびんきょく)が見えるわ。その手前の道を左に曲がってね。</u>つき当たりに病院があるから，そこを右に曲がるのよ。つき当たりまでまっすぐ進んで右に曲がると，すぐに左側に駅が見えるわ。これでB駅に行けるはずよ。まちがわずにメモをとれたかな。迷ったらまた電話してね。

たけし：　分かったよ。

15分後，たけしさんから電話がかかってきました。

たけし：　郵便局まで来たけれど，郵便局は右側にあるし，手前の道は右にしか曲がれないよ。

えりか：　たけし，メモを読み上げてみて。

たけしさんは，メモを読み上げました。

えりか：　なるほど，わたしが説明したとおりだね。わたしの説明に足りないところがあったからB駅に行けなかったのね。ごめんね。

［問２］　下線部において，道案内の説明が不足していたことで，たけしさんは道をまちがえてしまいました。えりかさんの説明にはどのようなことが不足していたか書きなさい。

4　たいきさんたち６年生の代表委員は，１年生との交流会で行うレクリエーションについて話し合っています。

たいき：　１年生に楽しんでもらえる種目にしたいね。

ひとみ：　前回の話合いでは，輪投げ，学校クイズ，じゃんけん列車の三つの案が出ていたわね。この後は，どうやって決めようか。

かずし：　６年生にアンケートをとって，決めようよ。

しおり：　みんなの意見を点数にできるアンケートを作ればいいね。

ひとみ：　代表委員でアンケートを考えよう。

代表委員は，次のようなアンケート（図１）を作り，６年生70人に回答してもらいました。そして，その結果をまとめました（表）。

１年生との交流会で行うレクリエーションとして，あなたは次の種目をどれくらいおすすめしますか。おすすめしたい分だけ☆をぬってください。

輪投げ	☆	☆	☆	☆	☆
学校クイズ	☆	☆	☆	☆	☆
じゃんけん列車	☆	☆	☆	☆	☆

図１　代表委員が作ったアンケート

種目＼点数	０点	１点	２点	３点	４点	５点
輪投げ	０人	１人	３人	29人	25人	12人
学校クイズ	１人	２人	９人	20人	19人	19人
じゃんけん列車	１人	０人	７人	24人	24人	14人

※ぬられた☆の数が一つで１点とする。

表　６年生７０人のアンケート結果

［問１］　たいきさんたちは「輪投げ」に決めました。表の結果から「輪投げ」を選んだ理由として考えられるものを，次のアからオの中からすべて選び，記号で答えなさい。

ア　４点以上の高い点数をつけた人数の合計が，一番多い。

イ　平均値（へいきんち）が，一番高い。

ウ　０点をつけた人が，一人もいない。

エ　５点をつけた人が，一番多い。

オ　２点以下の低い点数をつけた人数の合計が，一番少ない。

しおり：　輪投げのきょりはどうしようか。

かずし：　１年生に楽しんでもらえるきょりにしたいね。カラーコーンに向けて輪を10回投げたときに，何回くらい入ると１年生はうれしいのかな。

たいき：　全部入ってしまうのも，全然入らないのもつまらないよね。

ひとみ：　そうね。投げた回数の半分より多く入ったらうれしいと思うわ。

かずし：　なるほど。10回投げたら，６回以上入るということだね。

しおり：　それなら，１年生に輪投げを体験してもらい，ためしてみようよ。

次の日の昼休みから，１年生の代表21人に，輪投げをしてもらいました。黒板に回数を書いておき，一人10回投げて，入った回数のところに丸磁石(まるじしゃく)をはってもらい，記録（図２）をとりました。

輪投げのきょりを一日ごとに変え，４種類（1.2m，1.4m，1.6m，1.8m）の記録をとり，その中から交流会当日の輪投げのきょりを選ぶことにしました。

たいき：　記録はとれたけど，どのきょりにしようか。

しおり：　６回以上入った人数が，投げた人数の半分以下になったきょりは，やめよう。

ひとみ：　そうね。それに，全員が６回以上入ってしまったきょりも，簡単(かんたん)すぎてつまらなそうだからやめよう。

かずし：　そうだね。それなら，体験した１年生のうち６回以上入った人数の割合(わりあい)が，８割をこえたきょりにすれば，盛(も)り上がって楽しいよね。

たいき：　いいね，そうしよう。

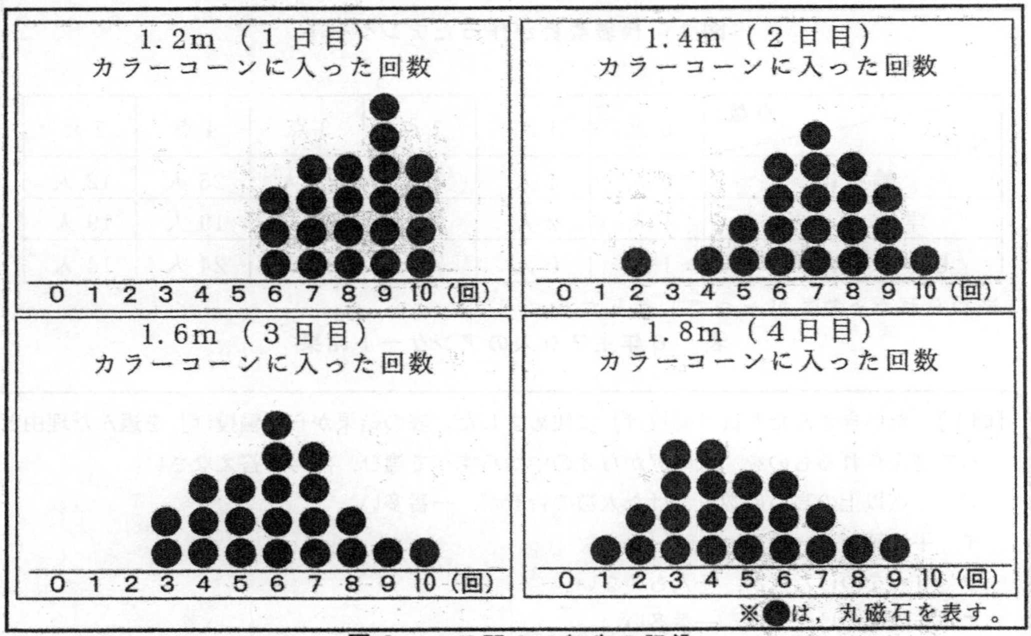

図２　４日間の１年生の記録

［問２］　会話や図２をもとに，たいきさんたちが選んだきょりを答えなさい。
また，そのきょりを選んだ理由を，式と言葉を使って説明しなさい。

5　子ども会のお楽しみ会について，プレゼントを担当する班（はん）と交流遊びを担当する班に分かれて話し合っています。プレゼントを担当する班では，お楽しみ会のプレゼントにマスクを作ることが決定し，インターネットでプリーツマスクの作り方（図１）を調べました。

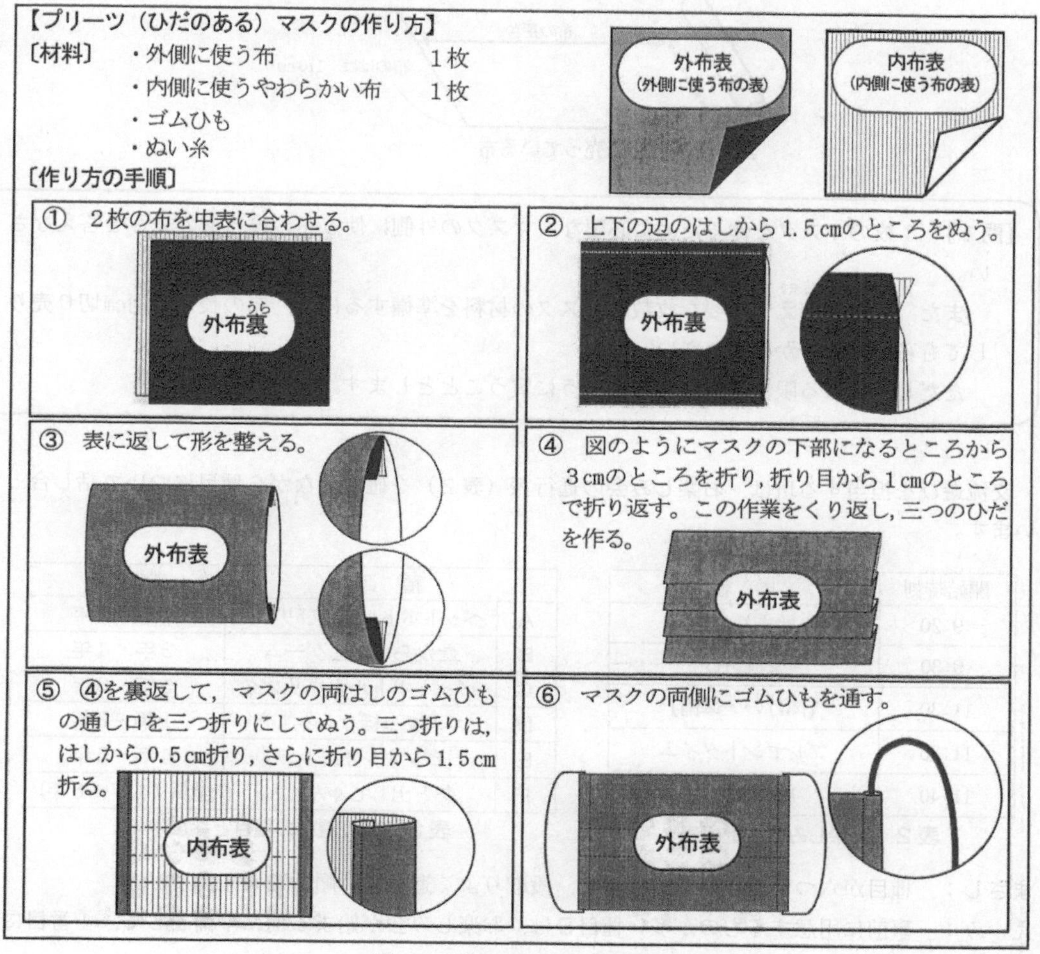

図１　プリーツマスクの作り方

ゆいと：　マスクの大きさ（図２）は，縦（たて）10㎝，横15㎝になるように作ろうよ。１枚のマスクを作るための布は，縦と横の長さがそれぞれ何㎝になるのかな。

ちはる：　それが分かれば，参加者（表１）に一人１枚ずつ配るために準備する布の大きさが分かるわね。そうだ，予備として２枚多く準備しましょう。

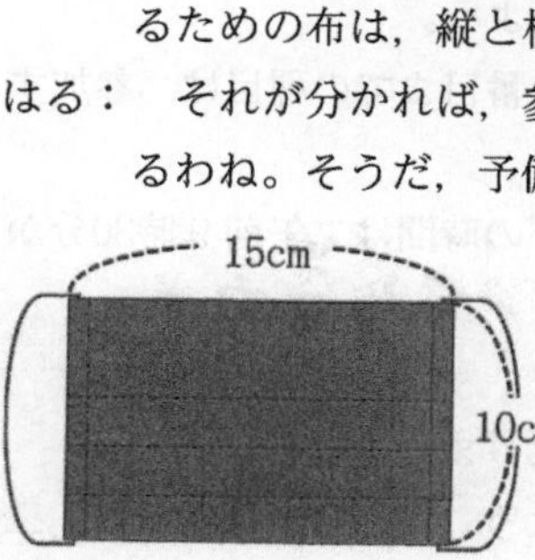

図２　マスクの大きさ

学年	１年	２年	３年	４年	５年	６年	合計
人数（人）	5	7	8	7	6	7	40

表１　子ども会の学年別参加人数

そこで二人は，まず外側に使う布を買うために，近所の手芸店に行きました。

手芸店で売っている布（図３）は，はば110㎝で，必要な長さを10㎝単位で切り売りしていました。

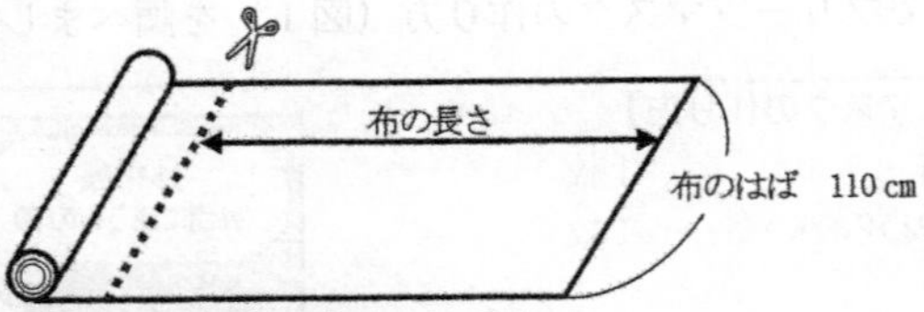

図３　手芸店で売っている布

［問１］　１枚のマスクを作るために必要な，マスクの外側に使う布の縦（たて）と横の長さを答えなさい。
また，予備も加えて必要な枚数のマスクの材料を準備するには，布の長さは何㎝切り売りしてもらえばよいか答えなさい。
ただし，できる限り布が余らないように買うこととします。

交流遊びを担当する班は，お楽しみ会の進行表（**表２**）を確認（かくにん）しながら種目について話し合っています。

開始時刻	内　容
9:20	始まりの会
9:30	交流遊び
11:30	【休けい・準備】
11:35	プレゼントタイム
11:40	終わりの会

表２　お楽しみ会の進行表

	種　目	参加学年
A	ペットボトルはこびリレー	1年・2年
B	たからさがしゲーム	3年・4年
C	ペットボトルボウリング	5年・6年
D	ゴムてっぽうしゃてき	1年～3年
E	ピンポン玉リレー	4年～6年
F	あと出しじゃんけん	全員（1年～6年）

表３　交流遊びの種目と参加学年

まさし：　種目が六つ（**表３**）あるけれど，段取（だんど）りよく進むよう順番を考えよう。
え　み：　事前に用意するものが多い種目**D**は，お楽しみ会が始まる前に準備をして，１番目にすることにしましょう。
かんな：　ペットボトルをたくさん使う種目**A**と種目**C**は，順番が続くといいよね。
まさし：　最後は，みんなで楽しめるよう，全員参加の種目**F**にしよう。
え　み：　他の学年が遊んでいる間に休めるように，１番目から５番目までの種目は，参加する学年が続かないようにするといいわね。
かんな：　次は，それぞれの種目の時間も考えましょう。交流遊びの時間は，午前９時30分から午前11時30分の予定よね。
まさし：　遊ぶ時間だけでなく準備時間も必要だよ。
え　み：　それじゃあ，種目と種目の間には５分間の準備時間をとりましょう。
まさし：　それぞれの種目の時間は，参加学年の数をもとに考えよう。種目**D**と種目**E**は，三つの学年が参加するから，二つの学年が参加する種目**A**，種目**B**，種目**C**よりも５分間長くするのはどうかな。

かんな：　いいわね。種目Ｆは，すべての学年が参加するけれど，10分間あれば楽しめるわ。

［問２］　会話や表１，表２，表３から，種目の順番とそれぞれの種目の時間を答えなさい。

【作　文】（45分）

【注意】 1　題名と氏名は書かないこと。

2　原稿(げんこう)用紙の正しい使い方に従(したが)って書くこと。

ただし，書き進んでから，とちゅうを書き直すとき，直すところ以外の部分も消さなければならないなど，時間がかかる場合は，次の図のように，一つのます目に２文字書いたり，ます目をとばして書いたりしてもよい。

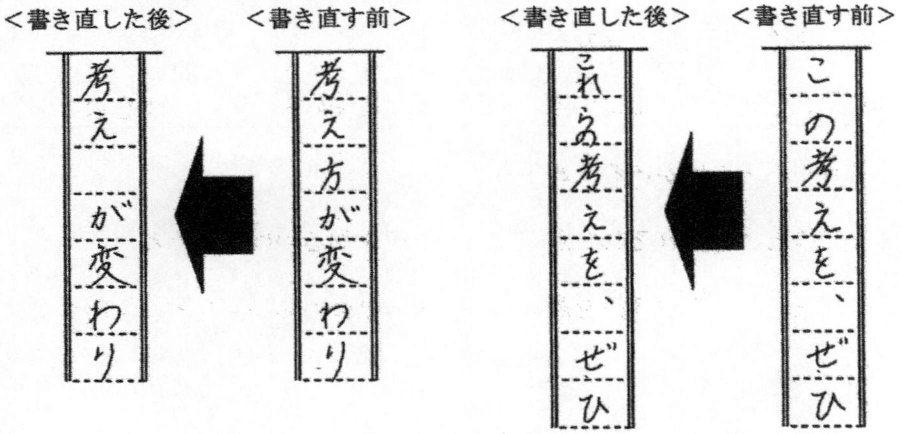

ある小学校の児童会では，「だれもが気持ちよく学校生活を送るために」というテーマで標語をぼ集しました。Ａさんたちは，ろう下にけい示された標語（図）を見ながら，次のような会話をしています。

わたしたち　十人十色の　仲間たち
あさひさん

みとめ合う　たがいの心を　あけるかぎ
たくみさん

一人一人がちがったピース　つながり合って　パズルの完成
ひかるさん

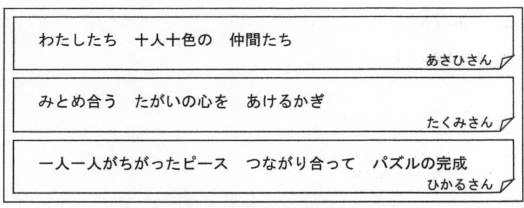

図　ろう下にけい示された標語

Ａさん：　三つともすてきな標語だね。

Ｂさん：　あさひさんの標語の「十人十色」という言葉の意味は，私(わたし)たちにはそれぞれちがいがあるということなのかな。

Ｃさん：　そうだよ。いっしょにいる仲間でも，考えや好み，性格，得意なことなどは，人それぞれちがいがあるよね。

Ｄさん：　なるほど。人それぞれちがいがあることを知るのは大切だね。

Aさん：　私は**たくみさん**の標語を読んで，相手と自分のちがいを知って認め合うことは大切だと思ったよ。

Bさん：　そうだね。おたがいに認め合うことで心を開いて，仲良くなっていけるといいね。

Cさん：　私は**ひかるさん**の標語を読んで，一人一人のちがいをおたがいに理解して，協力したり助け合ったりしながら学校生活を送ることが大切だと感じたよ。

Dさん：　Cさんの話を聞いて，みんなが支え合うことが大切だと思ったよ。みんなが支え合っていけば，笑顔で生活することができそうだね。

この後も話は続きました。

だれもが気持ちよく学校生活を送るために，あなたはどのようなことをしたいと思いますか。図や会話を参考にして，次の条件に従って書きなさい。

(条件)

ア　あなたがしたいことを具体的に書きなさい。

　　そうすることで，なぜだれもが気持ちよく学校生活を送ることができるのか，理由も書きなさい。

イ　あなたが経験したこと，または，見聞きしたことにもふれなさい。

ウ　字数は600字程度で書きなさい。

MEMO

大切なことはメモしておこうネ！

2022 年度

解 答 と 解 説

＜適性検査解答例＞

1 ［問1］ ア × イ ○ ウ ○ エ ○ オ ×

［問2］ エ

2 ［問1］

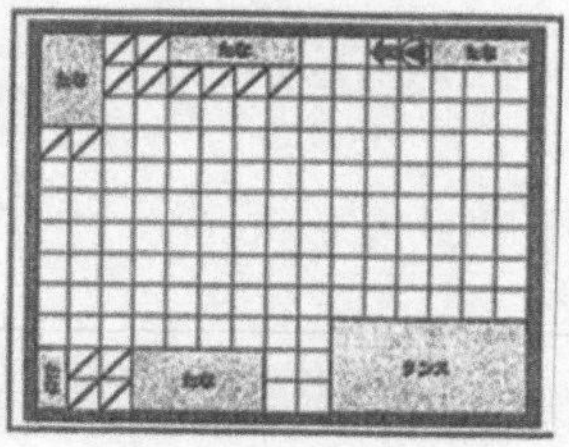

［問2］ ①

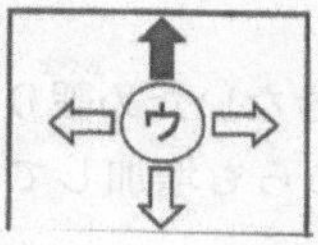

② E ③ D ④ B ⑤ A

⑥ F ⑦ D ⑧ C

3 ［問1］ 記号 イ

［理由］ 14時５分には，真南よりも西に太陽が位置している。よって，たけしさんのいる位置から，太陽とタワーが同じ方角に見える公園はイだから。

［問2］ ［不足していたこと］ タワーを出て最初の交差点をどのように進むのかという説明。

4 ［問1］ イ・ウ・オ

［問2］ 1.4(m)

［理由］ 1.4mは，６回以上入った人数が21人中17人である。
体験した１年生のうち６回以上入った人数の割合は，
17÷21×100＝80.9… 約81％ （または，17÷21＝0.809…）
となり，８割をこえているから。

5 ［問1］ （縦の長さ） 19(cm)

（横の長さ） 19(cm)

（布の長さ） 180(cm)

［問2］

順番	種目	時間（分間）
1	D	20
2	E	20
3	A	15
4	C	15
5	B	15
6	F	10

○配点○

□1 問1 10点　問2 6点
□2 問1 8点　問2 9点
□3 問1 12点　問2 10点
□4 問1 9点　問2 12点
□5 問1 12点　問2 12点　計100点

＜適性検査解説＞

□1 （算数：資料の読み取りと計算，社会：地域の活性化）

基本

［問1］ ア　中学生の人口の減少は資料から読み取ることができないため誤り。

イ　65才以上の人口は図１から，栃木県と日本のどちらも増加しており，将来予想でも増加しているため正しい。

ウ　図１から総人口は，栃木県は2000年まで，日本は2010年まで増加しその後どちらも減少しているため正しい。

エ　図１より1980年と2040年の０才から14才の人口を比べると，栃木県では43万人が18万人に減少しており，43万人の半分の21.5万人以下，日本では2752万人から1194万人に減少しており2752万人の半分の1376万人以下になっているため正しい。

オ　図１より，2040年における総人口に対する15才から64才の人口の割合は，栃木県は，880000÷1650000×100＝53.3…，日本は，59770000÷110920000×100＝53.8…であり，どちらも５割である50％をこえているため誤り。

［問2］ アは「自然環境を生かした施設」や「農林業の活性化」という点が読み取れないため適切でない。イはすべての事例で学校の施設を改修しているため適切でない。ウは読み取れるものが事例４のみなので適切でない。オは「会社を招き入れること」や「人口増加につながっている」という点が読み取れないので適切でない。よって，エが正解となる。

2 （理科：プログラミング）

［問1］ ロボットの移動の仕方は図の矢印のとおりになるため解答のようになる。

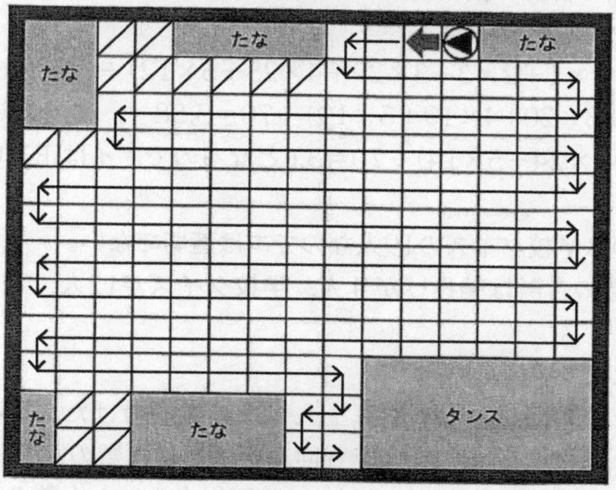

［問2］ ア，イ，ウ，エのそれぞれの向きで進んだとき，ア，イ，エのすべての向きとウの右向きをスタートにして進んだ場合は，すべてそうじできない場所ができてしまうため，ウの上向きをスタートの位置と向きにしたものが正解となる。またそのときのロボットの移動は図のようになり，それをもとに動きのカードをあてはめていくと解答のとおりになる。

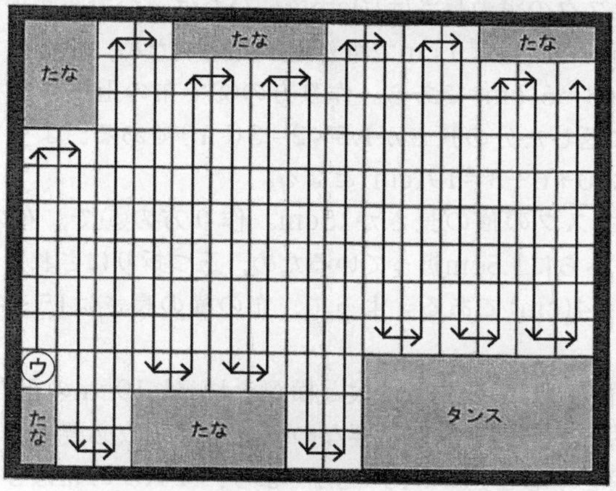

3 （総合：地図の読み取り，道案内）

やや難

［問1］ 図の右上にある時刻とそのときの太陽の位置から答えを導く問題。たけしさんの「太陽の方向に，タワーが見えるよ。」と言う発言から14時５分の時の太陽のおおよその方角とタワーを結んだ延長線上にある公園を選ぶ。14時頃の太陽は真南より少し西に移動したあたりにあるという理由から，イが答えとなる。

［問2］ えりかさんの説明ではタワーを背に左に進んだとき，最初に，銀行のある交差点を右に曲がることになってしまい，たけしさんはエの公園の南側にある郵便局についてしまったことになる。本来は交差点を過ぎた先のつき当りを右に曲がるため，はじめの交差点を通り過ぎるということを伝えなければならない。

4 （算数：アンケート，分布の読み取りと計算）

［問1］　４点以上の点数をつけた人数の合計は輪投げが37人，学校クイズとじゃんけん列車が38人であるためアは適切でない。

平均値は，輪投げが(0×0＋1×1＋2×3＋3×29＋4×25＋5×12)÷70＝3.62…，学校クイズが(0×1＋1×2＋2×9＋3×20＋4×19＋5×19)÷70＝3.58…，じゃんけん列車が(0×1＋1×0＋2×7＋3×24＋4×24＋5×14)÷70＝3.6となるので，イは正しい。

表よりウは正しい。

５点をつけた人が一番多いのは学校クイズの19人なのでエは適切でない。

２点以下の点数をつけた人数の合計は輪投げが４人，学校クイズが12人，じゃんけん列車が８人なので，オは正しい。

よって，答えはイ・ウ・オとなる。

［問2］　会話より，全員が６回以上入った1.2mと６回以上入った人数が投げた人数の半分以下である11人より少ない1.8mは適切でない。1.6mで６回以上入った人数の割合は13÷21×100＝61.9…で約62％であり８割をこえないが，1.4mで６回以上入った人数の割合は17÷21×100＝80.9…で約81％であるため８割をこえる。よって答えは1.4mとなる。

やや難 5 （算数：図形の見え方と計算）

［問1］　縦の長さ：　できあがったマスクの縦の長さは10cmで，ひだは三つで布が折り重なっている部分は三か所ある。はば１cmで折り返しているため，重なっている部分の長さは，1×2×3＝6(cm)である。作り方の②で布の上下の辺をそれぞれ1.5cmぬって表に返した分の長さが1.5×2＝3(cm)である。よって，布の使う布の縦の長さは10＋6＋3＝19(cm)となる。

横の長さ：　できあがったマスクの横の長さが15cm。作り方の⑤で，布の両はしを0.5cm折った後，さらに1.5cm折っているため，三つ折りにされた部分の長さは(0.5＋1.5)×2＝4(cm)である。よって，布の横の長さは15＋4＝19(cm)となる。

布の長さ：　マスク１枚を作るのに必要な布は縦と横がそれぞれ19cmの正方形となる。マスクは一人１枚と予備の２枚が必要なので全部で42枚必要である。売っている布のはばを縦とすると110÷19＝5.7…より，マスクの布は５枚分縦に並べられる。必要な枚数42枚を準備するには，マスクの布を横に９枚並べられる長さが必要なので，19×9＝171(cm)必要である。10cm単位で布を切り売りしているため，必要な布の長さは180cmとなる。

［問2］　種目の順番：　１番目と６番目であるＤとＦ以外の４つの中から考える。会話の内容から，ＡとＣは順番が続いており，参加する学年が続いてしまうため，ＣやＢの前後にＥを，Ｄの後にＡやＢをもってくることはできない。つまり，Ｄの次はＥとなり，Ａ，Ｃ，Ｂと続く。

種目の時間：　交流遊びの時間は全部で120分であり，各種目の間には５分×5回の準備時間がある。Ｆの時間が10分であることから，Ａ～Ｅの遊びの時間の合計は120－(5×5＋10)＝85分となる。

Ａ～Ｅの遊びの時間の長さを以下の線分図に示す。

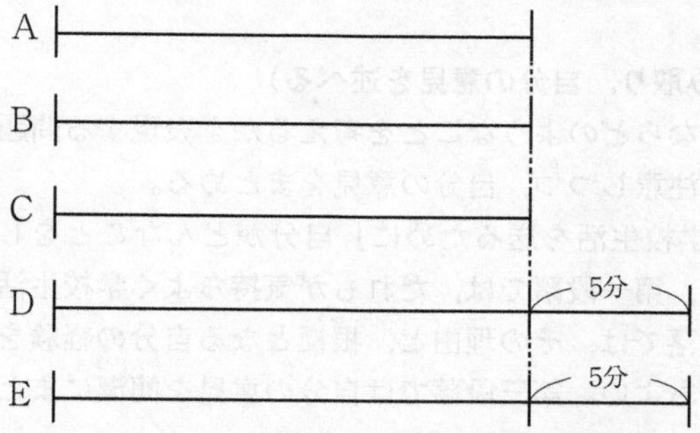

DとEの時間がA～Cの時間よりも５分間長いことから，A～Cの時間は各種目で(85－5×2)÷5＝15(分)となり，D，Eの時間はそれぞれ15＋5＝20(分)となる。

★ワンポイントアドバイス★

グラフや写真から必要な情報を的確に読み取ることが大切。問題文中の発言や会話文，図に書いてあることから答えを出したり，式や説明を考えさせたりする問題もあるので慣れが必要だが，落ち着いて解答すればそれほど複雑な問題ではない。

＜作文問題解答例＞《学校からの解答例の発表はありません。》

私は，だれもが気持ちよく学校生活を送るために，人の気持ちを考えて行動したいと思います。

私が小学五年生の時，クラスに転校生が来て，私のとなりの席になりました。私は人と話すことが好きなので，その子にたくさん話しかけました。しかし，その子は，私がどんなに話しかけても，ほとんど反応してくれませんでした。私はとても悲しくなり，このことを母に相談しました。すると，母は，「その子は転校してきたばかりできん張しているんじゃない。みんながあなたみたいに話すことが好きとは限らないわよ。」と言いました。母の言葉を聞き，私はその子の気持ちを全く考えていなかったことに気がつきました。もしかしたらその子は，私にたくさん話しかけられることで，いやな気持ちになっていたのかもしれないと思いました。それからは，以前のように一方的に話しかけるのではなく，相手の様子をうかがいながら相手のことを考えて話しかけるようにしました。すると，少しずつではありますが，その子は私が話しかけたことに反応してくれるようになりました。

クラスには，自分と同じような人ばかりがいるとは限りません。自分のことしか考えていないと，クラスの中でいやな思いをする人が出てきてしまうと思います。一人一人が，人の気持ちを考えるようにすれば，そのような人を減らすことができます。だから，まずは私自身が人の気持ちを考えた行動を心がけたいです。

＜作文問題解説＞

基本 **（作文：資料・会話を読み取り，自分の意見を述べる）**

図と会話文から，自分ならどのようなことを考えるかを表現する問題となっている。会話文の要素と資料の内容の関連性に注意しつつ，自分の意見をまとめる。

「だれもが気持ちよく学校生活を送るために」自分がどんなことをしたいかを書く。600字程度なので三～五段落構成にし，第一段落では，だれもが気持ちよく学校生活を送るために自分がしたいことを明確に示す。第二段落では，その理由と，根拠となる自分の経験を具体的に書く。この部分は必要に応じて段落を分けてもよい。第三段落では自分の意見を簡潔にまとめる。

★ワンポイントアドバイス★

自分の経験にふれる必要があるときは，自分の主張とその経験がどのように関係しているかを考えながら書くようにする。自分の考えの根拠になるような経験が書けると，作文のまとまりがよくなる。また，長めの作文を書くときは，あらかじめ結論と構成を考えてから書き始めるとよい。

2021年度

★★★★★★★★★★★★★★★★★★★★★★★

入　試　問　題

2021年度

栃木県立中学校入試問題

【適性検査】（50分）　＜満点：100点＞

1　ある日の夕食後，わたるさんと弟のきよしさんは，農業を営んでいる父と話をしています。

わたる：　お父さんが作ったいちごは，やっぱりおいしいね。

父　　：　そうか，ありがとう。実は，いちご作り以外にもいろいろと勉強したいと思って，今日は農業をしている人たちが集まる勉強会に参加してきたよ。この資料（図１）は，そのときに出されたものだけれど，２人にも問題にちょう戦してもらおうかな。

わたる：　この左側の表は，世界の国々の食料自給率を表しているものだね。

父　　：　表のアからオの中のどれが日本を表しているかわかるかな。

きよし：　お父さん，何かヒントを出してよ。

父　　：　いいよ。学校の給食にも出るパンやスパゲッティの主な原料の自給率は，表の５か国の中だと下位３か国に入っているよ。

わたる：　なるほど。右側のグラフもヒントになるのかな。

父　　：　もちろんだよ。表とグラフの両方をよく見て考えてね。

きよし：　他にもヒントを出してよ。

父　　：　いちごがふくまれる品目の自給率は，この表の５か国の中だと上位３か国に入っているよ。いちごは野菜類にふくまれるから，気をつけて考えてね。

わたる：　ぼくは，今のヒントでわかったよ。それにしてもぼくたちが毎日食べているものは，国産だけでなく外国産も多いということがわかるね。

父　　：　この資料を見たことで，私（わたし）たちの食について考えるきっかけになったようだね。

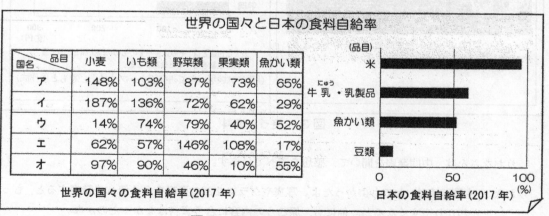

世界の国々と日本の食料自給率

国名＼品目	小麦	いも類	野菜類	果実類	魚かい類
ア	148%	103%	87%	73%	65%
イ	187%	136%	72%	62%	29%
ウ	14%	74%	79%	40%	52%
エ	62%	57%	146%	108%	17%
オ	97%	90%	46%	10%	55%

世界の国々の食料自給率（2017 年）

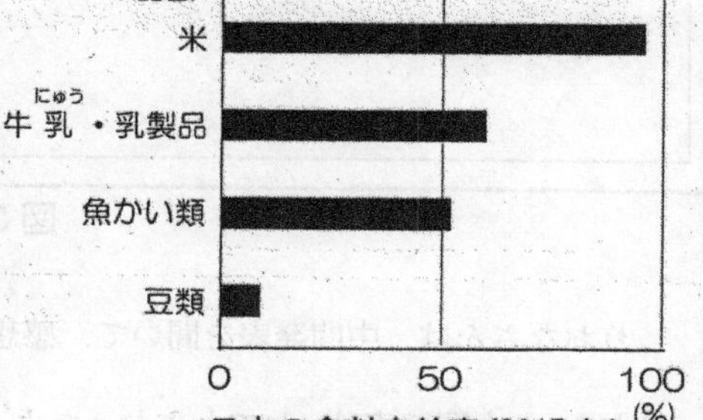

日本の食料自給率（2017 年）

図１　勉強会で出された資料

（「農林水産省ウェブサイト」をもとに作成）

［問１］　図１の表の中で日本を表しているものを，アからオの中から一つ選び，記号で答えなさい。

食の問題に興味をもったわたるさんは，学校の総合的な学習の時間に栃木県の農業について調べ，発表原こう（**図２**）と資料（**図３**）を使って，グループごとに中間発表を行いました。

みなさん，日本は多くの食料を輸入していることを知っていますよね。では，これは何の写真だと思いますか。実は，栃木県産のいちごについて，外国で宣伝しているトラックの写真です。

栃木県では，いくつかの農産物が世界の国々に向けて輸出されていて，その輸出額は年々高くなってきています。では，どのような農産物が輸出されているのでしょうか。牛肉や花の割合が大きいですが，いちごや米，なしなども輸出されています。栃木県産の農産物が外国でも食べられていると知り，とてもうれしくなりました。

次に，国内に出荷されている農産物を見てみましょう。例えば，栃木県内で生産された米は，県外にも出荷されていることがわかりました。栃木県内で消費されている量よりも，県外に出荷されている量の方が多いということを知り，おどろきました。

そして，栃木県で有名な農産物といえば，やはりいちごですよね。いちごは栃木県の特産物の一つで，都道府県別の産出額は日本一です。なぜ栃木県でいちごづくりが盛んになったのかについても，さらに調べていきたいと思います。

図２　発表原こう

ア　外国での宣伝の様子

（資料：栃木県農業協同組合中央会より）

イ　都道府県別いちごの産出額上位５県（2018 年）

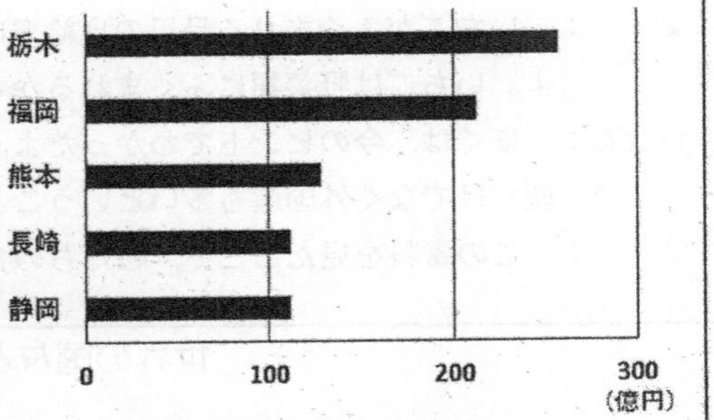

※　産出額とは，その農産物そのものの売上額と，加工品の売上額を合わせた金額のこと。

（「農業試験場いちご研究所ウェブサイト」をもとに作成）

図３　使った資料

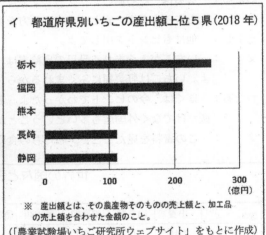

りおなさんは，中間発表を聞いて，感想を述べています。

りおな：　中間発表は，とてもよかったよ。写真やグラフなどの資料を多く使って発表すると，もっとわかりやすくなるね。他にも，原こうの内容に合う資料はなかったのかな。

わたる：　そうだね，もっとわかりやすい説明になるように，集めた資料（**図４**）の中から使えそうな資料を見つけて，つけたしてみるよ。

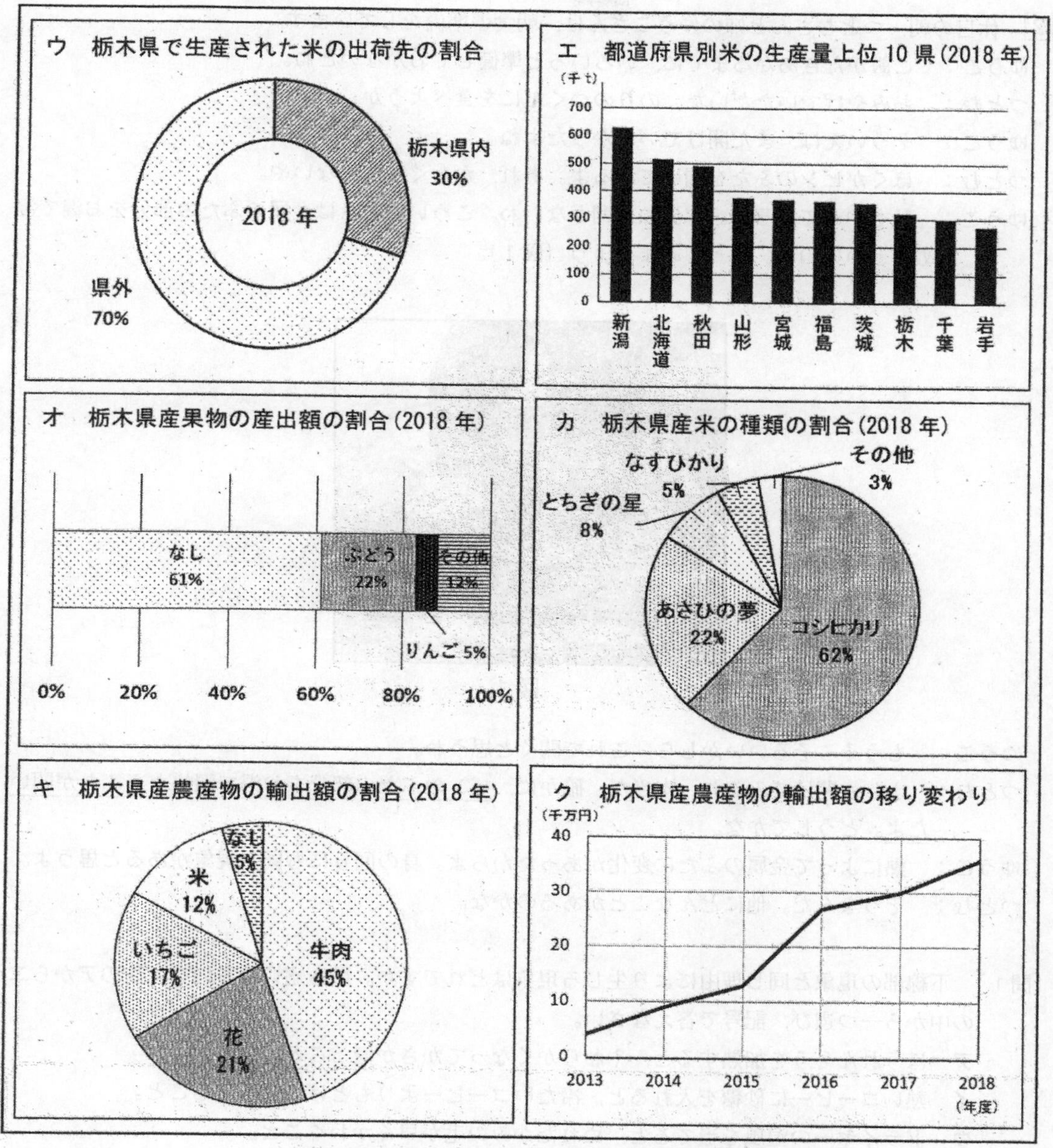

図４　わたるさんのグループで集めた資料

（「令和２年度版とちぎの農業」，「農業試験場いちご研究所ウェブサイト」，「令和元年度農政部経済（けいざい）流通課資料」をもとに作成）

［問２］　わたるさんたちの発表がもっとわかりやすくなるように，図４の資料の中の**ウ**から**ク**の中から最も適切なものを三つ選び，図３の資料（**ア**，**イ**）もふくめて，発表原こうの内容に合うよう並（なら）べかえて記号で答えなさい。

2 休日の朝，つとむさんと姉のゆうこさんは，朝食の準備をしています。

ゆうこ：　ご飯がたきあがるまでに，いろいろと準備しておかないとね。

つとむ：　おみやげでいただいた，のりのつくだにを食べようか。

ゆうこ：　そういえば，まだ開けていなかったよね。

つとむ：　ぼくがビンのふたを開けてみるよ。あれ，かたくて開かないや。

ゆうこ：　私（わたし）もやってみるわ。本当ね，開かないわ。こういうときは金属のふたの部分をお湯で温めるといいのよ。やってみましょう（図１）。

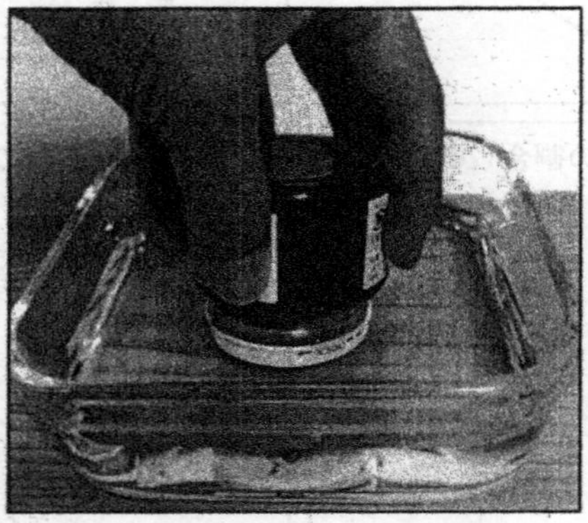

図１

ゆうこ：　もうそろそろいいかしら。これで開くと思うわ。

つとむ：　よし，開けてみるね。本当だ。確かに，ビンのふたの部分をお湯で温めたらふたが開いたよ。どうしてかな。

ゆうこ：　熱によって金属のふたに変化があったからよ。身の回りにも同じ現象があると思うよ。

つとむ：　そうなんだ。他にどんなことがあるのかな。

［問１］　下線部の現象と同じ理由により生じる現象はどれですか。最も適切なものを，次のアからエの中から一つ選び，記号で答えなさい。

ア　ほうれんそうを加熱すると，やわらかくなってかさが減ること。

イ　熱いコーヒーに砂糖（さとう）を入れると，冷たいコーヒーよりもとけやすくなること。

ウ　ドライヤーの温風を当てると，ぬれたかみの毛が早くかわくこと。

エ　気温が高くなると，温度計の赤い液体が上しょうすること。

つとむ： 次は，みそ汁(しる)を作ろう。この前，学校で配られた調理実習のプリント（図２）を参考にして，家族５人分の材料をそろえてみたよ。
　あれ，調理実習のときは，塩分８％のみそを使ったけれど，うちのみそは塩分が何％かわからないな。

ゆうこ： うちのみその容器には，栄養成分表示（図３）がはってあるわよ。調理実習のプリントをもとに考えると，みその塩分の量は食塩相当量と同じと考えられるから，うちのみその塩分は，［①］％だとわかるわね。

つとむ： ぼくは，これから作るみそ汁の１人分にふくまれるみその塩分の量と，調理実習で作ったみそ汁の１人分にふくまれるみその塩分の量が，同じになるように作ろうと思っているよ。うちのみそを使った場合は，５人分で何ｇのみそが必要になるのかな。

ゆうこ： 調理実習のときに１人分のみそ汁に使ったみその塩分の量は［②］ｇだから，家族５人分では［③］ｇになるわね。その塩分の量にするためには，うちのみそを［④］ｇ入れればいいと思うわよ。

つとむ： さすがだね。これで，おいしいみそ汁ができそうだよ。

［問２］ 会話の中の［①］，［②］，［③］，［④］にあてはまる数を，それぞれ答えなさい。

みそ汁の材料と分量について
（４人分）

・水 …… 600mL
・みそ …… 60ｇ（塩分８％）
・にぼし…… 20ｇ
・とうふ…… 120ｇ
・油あげ…… 28ｇ
・ねぎ …… 40ｇ

～注意～
※ みその塩分の量（ｇ）については，食塩相当量とします。
※ みその塩分（％）については，（食塩相当量）÷（みその重さ）×100で求めることができます。

図２ 調理実習のプリント

栄養成分表示（100ｇあたり）	
エネルギー	191kcal
たんぱく質	12.3ｇ
脂(し)質(しつ)	6.1ｇ
炭水化物	21.7ｇ
食塩相当量	12.0ｇ

図３ ゆうこさんとつとむさんの家にあるみその表示

3 夏休みに，カナダに住むケン（Ken）さんが，こうたさんの家に宿はくすることになりました。ケンさんは初めて日本に来るので，こうたさんとお兄さんは，昔から伝わる日本の夏をすずしく過ごすための知恵（ちえ）について調べ，ケンさんに伝えることにしました。そこで２人は，わかりやすく説明ができるように，調べたことを表にまとめました。

調べたこと				効果
うちわであおぐ		せんすであおぐ		
	• 細い竹に，紙などを張って，持つところをつけたもの。 • あおいで風を起こす。		• 細い竹や木に紙などを張って，折りたたみができるようにしたもの。 • あおいで風を起こす。	風を体に当てることにより，すずしくなる。
よしずを立てかける		すだれをたらす		
	• 植物の「ヨシ」を編んだもの。 • 日の当たるのき下に，立てかけて使う。		• 植物の「アシ」や細くわった竹などを糸で編んだもの。 • 日が差しこむ窓やのき下に，たらして使う。	［①］により，すずしくなる。
引きちがい戸を開ける		ふすまをす戸にかえる		
	• しょうじやふすまなど，横に開閉（へい）できる戸のこと。 • 戸を横に動かして部屋のしきりを自由に変えることができる。		• しょうじのわくの中に，すだれをはめこんだ戸のこと。 • 季節の変化に応じて，しょうじやふすまを外し，す戸に取りかえる。	［②］により，すずしくなる。
その他 • ふうりん，水の音（耳で聞いてすずしさを感じる。） • ござ（さわってすずしさを感じる。）				感覚にしげきを与えることにより，すずしさを感じる。

表　２人がまとめた表

［問１］　表の ［①］，［②］ に入る内容を考え，それぞれ書きなさい。

次に，こうたさんとお兄さんは，ケンさんといっしょにできる遊びを考え，すごろくに決めました。そして，２人はケンさんに喜んでもらえるように特別なルールを考え，お兄さんがメモにまとめました。

【お兄さんが書いたメモ】

《つくるもの》
○　すごろくボード
○　コマ
○　サイコロ
・　画用紙で手づくりする。サイコロにＫ，Ｅ，Ｎと書く。
・　図１のようにＫＥＮと見えるようにし，その他の面には何も書かない。

図１　サイコロ

《ルール》
○　サイコロの目は，Ｋが４，Ｅが３，Ｎが２，その他の空白の面は１とする。

兄　　：サイコロを組み立てたよ。こうた，Ｋ，Ｅ，Ｎと書いてごらん。
こうた：うん。でも，紙でできているから，サイコロがつぶれて書きにくいよ。
兄　　：うまく書けないなら，一度サイコロを開いて，Ｋ，Ｅ，Ｎと書いてみたらどうかな。
こうた：なるほど。開いてみたら，Ｋがうまく書けたよ（図２）。平面だと書きやすいね。あれ，ＥとＮは，どこにどのように書くのかな。

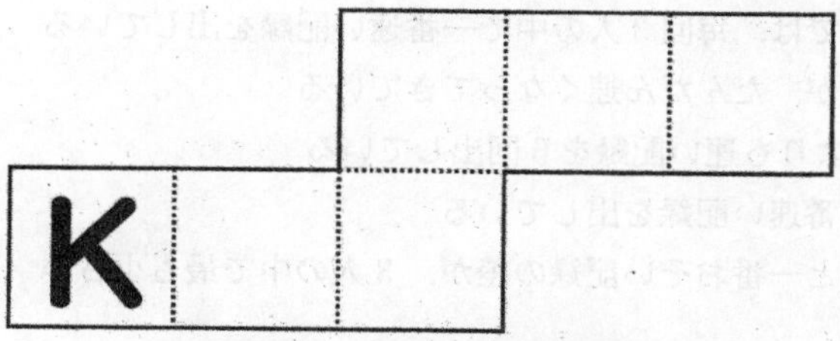

図２　サイコロの展開図

［問２］　図２の展開図を組み立てたときに，図１のサイコロと同じになるように，ＥとＮを文字の向きに注意して展開図に書きたしなさい。
ただし，のりしろは考えないものとします。

4　運動会で行われるクラス対こうリレーの代表選手を決めることになりました。そこで，６年１組では，まず男子のリレーの代表選手４人を決めるため，立候補（りっこうほ）した８人について，放課後に実施した10日間の80m走の記録の平均（表１）をもとに，決めようとしています。

（単位：秒）

	おさむ	つよし	けいた	ゆうや	しょう	たけし	まさる	ひろたか
記録の平均	13.1	13.7	14.0	13.7	13.9	13.7	13.1	12.8

表１　１０日間の８０ｍ走の記録の平均

あゆみ：　10日間の80m走の記録の平均がよかった順に選ぶと，ひろたかさん，おさむさん，まさるさんは決まりだね。

たける：　そうだね。４番目によかった記録は13.7秒だから，つよしさん，ゆうやさん，たけしさんの３人が候補になるね。

ゆ　み：　どうやって，4人目の選手を決めればいいかな。

つばさ：　先生に，３人の10日間の80m走の記録（**表２**）を見せてもらって，考えてみようよ。

（単位：秒）

	1日目	2日目	3日目	4日目	5日目	6日目	7日目	8日目	9日目	10日目	平均
つよし	13.8	13.5	13.5	14.2	13.7	13.6	13.0	14.2	13.9	13.6	13.7
ゆうや	13.8	13.8	13.4	13.8	13.7	13.9	13.5	13.6	13.8	13.7	13.7
たけし	14.1	14.0	13.9	13.8	13.7	13.7	13.6	13.5	13.4	13.3	13.7

表２　３人の１０日間の８０m走の記録

けんた：　ぼくは，つよしさんがいいと思うな。理由は，［①］から。

なおと：　そうだね。でも，ゆうやさんは，［②］という点ではいいんじゃないかな。

ひうみ：　そうね。でも，たけしさんもいいと思うわ。理由は，［③］から。

さちこ：　代表選手を選ぶときには，いろいろな考え方があるんだね。

［問１］　会話の中の［①］，［②］，［③］にあてはまる最も適切な言葉を，次の**ア**から**オ**の中から，それぞれ一つずつ選び記号で答えなさい。

ア　後半の５日間では，毎回３人の中で一番速い記録を出している

イ　80m走の記録が，だんだん速くなってきている

ウ　平均の13.7秒よりも速い記録を６回出している

エ　３人の中で一番速い記録を出している

オ　一番速い記録と一番おそい記録の差が，３人の中で最も小さい

一方，６年２組では，女子の代表選手４人が決まったので，この４人が走る順番について話し合っています。

よしこ：　まずは，４人の３日間の80m走の記録（**表３**）を見てみましょう。

（単位：秒）

		1日目	2日目	3日目
A	よしこ	13.7	13.7	13.7
B	あけみ	13.9	13.6	13.9
C	さゆり	13.9	13.8	14.0
D	みさと	13.8	14.1	13.8

表３　４人の３日間の８０m走の記録

さゆり：　第二走者は，重要なので３日間の記録の平均が一番よかった人にしよう。

みさと：　うん，そうしよう。第四走者は，リードされていても最後に逆転できるかもしれないか

ら，３日間の記録の中で，一番速い記録を出した人にしよう。

よしこ：　それでは，第一走者と第三走者は，どうやって決めたらいいかな。リレーでは，３回のバトンパスのスピードを落とさずに行うことが大切よね。

あけみ：　それなら，テイクオーバーゾーンの通過記録（**表４**）を見て決めましょう。

さゆり：　４人で走ったときのテイクオーバーゾーンの通過記録を合計したときに，最も速くなるように順番を決めようよ。これで走る順番が決まりそうだね。

（単位：秒）

前の走者	後の走者	記録	前の走者	後の走者	記録
A	B	4.0	C	A	3.7
A	C	4.0	C	B	4.0
A	D	3.7	C	D	3.8
B	A	3.9	D	A	3.7
B	C	4.1	D	B	4.1
B	D	4.1	D	C	3.9

表４　テイクオーバーゾーンの通過記録

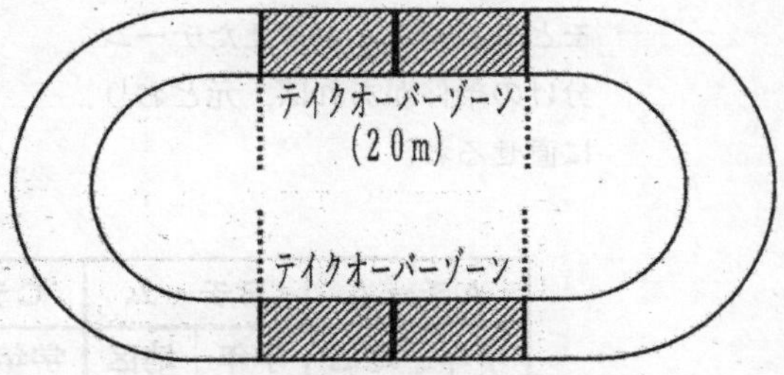

図１　リレー競技のトラック

※「記録（秒）」は，前の走者が，テイクオーバーゾーン（図１）に入ってから，後の走者がバトンを受け取って，テイクオーバーゾーンを出るまでの時間です。

［問２］　上の会話に合うように走る順番を決めると，どのような順番になりますか。**表３**の**A**から**D**の記号で答えなさい。

5　子ども会の行事で，お楽しみ会を開くことになりました。そこで，６年生のさとしさんたちが中心となり，公民館でお楽しみ会をどのように進めていくか決めています。

さとし：　お楽しみ会で，何をするか考えよう。

ひろこ：　１年生から６年生まで参加するので，みんなで楽しめるものがいいわ。

はじめ：　雨の日でもできるように，室内でできるゲームにしたらどうかな。

さとし：　そうだね。そうしよう。

さとしさんは，育成会長さんからメモ（図１）をもらって，子ども会の人数を確認しました。

〜子ども会の人数〜

学年	北地区	南地区
6年	1	3
5年	3	1
4年	2	2
3年	1	2
2年	3	2
1年	1	0

図１　育成会長さんのメモ

さとし：　学年と地区のバランスを考えると，チーム分けが難しいな。

はじめ：　チーム分けの条件（次のページの図２）を考えてみたよ。どうかな。

りさこ：　いいわね。学年や地区のかたよりがなさそうね。

はじめ：　この三つの条件を満たすチーム分けの表を，ホワイトボードに書いてみるね。表は見やすいように，学年順に書くよ。

りさこ：　表が完成したわね。これなら条件を満たしているわ。はじめさん，よいチーム分けね。書き写すから，まだ消さないでね。

さとし：　しまった，ごめん。とちゅうまで消しちゃったよ(表)。どうしよう。

ひろこ：　安心して。育成会長さんのメモとはじめさんが考えたチーム分けの条件があれば，元どおりに直せるわ。

～チーム分けの条件～

一　6年生を6ポイント，5年生を5ポイントというように，学年をポイントとし，各チームの合計ポイントを同じにすること。

二　チームは4人または5人のチームとすること。ただし，1年生は5人のチームに入れること。

三　各チームとも，北地区と南地区の人数にかたよりがないようにすること。ただし，5人のチームは北地区を1人多くすること。

※　表は，見やすいように学年順に整理する。(例えば，6年生の次を3年生にしない，など)

図2　はじめさんが考えたチーム分けの条件

Aチーム		Bチーム		Cチーム		Dチーム		Eチーム	
学年	地区	学年	地区	学年	地区	学年	地区	学年	地区
6	南	6	南			6	南	5	北
5	北		南			4	北	5	北
3	北							4	南
2	南	2							
						1			

表　とちゅうまで消されてしまった表

［問１］　はじめさんが考えたチーム分けの三つの条件に合うように，とちゅうまで消されてしまった表の空らんに学年と地区を書き入れ，元どおりに直して完成させなさい。

さらに，さとしさんたちは，話合いをしています。

さとし：　次は，飲み物について決めよう。

はじめ：　育成会長さんから，飲み物代として1500円を預(あず)かったよ。

　今日は公民館のとなりのスーパーマーケットの特売日だから，そこで買おう。これがそのチラシ（図３）だよ。

りさこ：　500mLのペットボトル飲料を全員分買うと，1470円ね。みんなで買いに行きましょう。

ひろこ：　待って。大きいペットボトル飲料を買って，公民館にあるコップで250mLずつ２回に分けて配れば，同じ量を飲めるわよ。これなら安く買えるわ。

さとし：　それだ。１人あたり500mLとすると，

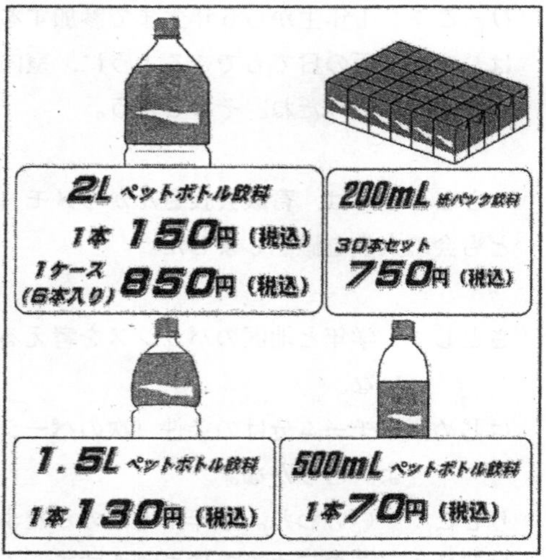

図３　飲み物の価格がわかるチラシ

どのように買えばよいだろうか。

りさこ：　２Ｌのペットボトル飲料をケース売りで買えば850円で安く買えるわよ。

さとし：　でも，それだと飲み物が余ってしまうよね。飲み物を余らせることなく安く買う組み合わせはないかな。

ひろこ：　①私（わたし）はケース売りより10円安く買える組み合わせを見つけたわよ。

はじめ：　もっと安く買える方法がありそうだよ。大きいペットボトルだけが安く買えるわけでもないみたいだよ。

りさこ：　②あら，ケース売りよりも30円も安く買える組み合わせを見つけたわ。

はじめ：　ケース売りよりも安く買える組み合わせは，その二つだけみたいだね。

さとし：　よし，みんなで買いに行こう。

［問２］　ひろこさんの考えた下線部①の組み合わせと，りさこさんの考えた下線部②の組み合わせのそれぞれの買い方について，言葉や式を用いて説明しなさい。

【作　文】（45分）

【注意】 1　題名と氏名は書かないこと。

2　原稿用紙の正しい使い方に従って書くこと。

ただし，書き進んでから，とちゅうを書き直すとき，直すところ以外の部分も消さなければならないなど，時間がかかる場合は，次の図のように，一つのます目に２文字書いたり，ます目をとばして書いたりしてもよい。

＜書き直した後＞　＜書き直す前＞　＜書き直した後＞　＜書き直す前＞

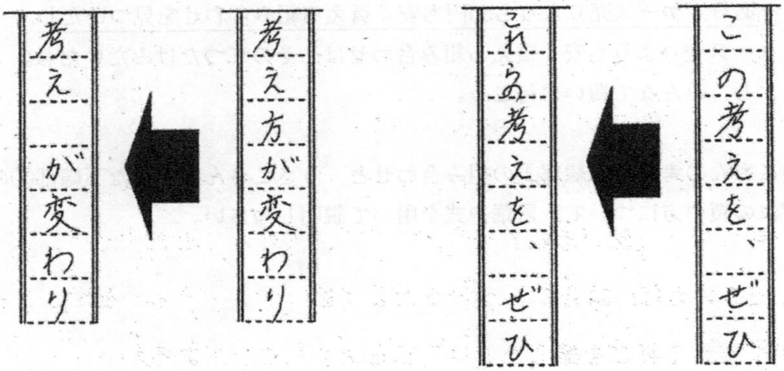

Ａさんたちは，ろう下にけい示されていた「いちご一会とちぎ国体・いちご一会とちぎ大会」のポスター（**図１**）を見て，次のような会話をしています。

図１　ポスター
（いちご一会とちぎ国体・とちぎ大会実行委員会）

Ａさん：　ポスターに書いてある国体や大会って何かな。

Ｂさん：　国民体育大会と全国障害者スポーツ大会のことだよ。

Ｃさん：　国内最大のスポーツの祭典だと聞いたことがあるわ。

Ｄさん：　2022年には，栃木県で開さいされるのね。

Ａさん：　たくさんの人が集まって，盛り上がるといいなあ。

Ｂさん：　会場地市町村別競技（次のページの**図２**）を見ると，県内の各地で，さまざまな競技が行われることがわかるね。

Ｃさん：　多くの人がスポーツについて興味をもつようになりそうね。

Ｄさん：　そうだね。ところで，スポーツにはどのようなみりょくがあるのかしら。

Ａさん：　やっぱり，スポーツをすることで達成感を味わったり，チームワークを学んだりできるというみりょくがあるよね。

Ｂさん：　ぼくは，スポーツをみることが楽しいな。試合を観戦することで選手と一体になって熱い感動を味わえるのは，素敵なことだと思うよ。

Ｃさん：　そういえば，試合のしん判や大会運営のボランティアをすることで，選手を支える喜びを感じたという話を聞いたことがあるわ。

Dさん：　それも素敵ね。私は，国民体育大会や全国障害者スポーツ大会の競技や選手について，
　　　　もっと知りたいから調べてみるわ。

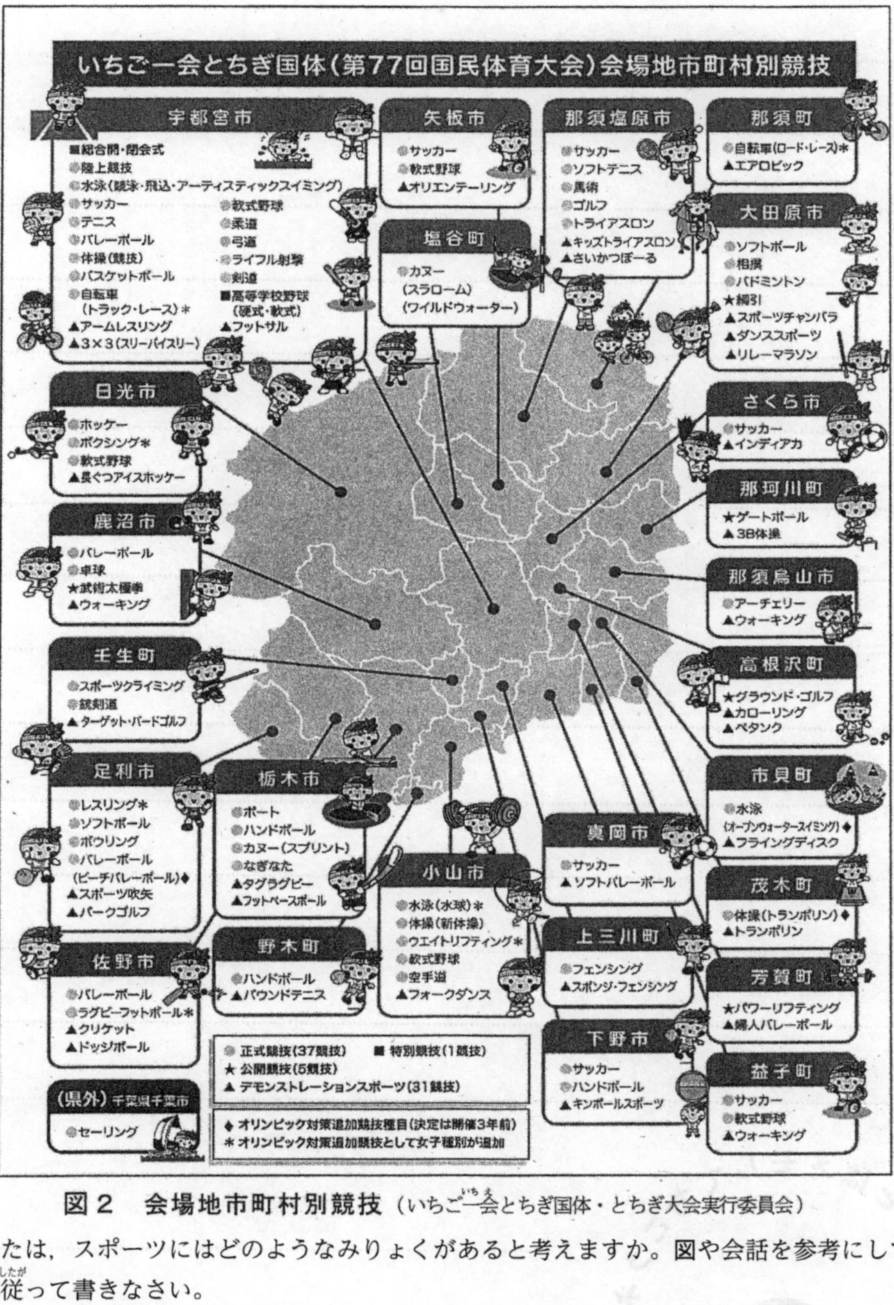

図２　会場地市町村別競技（いちご一会（いちえ）とちぎ国体・とちぎ大会実行委員会）

あなたは，スポーツにはどのようなみりょくがあると考えますか。図や会話を参考にして，次の条件に従（したが）って書きなさい。

（条件）

ア　自分の考えと，その理由を書きなさい。

イ　あなたが経験したこと，または，見聞きしたことにもふれなさい。

ウ　字数は600字程度で書きなさい。

MEMO

大切なことはメモしておこうネ!

T.G

2021 年 度

解 答 と 解 説

＜適性検査解答例＞

1 ［問1］ ウ

［問2］ ア→ク→キ→ウ→イ

2 ［問1］ エ

［問2］ ① 12(%) ② 1.2(g) ③ 6(g) ④ 50(g)

3 ［問1］ ① 直射日光をさえぎること

② 風通しをよくすること

［問2］

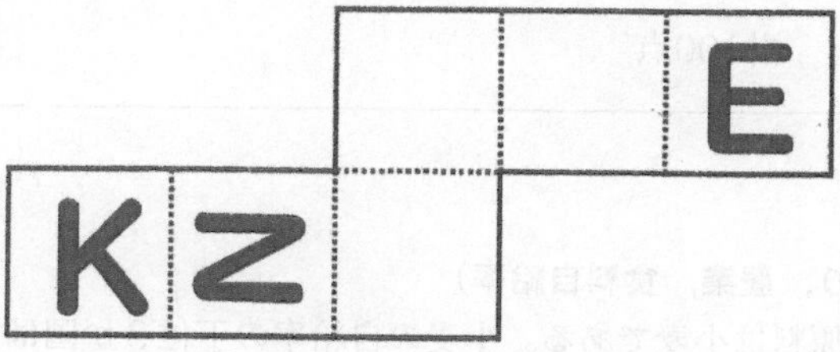

4 ［問1］ ① エ ② オ ③ イ

［問2］ (第一走者) (第二走者) (第三走者) (第四走者)

C → A → D → B

5 ［問1］

Aチーム		Bチーム		Cチーム		Dチーム		Eチーム	
学年	地区	学年	地区	学年	地区	学年	地区	学年	地区
6	南	6	南	6	北	6	南	5	北
5	北	4	南	5	南	4	北	5	北
3	北	4	北	3	南	3	南	4	南
2	南	2	北	2	北	2	北	2	南
						1	北		

［問2］ こども会の人数は，図１の合計人数から21人である。

または会話の中から「70円の500mLペットボトル飲料を人数分買うと1470円」としているので，1470÷70＝21。だから，21人である。

飲み物は，500mLを21人に配ると考えると，500×21＝10500。だから，10500mL(10.5L)必要である。

または，１人あたり250mLを２回配られるので，21人分を求めると，250×2×21＝10500。だから，10500mL(10.5L)必要である。

ひろこさんの考えた組み合わせは，ケース売りよりも10円安いので，850－10＝840により840円。

10.5Lになる組み合わせは，2Lペットボトル飲料３本と1.5Lペットボトル飲料３本。
金がくを計算すると，150×3＋130×3＝840により840円。
よって，2Lペットボトル飲料３本と1.5Lペットボトル飲料３本。
りさこさんの考えた組み合わせは，ケース売りよりも30円安いので，
850−30＝820により820円。
10.5Lになる組み合わせは，2Lペットボトル飲料５本と500mLペットボトル飲料１本。
金がくを計算すると，150×5＋70×1＝820により820円。
よって，2Lペットボトル飲料５本と500mLペットボトル飲料１本。

○配点○

1	問1	4点	問2	15点	
2	問1	4点	問2	12点	
3	問1	10点	問2	7点	
4	問1	12点	問2	12点	
5	問1	12点	問2	12点	計100点

＜適性検査解説＞

1 （社会：グラフと資料の読み取り，農業，食料自給率）

基本

［問1］ パンやスパゲティの主な原料は小麦である。小麦の自給率の下位３か国は**ウ**，**エ**，**オ**である。また，いちごがふくまれる野菜の自給率の上位３か国は，**エ**，**ア**，**ウ**である。このことから日本は**ウ**または**エ**にしぼられる。日本の食料自給率のグラフから，魚かい類の自給率はおよそ50%であることがわかるので，**エ**はあてはまらない。したがって日本を表しているのは**ウ**である。

［問2］ まず，「外国で宣伝(せんでん)しているトラックの写真です」の部分が資料**ア**にあてはまる。次に，「いくつかの農産物が世界の国々に向けて輸出されていて，その輸出額は年々高くなっています」の部分は資料**ク**，「牛肉や花の割合(わりあい)が大きいですが，いちごや米，なしなども輸出されています」の部分は資料**キ**，「栃木県内で消費されている量よりも，県外に出荷されている量の方が多い」の部分が資料**ウ**にあてはまる。最後に，「都道府県別の産出額は日本一です」の部分が資料**イ**にあてはまるので，答えは**ア→ク→キ→ウ→イ**となる。

2 （算数・理科：金属や液体の膨張，分量計算）

［問1］ ビンのふたの部分をお湯で温めたらふたが開くのは，金属のふたが温められてぼう張するからである。これは温度が高くなると中の液体が温められ，ぼう張することで上しょうするという温度計のしくみと同じである。

［問2］ ① 図３から塩分相当量は12.0gなので，つとむさんの家のみその塩分は12%である。

② 調理実習で作ったみそ汁(しる)の４人分にふくまれるみその塩分の量は60×0.08＝4.8より4.8gなので，１人分は4.8÷4＝1.2より1.2gである。

③ 家族５人分では，1.2×5＝6より6gである。

④ つとむさんの家のみその塩分量は12%であるので，6÷0.12＝50より，家族５人分のみそ汁を作るのに必要なみその量は50gである。

3 （社会・算数：日本の伝統，図形の見え方）

［問1］ ① よしずやすだれは夏場の強い日差しをさえぎるのに用いられてきた。

② しょうじやふすまの位置を動かしたり，す戸に変えたりすることで，家の中の風通しをよくする効果がある。

やや難 ［問2］ まず，図１においてNはKの右側に対して垂直に書かれている。よって，Nは図２におけるKの右隣の面に，Nの上側が左横に倒れる向きで書く。次に，Eは図１においてKの真下にKと同じ向きで書かれていることがわかる。図２ではKの面の真下にあたるのはKから一番遠い右はしの面なので，Kの面と接するのはこの面の上側の辺になる。よって，図１のようにするにはこの辺が上になるようにEを書けばよい。

4 （算数：資料の読み取りと計算）

［問1］ ① つよしさんの一番速い記録が13.0秒なのに対して，ゆうやさんとたけしさんの一番速い記録はそれぞれ，13.4秒と13.3秒なのでつよしさんは３人の中で一番速い記録を出している。

② ゆうやさんの一番速い記録は13.4秒，一番おそい記録は13.9秒で，その差は0.5秒である。ほかの２人の一番速い記録とおそい記録の差は，つよしさんが1.2秒，たけしさんが0.8秒なのでゆうやさんは一番速い記録とおそい記録の差が，３人の中で一番小さい。

③ たけしさんは１日目が一番おそい記録で10日目に一番速い記録を出している。この10日間でたけしさんだけがだんだんと記録がよくなっている。

［問2］ さゆりさんの発言から，第二走者は３日間の記録の平均が一番よかったAのよしこさんになる。また、みさとさんの発言から，第四走者は３日間の記録の中で13.6秒という一番速い記録を出したBのあけみさんになる。表４からAさんが前の走者だったときにテイクオーバーゾーンの通過記録がもっともよい後の走者はDさんなので第三走者はDさんである。よって残るCさんが第一走者になればよい。

5 （算数：チーム編成，数量の組み合わせ）

やや難 ［問1］ Aチームは４人そろっているので，１チームの合計ポイントは6+5+3+2=16より，16ポイントであることがわかる。まず残り１人のEチームは5+5+4=14，16−14=2より，２年生が入る。Eチームには北地区の人が２人，南地区の人が１人いるので，この２年生は条件二から南地区である。図１より，Dチームの１年生は北地区なので条件二より，Bチームには北地区の人をあと２人，Dチームには北地区の人をあと１人入れるようにする。６年生は全部で４人いて，もうすでに南地区の３人はチーム分けされているので，北地区の６年生がB，C，Dのいずれかのチームに入る。このときDチームに入ると合計ポイントが16ポイントを上回ることになり，Bチームだと表の上から３番目に入ることになって，２番目に入れる人がいなくなるため，Cチームに入る。５年生は全部で４人いて，北地区の３人はすでにチーム分けされているので南地区の５年生がどこに入るか考える。南地区の人が入れるのはBチームかCチームになる。もしBチームの場合，残りの１人はすでにAチームに入っている北地区の３年生しか入れないので，Cチームに入る。Cチームはあと２人で５ポイントになるように入れなくてはならない。１年生は１人しかいないので，２年生と３年生が１人ずつCチームに入る。よって残りの４年生は２人ともBチームに入る。南地区の３年生２人はCチームとDチームに分かれる。南地区の２年生はAチームとEチームにすでにいるので，B，C，Dチームにはそれぞれ１人ずつ北地区の２年生が入る。

[問2]　３人の会話を追いながら，順番に考える。まず，飲み物が必要なのは何人なのか，次にひろこさんとりさこさんの考えた組み合わせは何円なのか，またそれらの金額になる組み合わせはどれかを順に説明する。

★ワンポイントアドバイス★

グラフや写真から必要な情報を的確に読み取ることが大切。問題文中の発言や会話文から図をうめたり，式や説明を考えさせたりする問題もあるので慣れが必要だが，落ち着いて解答すればそれほど複雑な問題ではない。

＜作文問題解答例＞《学校からの解答例の発表はありません。》

私が考えるスポーツのみりょくは二つあります。

一つ目は，Ａさんの意見と同じで，スポーツをすることで達成感を味わったり，チームワークを学んだりすることができるという点です。私は，小学校四年生のころから水泳を習っています。最初は二十五メートルを泳ぎきることすらできませんでしたが，今ではクロールや平泳ぎ，バタフライや背泳ぎなど，いろいろな泳ぎ方ができるようになりました。また，タイムが縮まったり，長い距離を泳げるようになったりすると，努力が数字で見えて達成感を味わうことができます。個人だけでなく，団体戦やリレーなどにチームで取り組むことで，苦手な部分を補い合って協力することの大切さや，仲間と一つのことを成しとげる喜びが味わえるのもみりょくです。

二つ目は，国や世代などの言葉や年れいの壁をこえて，すべての人が喜びを共有できることです。Ｂさんの言うように，スポーツを観ることで選手と一体になって感動を味わえるということは，スポーツの大きなみりょくだと思います。例えば，オリンピックは長年にわたって多くの国で親しまれ，楽しまれています。それは，スポーツ自体の面白さや，自分の国の選手を応援したいという理由だけではなく，日々努力を積み重ねてきた世界各国の選手たちが，一生けん命記録を競い合う姿に，たくさんの人々が感動し，勇気をもらうことができるからだと私は思います。

＜作文問題解説＞

基本　**(作文：資料・会話を読み取り，自分の意見を述べる)**

図と会話文から，自分ならどのようなことを考えるかを表現する問題となっている。会話文の要素と資料の内容の関連性に注意しつつ，自分の意見をまとめる。

600字程度なので３～５段落構成にし，自分の考えるスポーツのみりょくについて２，３個あげる。自分の体験や見聞きしたことにふれるという条件があるので，それらを自分の考えるスポーツのみりょくの根きょとして書くとよい。スポーツに取り組んだ経験がなくても，スポーツを見ることのみりょくや，選手達を支えることのみりょくなどさまざまな視点からスポーツについて考えて書く。

★ワンポイントアドバイス★

自分が経験したことや，見聞きしたことにふれる必要があるときは，自分が主張したいこととその経験がどのように関係しているかを考えながら書くようにする。自分の考えの根拠（こんきょ）になるような経験が書けると，作文のまとまりが良くなる。

MEMO

大切なことはメモしておこうネ！

2020年度

★★★★★★★★★★★★★★★★★★★★★★★

入　試　問　題

2020年度

栃木県立中学校入試問題

【適性検査】（50分）　＜満点：100点＞

1　みさきさんの小学校では，けい示委員会の活動として毎月テーマを決めて，けい示物を作っています。9月には「防災の日」があるので，テーマは防災に関することになりました。みさきさんたちは，けい示物の内容について話をしています。

みさき：　9月1日の「防災の日」に，地域で行われた防災訓練に参加してきたの。そのときにもらった資料をまとめてきたよ（図1）。

たくみ：　ありがとう。この資料からわかることを考えてみようよ。

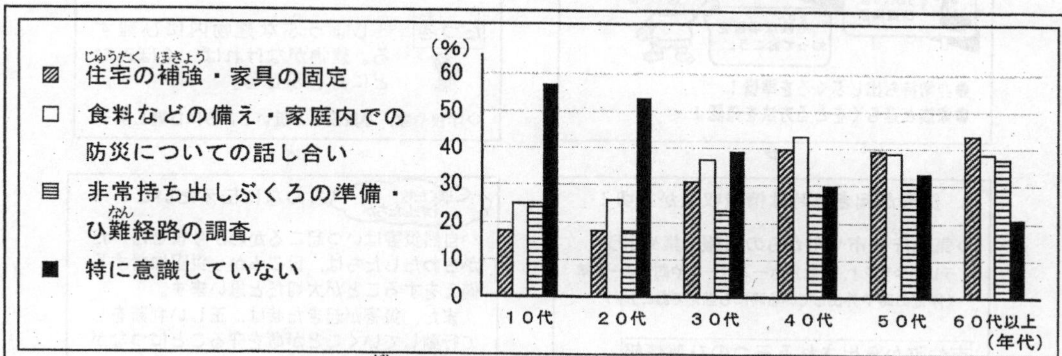

ふ段の防災に関して意識していること

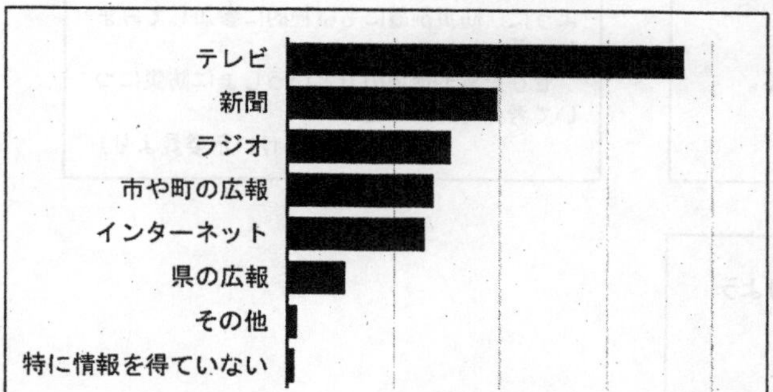

防災や災害に関する情報を得る手段

防災訓練の参加意識	回答率
1　参加したことがあり，今後も参加したい	23.7%
2　参加したことがあるが，今後は参加したいとは思わない	8.5%
3　参加したことはないが，今後は参加したい	43.6%
4　参加したことはなく，今後も参加したいとは思わない	20.3%
5　無回答	3.9%

県や各地域の防災訓練の参加意識

図1　みさきさんがまとめた資料

（「栃木県地域防災計画資料・平成２８年防災アンケート調査結果」，「平成２８年度県政世論・地域防災について」をもとに作成）

［問1］　図1の資料からわかることとして最も適切なものを，アからエの中から一つ選び，記号で答えなさい。

ア　60代以上は，防災や災害に関する情報をテレビから得ている人が多い。

イ　年々，防災や災害に関する情報をラジオから得る人が減り，インターネットから情報を得る人が増えている。

ウ　10代，20代は，防災に関して意識している人の割合が他の年代より高い。

エ　今後，防災訓練に参加したいと回答した人の割合は，５割以上である。

みさきさんたちは，それぞれ分担して次のような五つのけい示物の素材（図２）を作成しました。

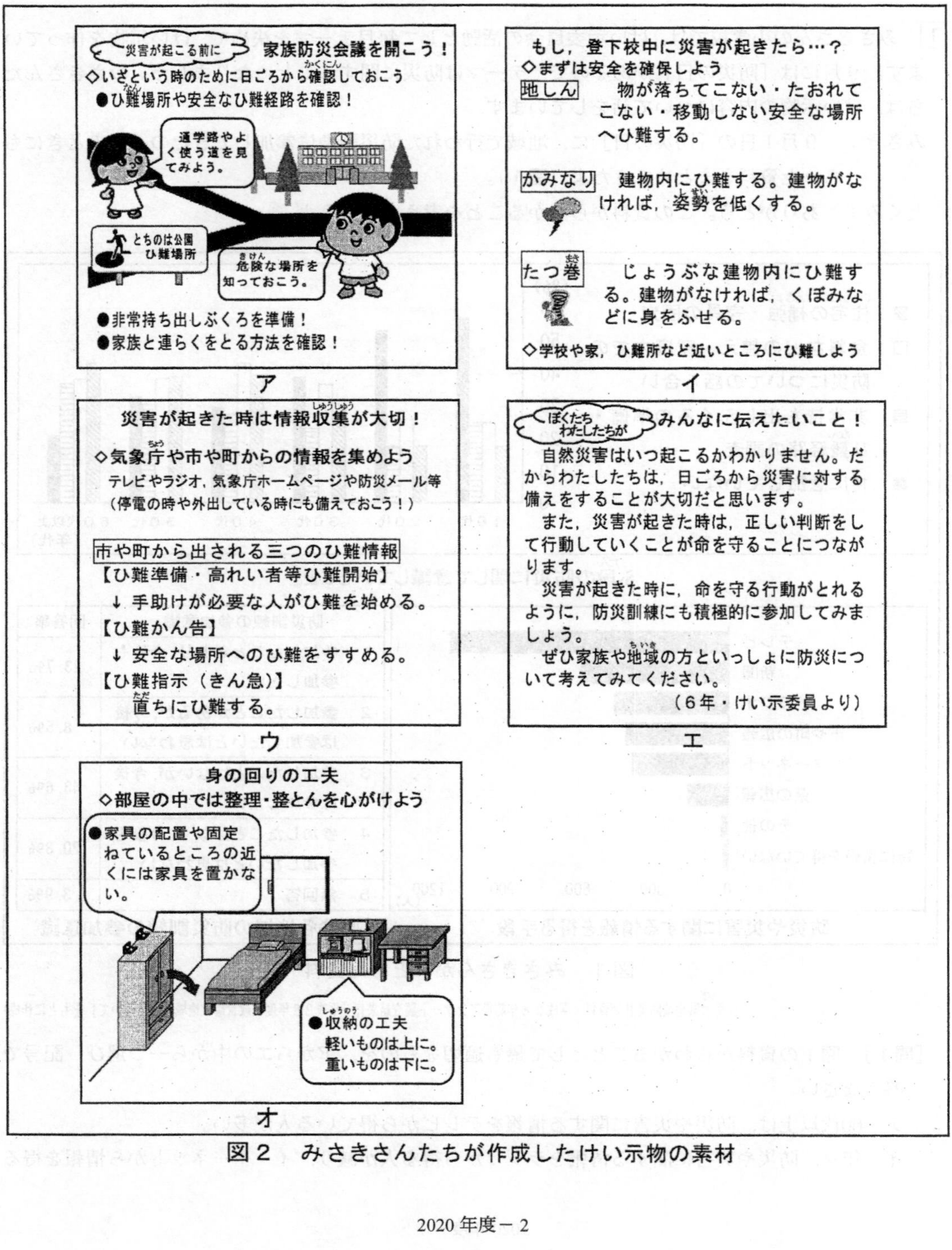

図２　みさきさんたちが作成したけい示物の素材

これらの素材を，防災に関するけい示物（図３）にどのように割り付けるかについて話し合って決めることになりました。

みさき：　最も伝えたい素材は，一番上の目立つところにしようよ。

たくみ：　日ごろの備えが大切だということを意識できる素材がいいね。

ゆうと：　災害に対しての備えをしっかりするには，まず家族で話し合う機会をもってほしいな。

ひ　な：　それなら，家族防災会議の素材を①にしましょう。

ゆうと：　いいね。それから，みんなの感想や呼びかけを書いたまとめの素材は最後だね。

みさき：　家族防災会議でひ難場所やひ難経路についてふれているから，登下校中のひ難に関する素材を②か③にした方がいいんじゃないかしら。

たくみ：　自分たちがひ害を少なくするためにできることについても，いざという時のために日ごろから確認しておけることだから，みさきさんと同じように家族防災会議の素材の近くに置きたいな。

ひ　な：　それじゃあ，上段は災害が起きる前の備えについての素材，中段は災害が起きたときの対応に関する素材にしましょう。

ゆうと：　そうだね。それで読みやすくなるね。

みさき：　みんなに興味をもってもらえるように四コマまん画をかきたいな。

たくみ：　これでみんなの意見が生かされた割り付けができたね。先生に見せよう。

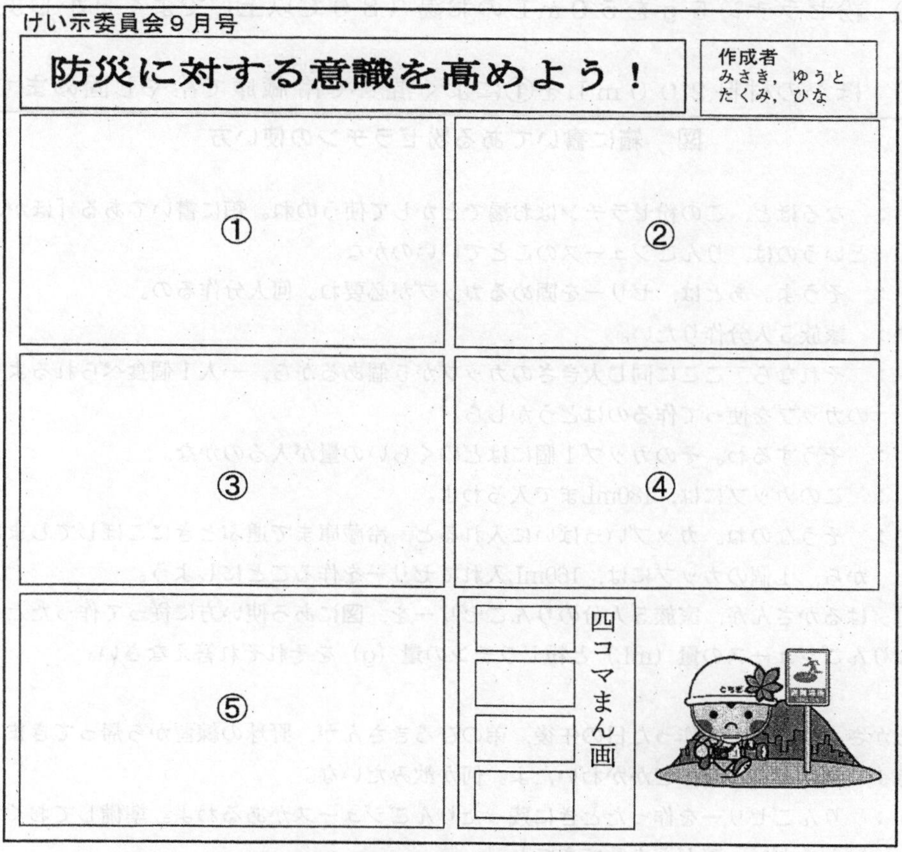

図３　防災に関するけい示物

［問２］　会話から，みさきさんたちは，けい示物の素材をどのように割り付けましたか。
　図３の①から⑤にあてはまるけい示物の素材を，２ページの図２のアからオの中からそれぞれ選び，記号で答えなさい。

2　夏休みに，はるかさんとお母さんは，おやつ作りについて話をしています。

はるか：　お母さん，今日は暑いから，冷たいおやつを作りたいと思うんだけれど，何か材料はあるかな。

母　　：　りんごジュースと粉ゼラチンがあるから，りんごゼリーなら作れるわよ。

はるか：　いいね，作りたい。ところでお母さん，ゼリーを作るには，どうして粉ゼラチンが必要なの。

母　　：　粉ゼラチンを入れると，液体が固まるのよ。粉ゼラチンが入っている箱に使い方が書いてあるから見てみましょう（図）。

粉ゼラチンの使い方

粉ゼラチン５ｇで２５０ｍＬのゼリーができます。

①　粉ゼラチン５ｇを５０ｍＬのお湯（８０℃以上）でよくとかします。

②　ほかの材料２００ｍＬを①によく混ぜて冷蔵庫で冷やし固めます。

図　箱に書いてある粉ゼラチンの使い方

はるか：　なるほど，この粉ゼラチンはお湯でとかして使うのね。箱に書いてある「ほかの材料」というのは，りんごジュースのことでいいのかな。

母　　：　そうよ。あとは，ゼリーを固めるカップが必要ね。何人分作るの。

はるか：　家族５人分作りたい。

母　　：　それなら，ここに同じ大きさのカップが５個あるから，一人１個食べられるように，このカップを使って作るのはどうかしら。

はるか：　そうするわ。そのカップ１個にはどのくらいの量が入るのかな。

母　　：　このカップには，180mLまで入るわよ。

はるか：　そうなのね。カップいっぱいに入れると，冷蔵庫まで運ぶときにこぼしてしまいそうだから，１個のカップには，160mL入れてゼリーを作ることにしよう。

［問１］　はるかさんが，家族５人分のりんごゼリーを，図にある使い方に従って作ったときに，必要なりんごジュースの量（mL）と粉ゼラチンの量（g）をそれぞれ答えなさい。

はるかさんがゼリーを作った日の午後，弟のひろきさんが，野球の練習から帰ってきました。

ひろき：　暑かったからのどがかわいたよ。何か飲みたいな。

はるか：　りんごゼリーを作ったときに残ったりんごジュースがあるわよ。準備しておくから手洗いとうがい，着がえをしてきてね。

ひろき：　わかった。

はるかさんは，食器だなからコップを出しました。そのコップに氷を入れ，りんごジュースを注いで，テーブルの上に置いておきました。しばらくすると，ひろきさんが来ました。

ひろき：　お姉ちゃん，ジュースを用意してくれてありがとう。あれ，コップの外側に水てきがついているな。どうしてぬれているんだろう。

はるか：　それはね，空気の中にある目に見えない水蒸気（すいじょうき）という気体が，冷たいコップに冷やされて水になったからよ。

たとえば，[　　　　　　　　]も同じ現象よ。

［問２］　会話の中の[　　]にあてはまる最も適切な言葉を，次のアからエの中から一つ選び，記号で答えなさい。

ア　晴れた日に，干（ほ）した洗たく物がかわきやすいこと

イ　暑い日に，運動をするとたくさんあせをかくこと

ウ　寒い日に，屋外から暖（あたた）かい室内に入るとめがねがくもること

エ　寒い日に，しも柱ができること

3　お世話になっている交通指導員さんに感謝する会が，開かれることになりました。安全委員会のまさおさんとひろしさんは，感謝する会で交通指導員さんにわたすメッセージカード（図１）を書きました。そして，まさおさんがそのカードをはるためのカードスタンド（図２）を作ることになりました。

雨の日も風の強い日も，ぼくたちの登下校を見守ってくださりありがとうございます。 これからもお元気でいてください。

はる

ぼくたちが毎日元気に学校に登校して勉強できるのは，交通指導員さんのおかげです。 いつもありがとうございます。

はる

図１　メッセージカード

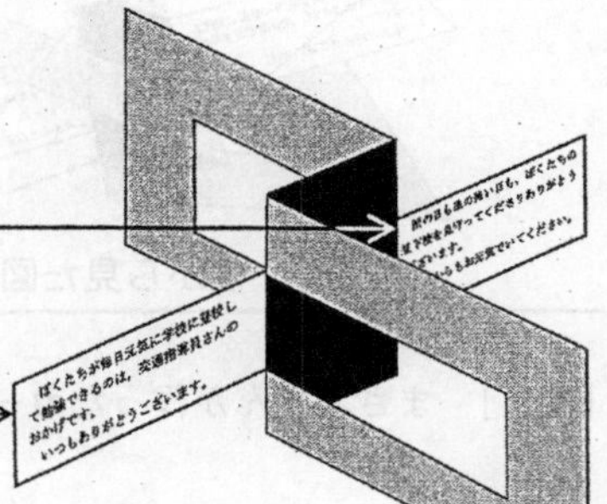

図２　カードスタンド

【まさおさんが作ったカードスタンドの説明】

《材料》

- 厚紙（たて１０cm，横３２cm）
- メッセージカード（たて６cm，横９cm）２枚

《作り方》

① 設計図（図３）にしたがって，厚紙の（――――）の線の部分に切りこみを入れる。

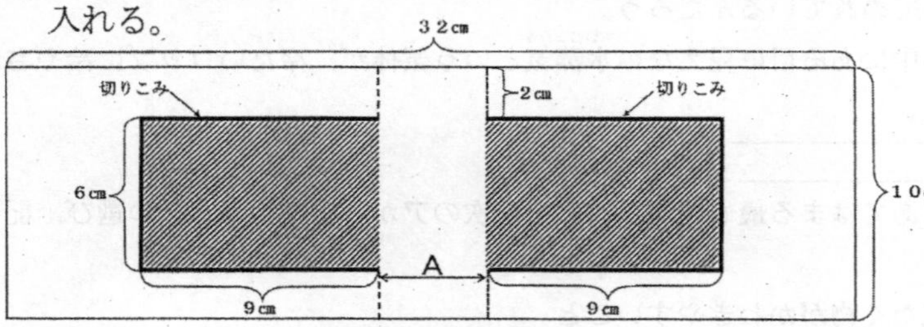

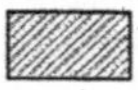・・・この部分の裏側(うらがわ)にカードをはる。

図３　設計図

② メッセージカードをはる。

③ 図３の（------）の線にそって谷折りに，（-·-·-·-）の線にそって山折りにする（図４）。

《注意点》

- 谷折り，山折りにたたんだときに，メッセージカードをはる部分が厚紙のはしから１cm内側になるようにする（図５）。

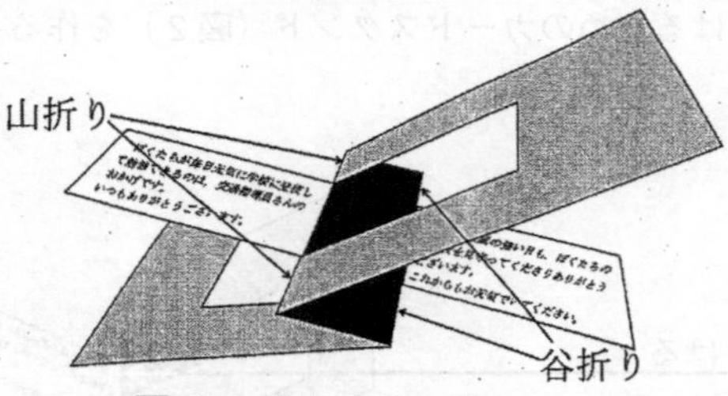

図４　横から見た図

図５　たたんだ図

［問１］　まさおさんが作ったカードスタンドの設計図（図３）のＡの長さを求めなさい。

ひろしさんは，交通指導員さんに喜んでもらえるよう，作成したメッセージカードに，かざりをつけることにしました（図６）。かざりは，正方形の折り紙とはさみを使って，次のページの図７の手順で⑤のように作りました。

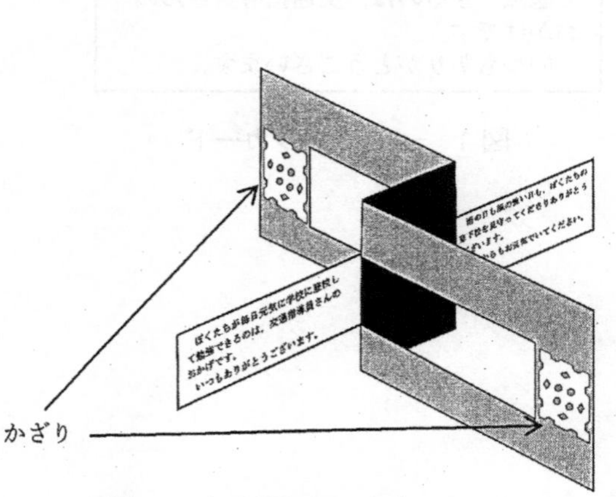

図６　かざりのついたカードスタンド

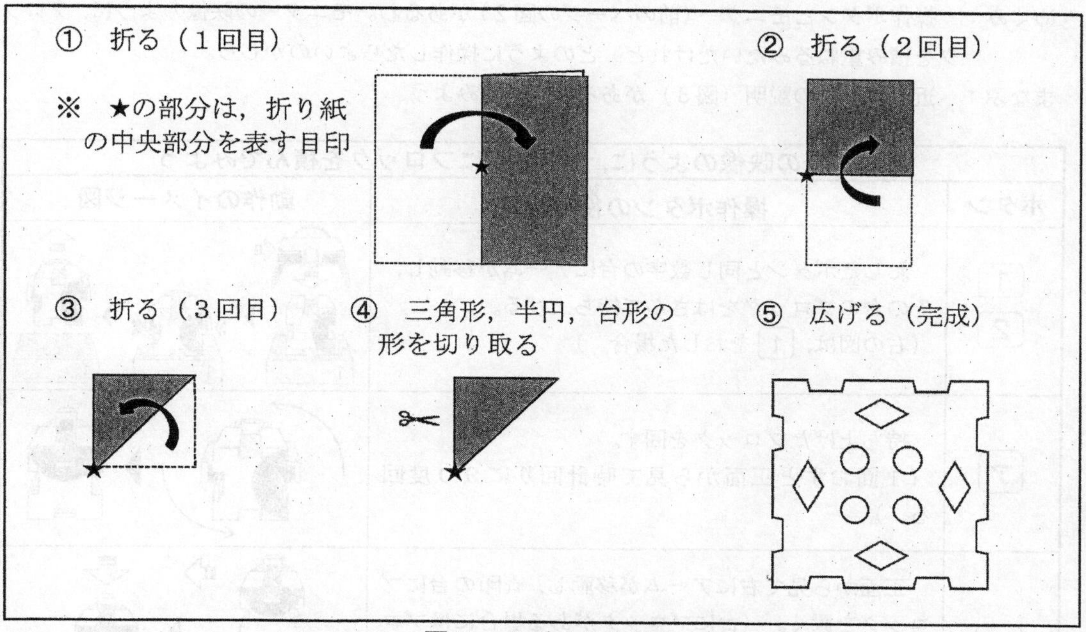

図７ かざりの作り方

［問２］ ひろしさんが作ったかざりは，図７の④をどのように切ったものですか。下のアからエの中から一つ選び，記号で答えなさい。

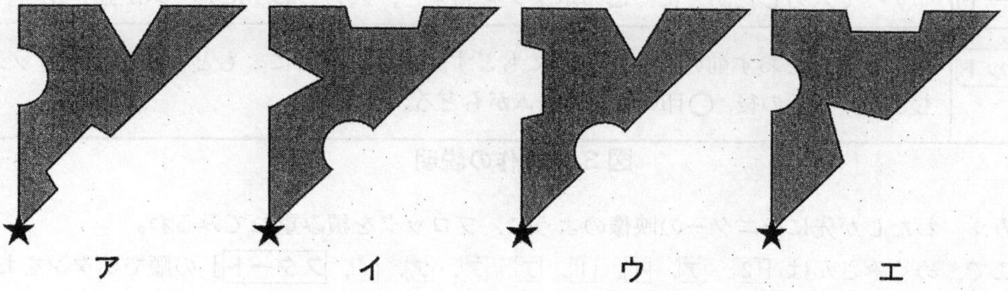

4 まなぶさんとめぐみさんは，週末にロボット博覧会へ出かけました。その会場で，ロボットアームの操作を体験できるコーナー（図１）を見つけました。

まなぶ： 数字の書かれた台の上に，模様のある二つのブロックが置かれているよ。ロボットアームでどのようなことができるのかな。

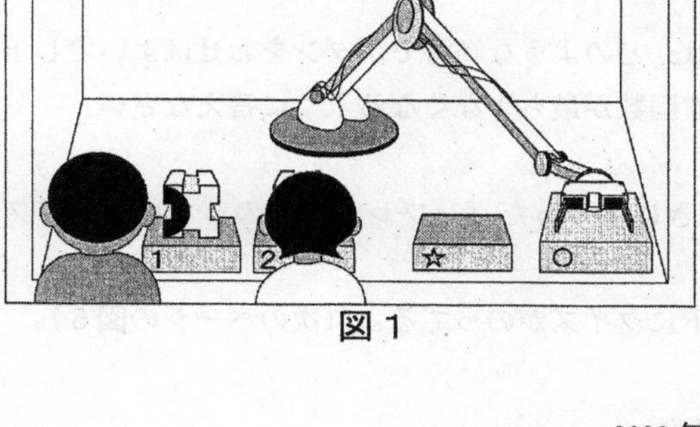

図１

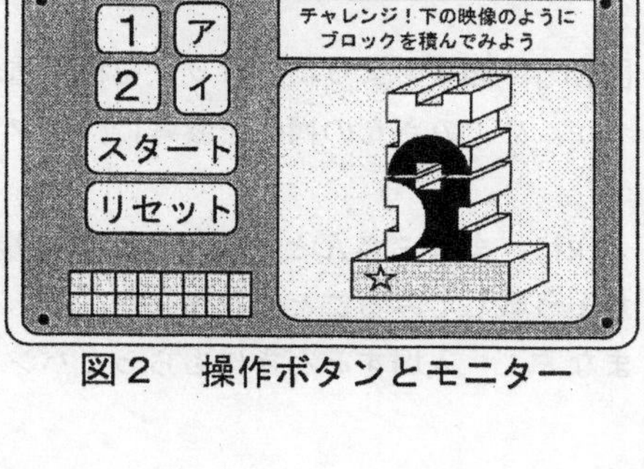

図２ 操作ボタンとモニター

めぐみ：　操作ボタンとモニター（前のページの図２）があるわ。モニターの映像のように，ブロックを積み重ねるみたいだけれど，どのように操作したらよいのかしら。

まなぶ：　近くに操作の説明（図３）があるから見てみよう。

モニターの映像のように，☆印の台にブロックを積んでみよう		
ボタン	操作ボタンの役割	動作のイメージ図
1 2	おしたボタンと同じ数字の台にアームが移動し，その台のブロックをはさんで持ち上げる。 （右の図は，1をおした場合。）	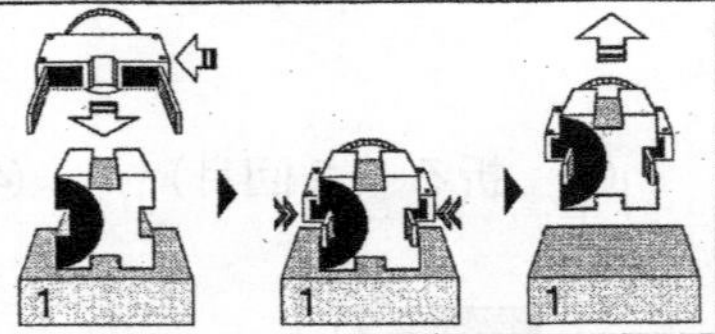
ア	持ち上げたブロックを回す。 （１回おすと正面から見て時計回りに９０度回る。）	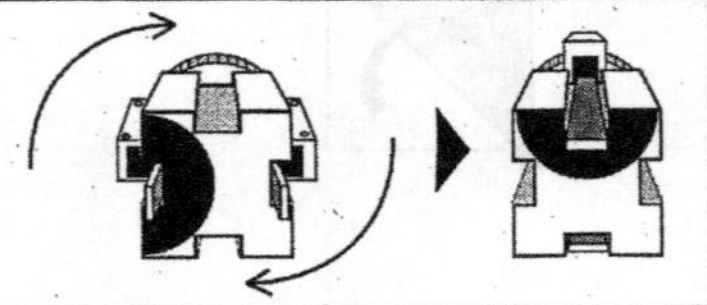
イ	正面から見て右にアームが移動し，☆印の台にブロックを置く。（台にブロックがある場合にはブロックの上に積み重ねる。） その後，○印の台にアームがもどる。	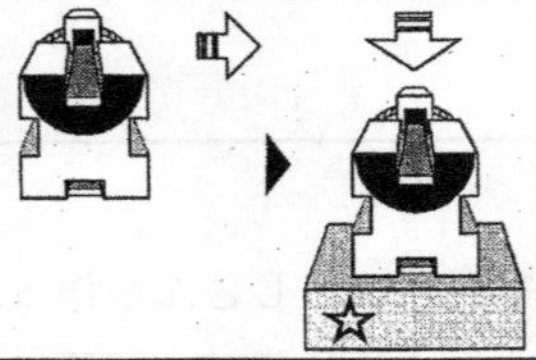
スタート	すべて入力したあとに，このボタンをおすと，入力どおりにアームが動き出す。	
リセット	スタートをおす前のもとの状態にもどす。（もとの台に，もとの向きでブロックをもどす。）その後，○印の台にアームがもどる。	

図３　操作の説明

めぐみ：　わたしが先にモニターの映像のように，ブロックを積み重ねてみるわ。

そこで，めぐみさんは「2，ア，イ，1，ア，ア，ア，イ，スタート」の順でボタンをおしたところ，モニターの映像にあったように積み重ねることができました。

めぐみ：　よし，できたわ。

まなぶ：　次は，ぼくの番だね。「リセット」のボタンをおして，二つのブロックを元にもどすよ。モニターも新しい映像（図４）に切りかわったぞ。それじゃあ，やってみるぞ。

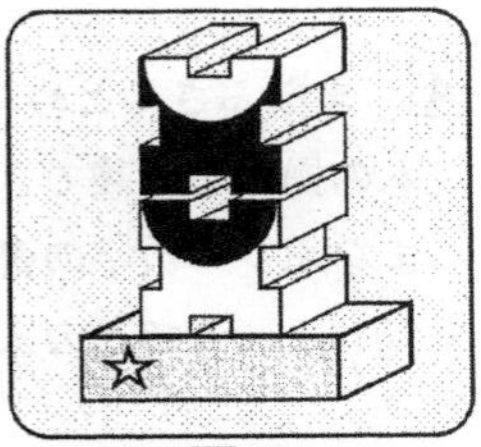

図４

［問１］　図４のようにブロックを積み重ねるには，どのような順番でボタンをおせばよいでしょうか。めぐみさんの操作を参考に，ボタンをおす回数が最も少なくなるように答えなさい。

次に，まなぶさんとめぐみさんは入場するときにもらったパンフレットにのっていたクイズにちょう戦してみることにしました。

まなぶ：　入場するときにもらったパンフレットにクイズがのってるよ（次のページの図５）。

めぐみ：　正解すると，ロボット博覧会オリジナルステッカーがもらえるみたいよ。やってみましょうよ。

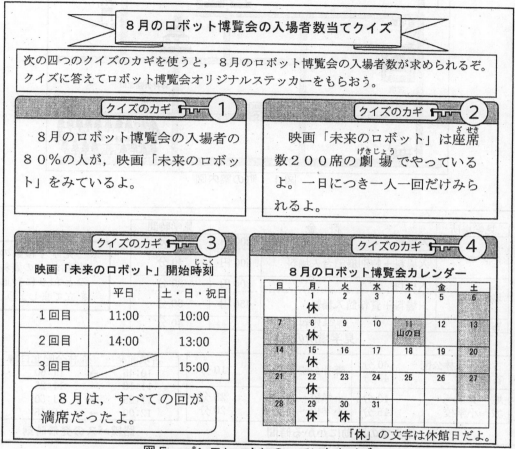

８月のロボット博覧会の入場者数当てクイズ

次の四つのクイズのカギを使うと，８月のロボット博覧会の入場者数が求められるぞ。
クイズに答えてロボット博覧会オリジナルステッカーをもらおう。

クイズのカギ　1

８月のロボット博覧会の入場者の８０％の人が，映画「未来のロボット」をみているよ。

クイズのカギ　2

映画「未来のロボット」は座席数２００席の劇場でやっているよ。一日につき一人一回だけみられるよ。

クイズのカギ　3

映画「未来のロボット」開始時刻

	平日	土・日・祝日
1回目	11:00	10:00
2回目	14:00	13:00
3回目		15:00

８月は，すべての回が満席だったよ。

クイズのカギ　4

８月のロボット博覧会カレンダー

日	月	火	水	木	金	土
	1 休	2	3	4	5	6
7	8 休	9	10	11 山の日	12	13
14	15 休	16	17	18	19	20
21	22 休	23	24	25	26	27
28	29 休	30 休	31			

「休」の文字は休館日だよ。

図５　パンフレットにのっていたクイズ

［問２］「８月のロボット博覧会の入場者数当てクイズ」の答えは何人ですか。

5　かずやさんの学校では，総合的な学習の時間に「自分の町のよさを知り，発信しよう」というテーマで学習をしています。ある日の授業で，この町のよさを発見するために，名所を見学する班別活動の計画を立てています。

かずや：　町の案内図（次のページの図１）を見ながら，ぼくたちの班の見学ルートを確認しよう。小学校を出発して最初に古墳に行き，次に城，最後にタワーを見学してから小学校にもどるルートでどうかな。

みつお：　日程は，小学校を９時30分に出発して，15時から15時30分の間にもどってくるきまりだよね。昼食は，12時に森林公園の北口に集合して学級全員で食べることになっていたね。日程どおりに見学できるかな。

かずや：　見学時間や移動にかかる時間は，先生が用意した資料（次のページの図２）を使って考えよう。午前中は古墳を，午後は城とタワーを見学しようよ。

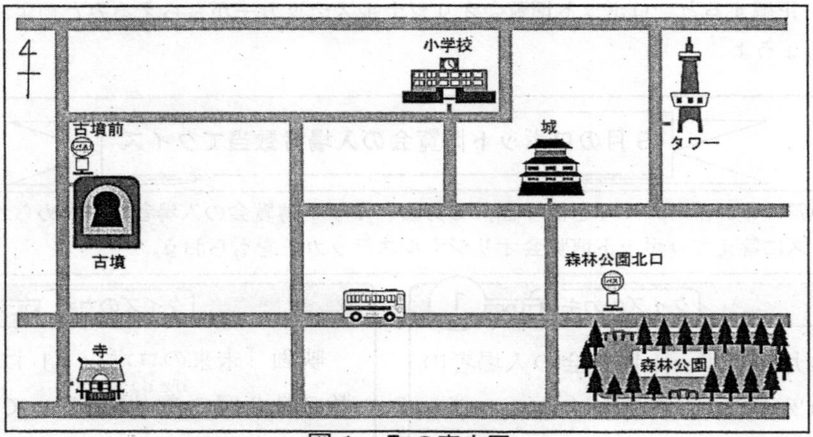

図１　町の案内図

見学場所	料　金		見学時間
タワー	入場料	200 円	25 分
	入場料＋特別展望台入場料	500 円	40 分
城	入場料	300 円	30 分
	入場料＋資料館入場料	450 円	60 分
古墳	見学無料		40 分

見学場所の資料

※　見学や移動の時間は，この資料のとおりに計画を立てましょう。

古墳～森林公園 古墳～城	40 分 45 分	森林公園～城	10 分
城～タワー 城～小学校	10 分 15 分	小学校～古墳 小学校～タワー	25 分 20 分

徒歩での移動にかかる時間

古墳前発		森林公園北口着
10:45	→	11:00
11:10	→	11:25
11:35	→	11:50
12:00	→	12:15

路線バスの発着時刻

図２　先生が用意した資料

みつお：　古墳から森林公園まで歩いて40分もかかるよ。時間がもったいないな。

ゆみこ：　それなら，路線バスに乗って，古墳前から森林公園北口まで行きましょう。

みつお：　いいね。でも，古墳を見学した後すぐにバスに乗ると，森林公園に早く着きすぎてしまうよ。午前中に見学場所をもう一か所増やせないかな。

まさえ：　地図を見ると，古墳の南に寺があるわよ。その寺は古い寺だから，町の歴史が学べるかもしれないわ。古墳を見学した後に行きましょうよ。

みつお：　いいね。でも，先生が用意した資料には寺について書かれていないよ。寺の見学を入れたら，何時に古墳前を発車するバスに乗ればいいのだろう。

かずや：　お昼の集合時刻は，森林公園の北口に12時だよね。森林公園北口のバス停は公園のすぐ前なので，集合時刻の10分前にとう着するバスに乗れば間に合うよ。

まさえ：　古墳から寺まで，歩いてどのくらいの時間がかかるか知りたいな。

ゆみこ：　古墳から寺までのきょりもわかるといいね。

かずや：　この町の案内図では正確なきょりがわからないから，教室の後ろにはってある縮尺１万分の１の地図を見てきたよ。地図上の古墳前のバス停から寺までの長さを測ったら８㎝だったよ。これで実際のきょりがわかりそうだね。

ゆみこ：　算数の授業で，わたしたちの歩く速さを求めたよね。そのときは，校庭の200mトラックを１周するのに２分30秒かかったわ。

みつお：　その速さで歩くとして計算すれば，古墳からお寺に行くまでの時間がわかるね。

［問１］　寺を見学できる時間は，最大何分とれますか。また，その求め方を言葉や式を用いて説明しなさい。説明するのは，古墳の見学が終わってから寺を見学して，古墳前のバス停にもどるまでとします。

ただし，バスは時刻表どおりに運行するものとします。

寺を見学する計画を立てたかずやさんたちは，その後の計画を立てています。

かずや：　午後は，森林公園を13時に出発して，最初に城に行き，次にタワーを見学して，決められた時間内に学校にもどるルートだね。

ゆみこ：　タワーには，展望台と，さらに高いところから見学できる特別展望台があるよ。特別展望台から見たわたしたちの町はどんなようすかしら。

みつお：　城には資料館もあるよ。城の歴史を調べて，発表できたらいいよね。

かずや：　それぞれ入場料がかかるね。

まさえ：　バス代の120円も合わせて計算しないとね。おこづかいは一人1000円だったね。新たに見学場所に加えた寺は無料で見学できるけれど，足りるかしら。

［問２］　かずやさんたちの班は，午後の計画に何を加えることができますか。会話や先生が用意した資料（前のページの図２）をもとに，正しいものを，次のアからエの中から一つ選び，記号で答えなさい。

また，その場合の小学校にとう着する時刻を答えなさい。

ア　城の資料館見学とタワーの特別展望台見学の両方。

イ　城の資料館見学のみ。

ウ　タワーの特別展望台見学のみ。

エ　城の資料館見学とタワーの特別展望台見学の両方とも加えることができない。

【作　文】（45分）

【注意】 1　題名と氏名は書かないこと。

2　原稿（げんこう）用紙の正しい使い方に従（したが）って書くこと。

ただし，書き進んでから，とちゅうを書き直すとき，直すところ以外の部分も消さなければならないなど，時間がかかる場合は，次の図のように，一つのます目に２文字書いたり，ます目をとばして書いたりしてもよい。

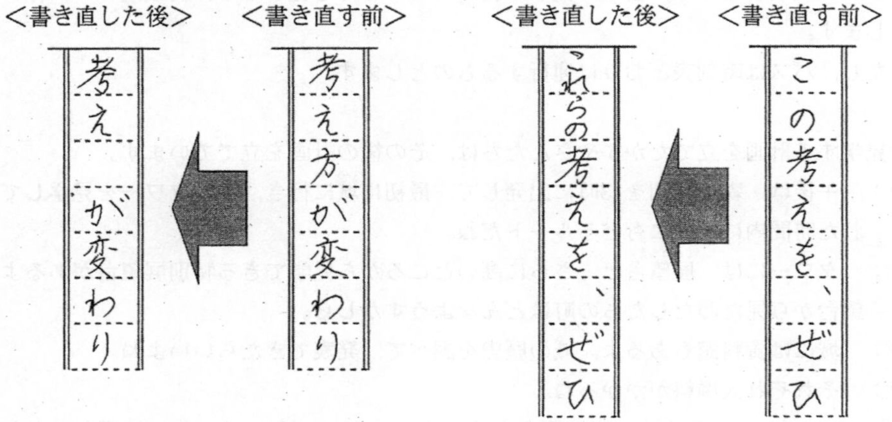

ある小学校では，朝の健康観察から，最近体調をくずしている児童が多いことがわかり，保健委員会で５・６年生を対象にアンケート調査を行いました。

保健委員のＡさんたちは，アンケート調査の結果（図）をもとに委員会の時間に話し合いをしています。

体調に関するアンケート調査の結果

保健委員会

質問１　先週，あなたの体調は，どうでしたか。

よかった・・・６５人　　　よくなかった・・・３５人

質問２　質問１で「よくなかった」と答えた人にききます。そのときの症状（しょうじょう）を教えてください。いくつ書いてもよいです。

○頭がいたかった・・・・１３人　　○体がだるかった・・・１２人
○おなかがいたかった・・　８人　　○せきがでた・・・・・　７人
○のどがいたかった・・・　６人　　○熱がでた・・・・・・　２人

質問３　質問１で「よくなかった」と答えた人にききます。体調がよくなかったのは，どのようなことが原因だと思いますか。いくつ書いてもよいです。

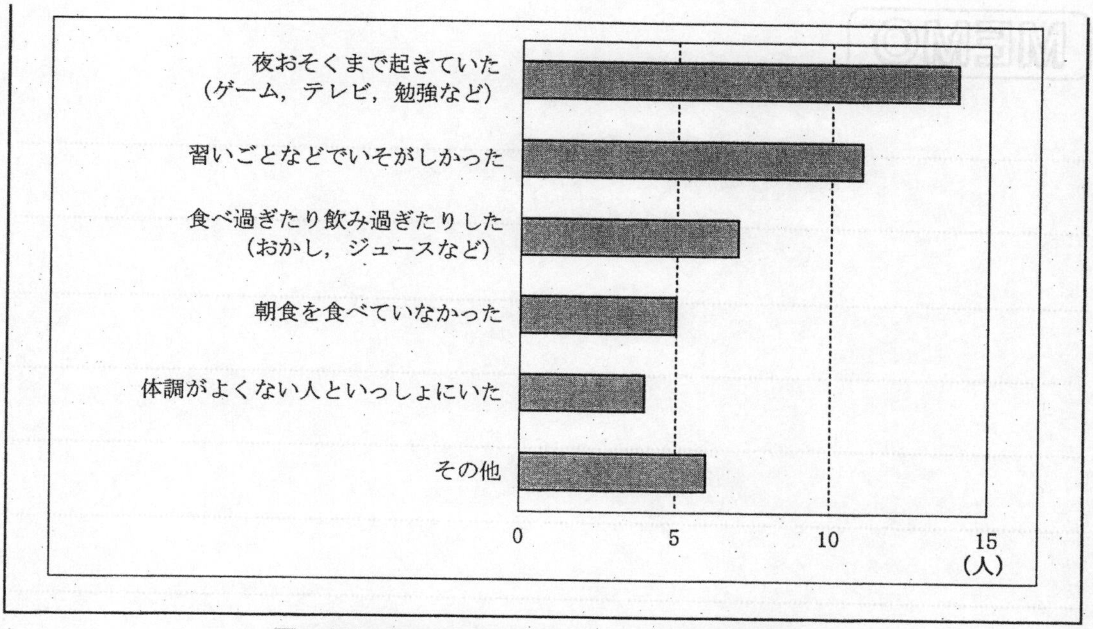

図　保健委員会が行ったアンケート調査の結果

委員長：　このアンケート結果を見て，何か気が付いたことはありませんか。

Aさん：　わたしは，体調をくずしている人の中に，夜おそくまで起きている人が多いことが気になりました。ゲームやテレビが原因で，ねるのがおそくなるのだと思っていましたが，勉強が理由の人もいるようです。

Bさん：　勉強は大切だけれど，夜おそくまで起きていることで，授業中にねむくなってしまうことがあると思います。

Cさん：　友達と話していたら，習いごとの発表会や大会などで，「土日も，なかなか休めない。」と言っていた人もいました。

Dさん：　よい結果を残したいので，がんばり過ぎてしまうのかもしれませんね。

Eさん：　わたしは，食事と健康の関係について，家庭科や保健の授業などで学習したことを思い出しました。

Fさん：　病気の予防についても気を付ける必要があると思います。

委員長：　みなさんからいろいろな意見が出ました。今回のアンケート調査の結果から体調をくずさないようにするために，全校集会でどのようなことを呼(よ)びかけたらよいでしょうか。

あなたなら，全校集会で，どのようなことを呼びかけますか。図や会話を参考にして，次の条件に従(したが)って書きなさい。

（条件）

ア　あなたが呼びかけたいことと，その理由を書きなさい。

イ　あなたが経験したこと，または，見聞きしたことにもふれなさい。

ウ　字数は600字程度で書きなさい。

MEMO

大切なことはメモしておこうネ！

2020 年 度

解 答 と 解 説

＜適性検査解答例＞

1 ［問1］ エ

［問2］ ① ア ② オ ③ イ ④ ウ ⑤ エ

2 ［問1］ リンゴジュースの量 640mL

粉ゼラチンの量 16g

［問2］ ウ

3 ［問1］ 4cm

［問2］ イ

4 ［問1］ 1，ア，イ，2，ア，ア，イ，スタート

［問2］ 14750人

5 ［問1］ 最大 40 分

(求め方)

古墳の見学が終わるのが10時35分で，11時35分発のバスに乗るまでに，60分ある。

歩く速さは，2分30秒で200m歩くので，分速80mで歩くことができる。

地図上の古墳からお寺までの長さは8cmであり，縮尺が1：10000なので，

8cm×10000＝80000cm＝800m

800mを分速80mで歩くので，片道にかかる時間は，800÷80＝10分である。

60分のうち，行きに10分，帰りに10分かかるので，見学時間は40分となる。

［問2］ 記号 イ

時刻 15時5分

○配点○

1 問1 8点 問2 5点 2 問1 12点 問2 8点

3 問1 10点 問2 8点 4 問1 10点 問2 12点

5 問1 15点 問2 12点 計100点

＜適性検査解説＞

1 (社会：グラフと資料の読み取り，防災)

基本

［問1］ 図1 みさきさんがまとめた資料から読み取れるのは，年代別のふ段の防災意識，防災や災害に関する情報を得る手段，防災訓練の参加意識についてである。情報を得る手段は全年齢を合わせたグラフのみであり，年齢別での情報や，年度ごとでの回答の移り変わりのようすは資料にないので，ア・イは誤り。ウは，グラフ「ふ段の防災に関して意識していること」を見ると，10代，20代は「特に意識していない」と回答した割合がほかの年代よりも高いので誤り。

［問2］ ひなさんのせりふ「それなら，家族防災会議の素材を①にしましょう。」より，アが①に

あてはまる。ゆうとさんのせりふ「みんなの感想や呼びかけを書いたまとめの素材は最後だね。」から，**エ**が⑤にあてはまる。②，③，④については，「登下校中のひ難に関する素材を②か③にしたほうがいいんじゃないかしら。」「上段は災害が起きる前の備えについての素材，中断は災害が起きたときの対応に関する素材にしましょう。」の二つのせりふから考える。**イ**は②か③に入るが，「上段は災害が起きる前の備えについて」とあるので，上段の②には**オ**が，そして③には**イ**があてはまる。残った**ウ**は④である。

2 **（算数：分量計算，理科：水のすがた）**

［問1］ 一人分のゼリーはカップに160mLなので，5人分の量の合計は

160×5＝800(mL)

「粉ゼラチンの使い方」では，250mLのゼリーが作れるように書いてあるので，

800÷250＝3.2(倍)

より，粉ゼラチン，お湯，ほかの材料すべて3.2倍になる。

5×3.2＝16(g)

200×3.2＝640(mL)

よって粉ゼラチンは16g，りんごジュースは640mL必要である。

［問2］ コップの外側に水滴がつく原理は，冷えたコップによって空気が急に冷やされ，その温度で水蒸気として存在できなくなった分の水が水滴となってあらわれ，表面につくというものである。寒い日に屋外から暖かい室内に入ると，冷えためがねの表面によって空気が冷やされ，これと同じことが起こる。

3 **（算数：図形の見え方）**

やや難

［問1］ 折った図形の各部分の長さは次のようになっている。

横の長さの合計32cmから中央の**A**(cm)を引き2でわった長さと，1cm，9cm，**A**(cm)を合わせた長さが等しくなる。よって，

1＋9＋**A**＝(32－**A**)÷2

の式が成り立つ。これを解いて，**A**＝4(cm)

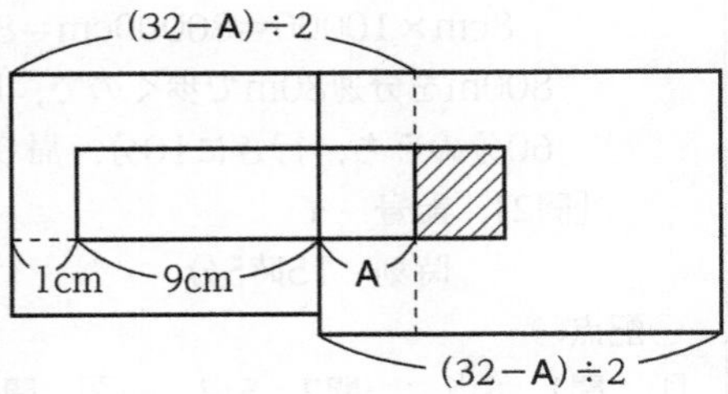

［問2］ 図7　かざりの作り方における④の三角形は，図の部分である。

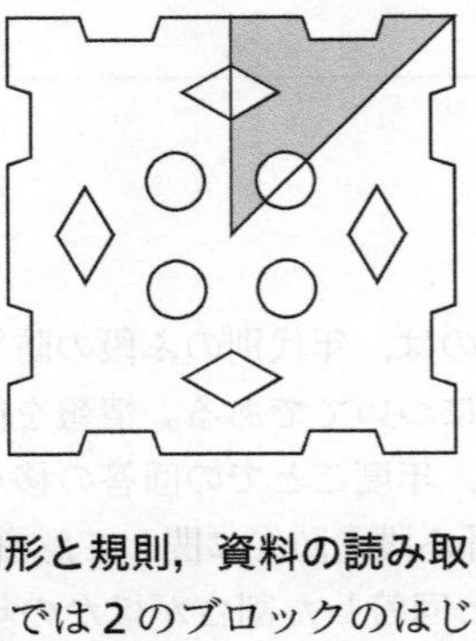

4 **（算数：図形と規則，資料の読み取りと計算）**

［問1］ 図1では2のブロックのはじめの向きが見えないので，めぐみさんが**図2**のようにブロックを積んだ操作を参考にする。めぐみさんは2のブロックを持ち上げた後，**イ**を入力してブロックを置くまでに**ア**(時計回りに90°回転)を1回だけ入力している。よって，**図2**の下に

積まれているブロックよりも，反時計回りに90° 回転している状態のブロックが2に置かれていると考えることができる。ここで，図4のようにブロックを積みたいときは，まず1のブロックを持ち上げて時計回りに90° 回転して置き，次に2のブロックを持ち上げて時計回りに180° （時計回りに90° を2回）回転しておけばいいとわかる。

やや難 ［問2］ まずは映画「未来のロボット」の入場者数を求め，それが入場者の80％であることから，入場者数を求める。

平日の開館日は全部で16日。平日には2回上映しており，そのすべてで満席だったことから，映画を見た人数の合計は

200×2×16＝6400(人)

同じく休日の開館日は全部で9日で，3回上映しているので，

200×3×9＝5400(人)

ここで，6400＋5400＝11800(人) より，8月には11800人の入場者が映画を見ていることがわかる。一日につき一人一回だけみられること，入場者の80％の人がみていることから，8月の入場者数の合計を□人とすると，

□×0.8＝11800

□＝11800÷0.8

＝14750(人)

よって，14750人。

5 （算数：時間の計画）

［問1］ 12時の昼食に間に合えばよいので，古墳前のバス停では11時35分発のバスに乗ると考える。小学校を9時30分に出発し，古墳まで徒歩25分なので，古墳には9時55分に到着する。それから40分間見学し，その時点での時刻は10時35分になる。ここでバスの出発まで60分ある。古墳前から出発するので，この60分から寺までの徒歩の行き帰りの時間20分を引いた40分が寺の見学に使える時間である。

［問2］ バスに一度乗っているので，残りのお金は

1000－120＝880(円)

アは資料館見学で450円，タワーの特別展望台入場料で500円かかり，合わせて950円と，残りのお金を超えるので誤り。

イは，資料館見学450円とタワーの入場料で200円で合わせて650円になるので金額内におさまる。また，13時に森林公園を出発し，城まで徒歩10分，城の見学時間60分，城からタワーの徒歩10分，タワーの見学時間25分，タワーから小学校の徒歩20分で合わせて125分＝2時間5分かかる。13時に森林公園を出発してから2時間5分後は15時5分なので，条件「15時から15時30分の間に小学校に戻って来る」を満たしている。

ウは，城の入場料200円とタワーの特別展望台入場料で500円かかり，合わせて800円なので金額内におさまる。また，城まで徒歩10分，城の見学時間30分，城からタワーの徒歩10分，タワーの見学時間40分，タワーから小学校の徒歩20分で合わせて110分＝1時間50分である。13時の1時間50分後は14時50分で，15時よりも前に小学校に戻ってきてしまうので誤り。

エも同様に，ウよりさらに時間が短くなり，小学校に15時よりも前に戻ってきてしまうので誤り。

★ワンポイントアドバイス★

ほとんどの問題が，与えられた情報や条件を整理しながら解く問題である。試験時間に対し問題量はやや多いが，難易度はそれほど高くない。ミスがないように落ち着いて解こう。整理した情報を，問題用紙にメモしておくと解きやすい。

＜作文問題解答例＞《学校からの解答例の発表はありません。》

　私は，アンケートの結果で，先週体調をくずしていた人の多くが夜おそくまで起きていたことから，「体調を整えるには早寝早起きが大切だ」ということを呼びかけたいです。

　以前テレビで「身体が成長したり，学んだことが頭の中で整理されたりするのは，午後十時から午前二時の間である」という話をしているのを見ました。そこで私は，見たいテレビ番組が夜遅くにあっても，録画をして次の日の朝に見るようになりました。すると授業中に眠くならなくなりました。ゲームも楽しいですが，一日のうちでする時間を決めて，夜遅くまで遊びすぎないようにするべきだと思います。また，たとえ勉強が理由であっても，夜遅くまで起きているのは体に悪いです。テスト勉強で午前二時まで起きてしまったことがありますが，良い成績が取れるどころか，眠くて集中できず普段よりも低い点を取ってしまいました。習い事でいそがしくても，試験勉強をしたくても，寝る時間をしっかり取ることも考えて勉強の計画を立てる必要があります。そして，早く寝ることができれば早く起きることもできます。朝に時間があればゆっくりと朝食を食べられます。一日三食をしっかり取ることで体内時計を整え，間食のとりすぎも防ぐことができます。

　早寝早起きをすると良いことがたくさんあります。体調が悪い人は，まずは寝る時間を見直して，しっかり寝ることから始めてみてほしいです。

＜作文問題解説＞

基本 **(作文：資料・会話を読み取り，自分の意見を述べる)**

　アンケートと会話文から，自分ならどのようなことを考えるかを表現する問題となっている。会話文の要素と資料の内容の関連性に注意しつつ，何を中心にして話し合いをしているかをしっかりと読み取る。

　600字程度なので３～５段落構成にし，それぞれの問題点に対する具体的な案を書く。自分の体験や見聞きしたことにふれるという条件があるので，それらを自分がまとめた問題点や改善策の根きょとして書くとよい。

★ワンポイントアドバイス★

資料と会話文が与えられている問題では，会話文を読みながらどの資料について何を話しているのかを考えながら読み取る。作文で自分の意見を述べるときは，わかりやすく伝えるために，表現や構成をよく考えて工夫しよう。

2019年度

★★★★★★★★★★★★★★★★★★★★★★★★

入　試　問　題

2019年度

栃木県立中学校入試問題

【適性検査】（50分）　＜満点：100点＞

1　あやとさんとひかりさんの学校では，新学期から，クラスの机（つくえ）といすがすべて新しいものにかわりました（図１）。

あやと：どうして，机といすが新しくなったのですか。

先　生：これは，「とちぎの元気な森づくり」という県の取り組みで，学校におくられたものですよ。

ひかり：新しい机といすは，全部木でできているのですね。

先　生：この机といすは，間ばつによって出た木材を利用して作られているのですよ。人工林の間ばつについては，社会の授業で学習したことを覚えていますか。

あやと：木の成長をよくするために，弱った木や余分な木を切ることです。

図１　新しい机といす

ひかり：何年かごとに少しずつ間ばつをして，最終的には，植えた本数のおよそ８割の木を切ってしまうのですよね。

先　生：よく覚えていましたね。間ばつをすると，木全体に日光が当たるだけでなく，木の根元に生えている植物にも日光が届くようになります。

ひかり：人の手によって植えられた木は，きちんと管理しなくてはいけないのですね。

先　生：そうですね。間ばつをするなど，人が管理すると，人工林にどんなことが起こりますか。

あやと：［　　　　　］

ひかり：人の手できちんと管理することは，元気な森づくりにつながっていると，あらためてよくわかりました。

先　生：栃木（とちぎ）県は森林が多いので，豊富な森林資源を上手に使うことが大切ですね。

あやと：よし，ぼくは総合的な学習の時間で，栃木県の林業について調べてみようと思います。

先　生：それならば，次の総合的な学習の時間までに，関係しそうな資料を集めておくとよいですね。

［問１］　文中の［　　］にあてはまる最も適切な言葉を，次のアからエの中から一つ選び，記号で答えなさい。

ア　植えた木が減ることで，１本１本の木がより細く高く成長できます。

イ　土がむき出しになることで，地面が雨水をたくわえやすくなります。

ウ　木の根がしっかりと地面にはることで，山くずれがおきにくくなります。

エ　日光が地面によく当たることで，下草が減り，なえ木が成長します。

あやとさんは，次のような五つの資料（図２）を集めました。

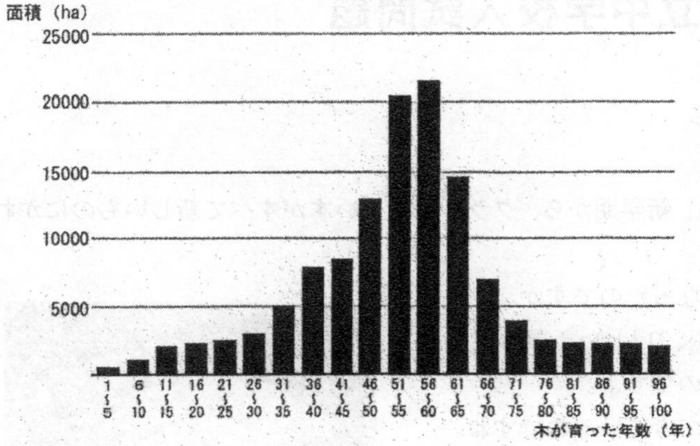

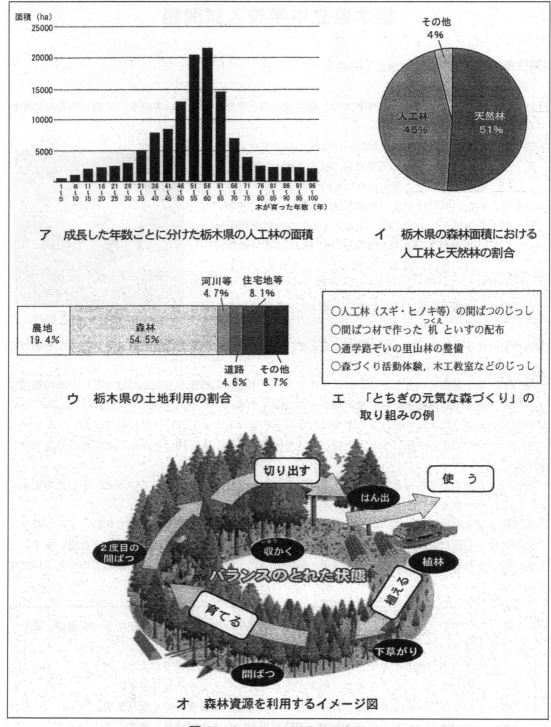

ア　成長した年数ごとに分けた栃木県の人工林の面積

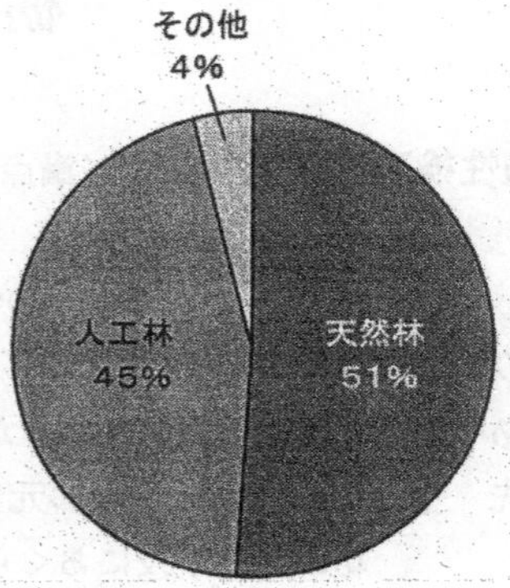

イ　栃木県の森林面積における人工林と天然林の割合

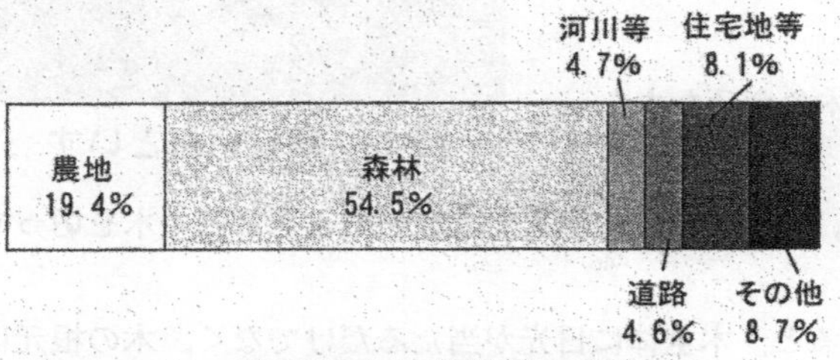

ウ　栃木県の土地利用の割合

○人工林（スギ・ヒノキ等）の間ばつのじっし
○間ばつ材で作った机（つくえ）といすの配布
○通学路ぞいの里山林の整備
○森づくり活動体験，木工教室などのじっし

エ　「とちぎの元気な森づくり」の取り組みの例

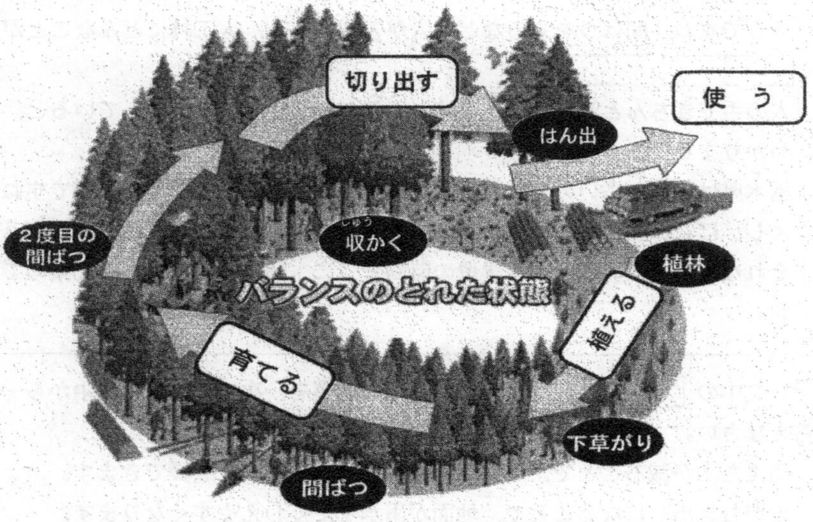

オ　森林資源を利用するイメージ図

図２　あやとさんが集めた資料

（「平成２９年版栃木県森林・林業統計書」，「栃木県環境（かんきょう）森林政策（せいさく）課資料」，「とちぎの元気な森づくり県民税事業資料」をもとに作成）

あやとさんは，集めた資料の中からいくつかの資料を使って，わかったことを次のようにまとめました。

【栃木県の林業についてわかったこと】

ぼくは，５年生の社会科で林業について学習するまでは，森林に木はたくさんあった方がよいと思っていました。しかし，授業で，人工林は計画的に間ばつなどの手入れをしないといけないことを学習しました。

今回，栃木県の林業について調べてみると，県では人工林の間ばつ以外にもさまざまな取り組みをしていることがわかりました。例えば，林業をもっとたくさんの人に知ってもらうために，イベントを開いたり，間ばつ材を有効利用して作った机といすを県内の学校におくったりしています。

また，木は50年たつと木材に利用できる大きさに育ちますが，今，栃木県には50年をこえた人工林が多く残っているということがわかりました。大きく育った木を計画的に切り出さないと，未来の森林をつくるためのなえ木を植えることができません。

林業は，木材を切り出すという仕事だけでなく，木を「植える」，「育てる」，「切り出す」，「使う」をくり返していくことが大切であるとわかりました。こうした取り組みが豊かな森林をつくり，環境(かんきょう)を守る役割も果たしているのだと思います。

［問２］ あやとさんが，「栃木県の林業についてわかったこと」をまとめるために使った資料はどれですか。

前のページの図２のアからオの中からすべて選び，記号で答えなさい。

2 同じ学校のたかしさんとまさるさんは，２週間後に行われる学校対こうの駅伝競走大会の準備について話をしています。この駅伝競走大会では，５人の選手が中けい地点でたすきをつなぎながら，会場となっている公園内のコースを１周（１区間）ずつ走り，総合記録を競います。

（図２～図４は次のページにあります。）

たかし：今度の大会で，ぼくたちは，選手がコースをまちがえないようにコーンとコーンバー（図１）を置く係だったね。

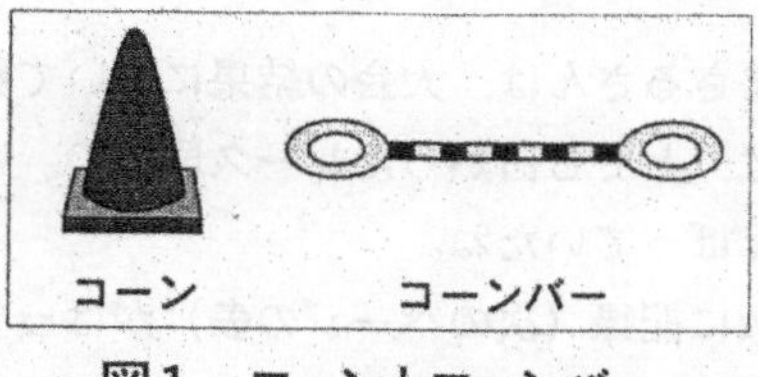

図１　コーンとコーンバー

まさる：どこに，どれだけ置けばよいのかな。

たかし：先生から，置き方や数がわかるような図をもらってきたよ。

まさる：十字路にはコーンを６個，コーンバーは４本置いて（図２），丁字路(ていじろ)にはコーンを３個，コーンバーは２本置くんだね（図３）。

たかし：それじゃあ，コースにそって置いていくと，会場全体でいくつ必要になるか，コース図(図

4）を見て確認(かくにん)してみよう。

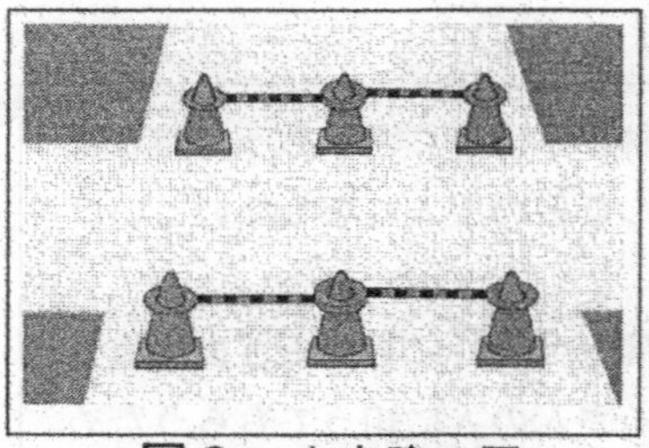

図２　十字路の図

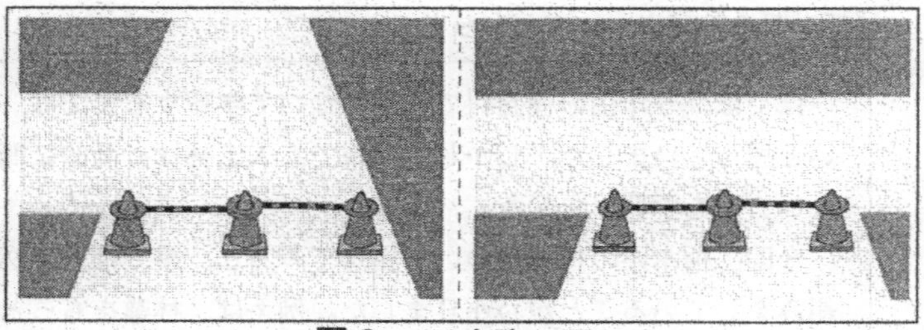

図３　丁字路の図

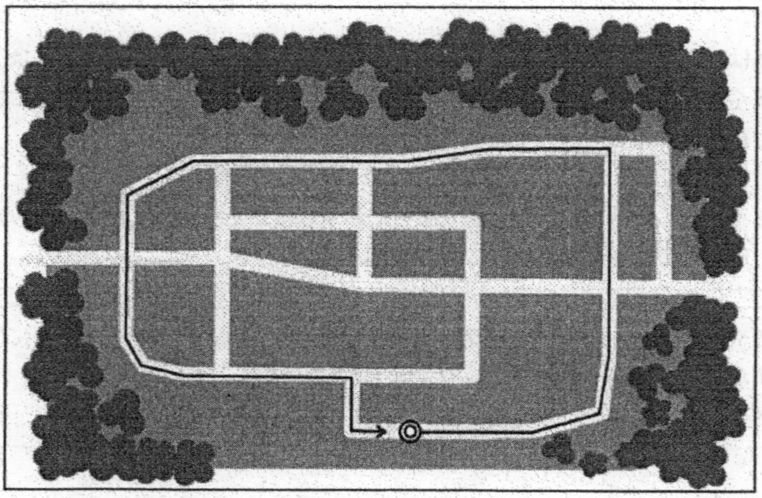

※「◎」はスタートとゴールおよび中けい地点，「→」は走るコースを表します。

図４　コース図

［問１］ 図４のコース図をもとに，コースにそってコーンとコーンバーを置くとき，会場全体で，それぞれいくつずつ必要になるか答えなさい。

大会終了後，たかしさんとまさるさんは，大会の結果について話をしています。

たかし：今日の駅伝競走大会は，とても白熱したレース展開(てんかい)で，応えんに力が入ったね。

まさる：そうだね。みんながんばっていたね。

たかし：ねえ，大会のけい示板に記録（次のページの表）がはってあるよ。見てみよう。

たかし：記録を見ると，ぼくたちの学校では，はやとさんが活躍(かつやく)していたことがわかるよ。

まさる：確かにそうだね。はやとさんの記録は，はやとさんが走った区間の中で１位だったんだ。

たかし：それに，学校の順位を，一つ前の区間から三つも上げているよ。

まさる：残念ながら総合記録では優勝(ゆうしょう)はできなかったけれど，とてもすばらしい大会だったね。

		1区	2区	3区	4区	5区	総合記録
A学校	合計	5分40秒	11分12秒	16分46秒	22分26秒	27分55秒	27分55秒
	区間	5分40秒	5分32秒	5分34秒	5分40秒	5分29秒	
B学校	合計	5分10秒	11分13秒	16分43秒	22分22秒	27分40秒	27分40秒
	区間	5分10秒	6分 3秒	5分30秒	5分39秒	5分18秒	
C学校	合計	5分17秒	10分59秒	17分 9秒	22分21秒	27分45秒	27分45秒
	区間	5分17秒	5分42秒	6分10秒	5分12秒	5分24秒	
D学校	合計	5分22秒	11分 9秒	16分50秒	22分23秒	28分27秒	28分27秒
	区間	5分22秒	5分47秒	5分41秒	5分33秒	6分 4秒	
E学校	合計	5分36秒	11分17秒	16分57秒	22分14秒	27分41秒	27分41秒
	区間	5分36秒	5分41秒	5分40秒	5分17秒	5分27秒	

※「合計」は１区のスタートから各区間の終了までの合計記録，「区間」は区間ごとの選手の個人記録を表します。

表　駅伝競走大会の記録

［問２］　会話や表をもとに，たかしさんたちの学校名と，はやとさんが走った区間を答えなさい。

3　ゆみこさんとまいさんは，図画工作の時間に，造形遊びを行っています。

（図２～図４は次のページにあります。）

材料は，立方体の白いブロックで，すべて同じ大きさです。ブロックは３種類あり，図１のように，一つの面だけ三角形または正方形の形に，黒色や灰色でぬられています。

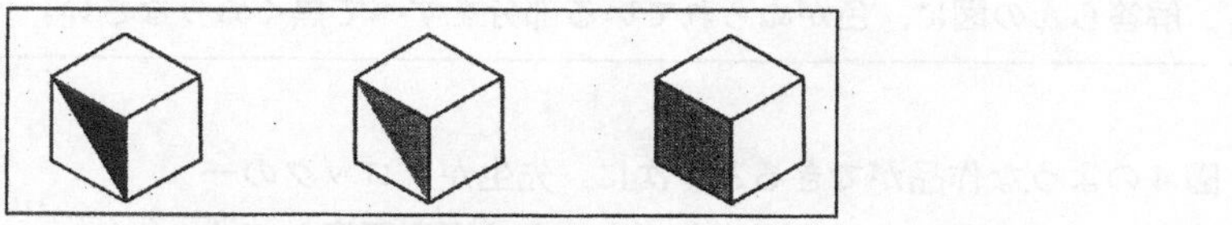

図１　３種類のブロック

ゆみこさんとまいさんは，図１のブロック４個をすき間なく積み重ね，図２のような作品を作りました。図２の作品をアの方向から見ると，図３のように見えました。

ゆみこさんとまいさんは，さらにブロックをすき間なく積み重ね，机の上に図４のような作品を作りました。ブロックは，全部で35個使いました。

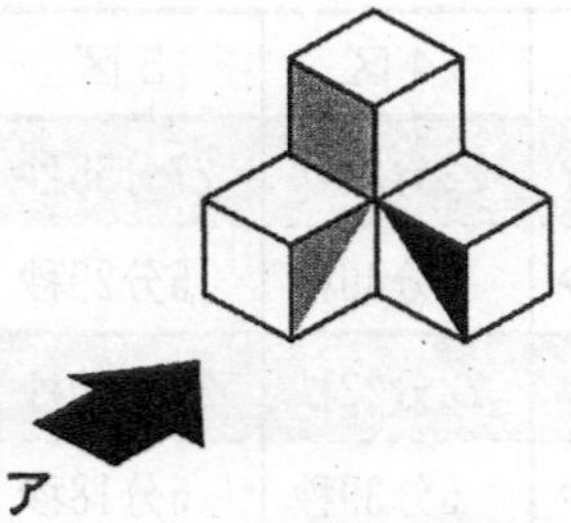

図２　ブロックを４個積み重ねた作品

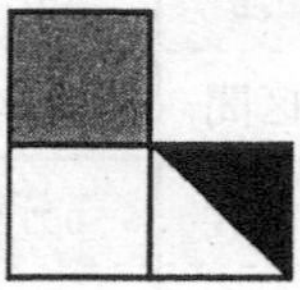

図３　アの方向から見た図

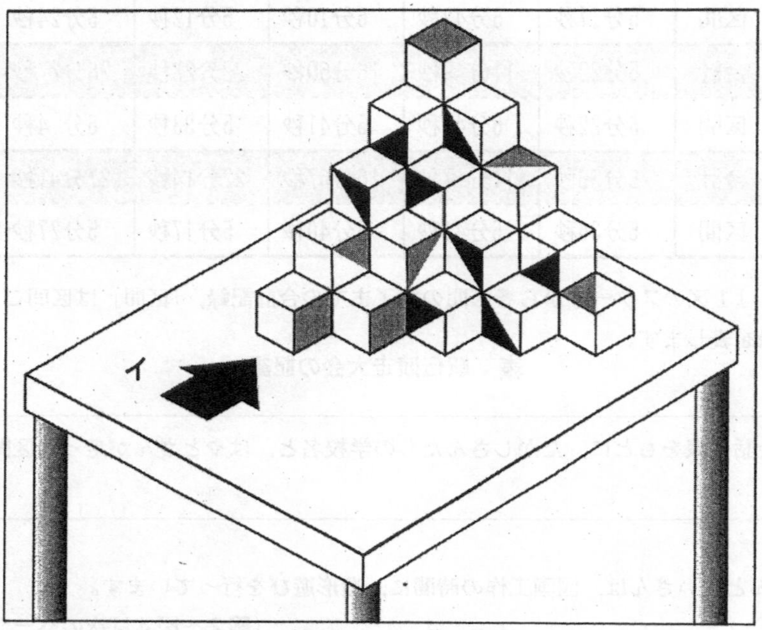

図４　机の上に置かれた作品

［問１］　作品を図４のイの方向から見たとき，色がぬられた部分は，どのように見えますか。解答らんの図に，色がぬられている部分をすべて黒くぬりなさい。

図４のような作品ができると，次に，先生がブロックの一つの面と同じ大きさの正方形の色紙を，たくさん用意してくれました。

ゆみこさんとまいさんは，図５のように作品が見えるところで，色紙をどのように使おうかと話しています。

まい：見えている部分に，色紙をはりたいな。

ゆみこ：そうね。三角形や正方形の形に色がぬられている面にははらずに，色がぬられていない正方形の面だけに色紙をはろうよ。

図５

まい：見えていない後ろ側の部分は，すべての正方形の面に色紙をはった方がきれいに見えると思うけれど，どうかしら。

ゆみこ：いいわね。さっそくはってみましょう。

［問２］　２人の会話のとおりに作っていくと，前のページの**図５**の作品にはる色紙は，何枚必要か答えなさい。
　ただし，作品と机が接している面と，ブロックとブロックが接している面には，色紙をはらないこととします。

4　ゆきえさんは，お母さんと夕食のことについて話をしています。

母　　：今日の夕食は何がいいかしら。

ゆきえ：寒いから，おでんがいいかな。

母　　：いいわね。午後になったら，用意をしましょう。

ゆきえ：ところで，お母さんは，おでんをつくるとき，なぜ土なべを使うの。

母　　：土なべの方が，金属のなべよりも冷めにくいからよ。

ゆきえ：そうなのね。土なべと金属のなべでは，加熱しているときや加熱をやめた後の温度変化にどのくらいのちがいがあるのかな。

母　　：なべの厚さやなべ底の形などが全く同じというわけにはいかないけれど，家には，直径や容量が土なべと同じくらいのアルミなべと鉄なべ（**図１**）があるわ。これらを使って，お父さんと調べてみたらどうかしら。

土なべ	アルミなべ	鉄なべ

図１　ゆきえさんの家にあるなべの種類

　ゆきえさんは，家にある土なべとアルミなべと鉄なべを使って，以下の方法でお父さんと調べてみることにしました。

【方法および内容】

⑴　それぞれのなべに，20℃の水２Ｌを入れた後，ふたをして強火のガスコンロにかけ，100℃になるまで，30秒ごとに水の温度を測る。

⑵　ふっとうの状態を１分間保ち，その後，火を消したところから10分ごとに水の温度を測る。

　ゆきえさんは，水の温度変化の様子を調べた後，それぞれの結果を次のページのグラフ（**図２**）にまとめました。

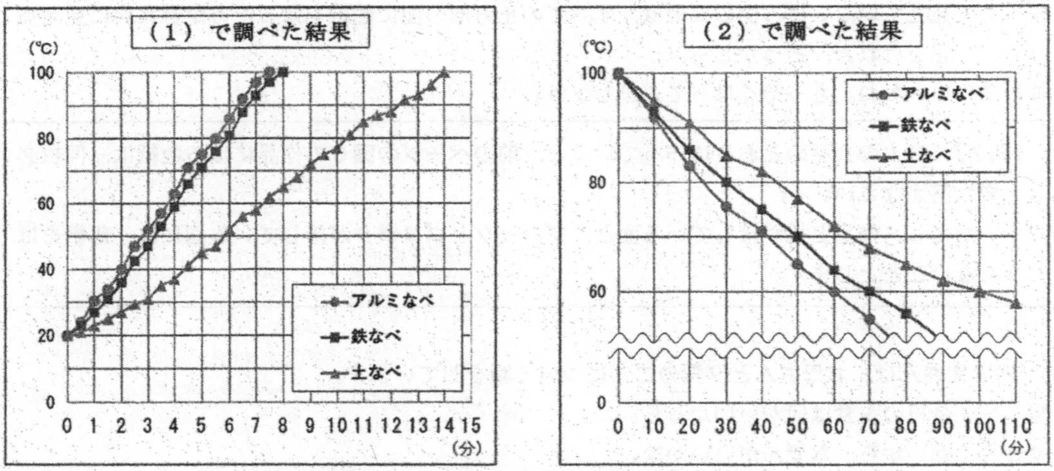

図２　それぞれのなべにおける水の温度変化の様子をまとめたグラフ

（フジテレビ商品研究所「研究レポート」をもとに作成）

父　　：グラフにすると，土なべとアルミなべ，鉄なべの水の温度変化のちがいがわかりやすくなったね。

ゆきえ：そうね。グラフを見ると，お母さんが言っていたことがよくわかるわ。

［問１］　調べた結果をもとに，お母さんが言っていた，金属のなべではなく土なべを使う理由を裏付ける説明として最も適切なものを，次のアからエの中から一つ選び，記号で答えなさい。

ア　火を止めてから水の温度が30℃下がるまでにかかる時間は，アルミなべでおよそ40分であり，鉄なべより温度の下がり方がはやくなってしまうから。

イ　火を止めてから30分たったときの水の温度は，土なべでは，およそ15℃下がるのに対して，アルミなべでおよそ25℃，鉄なべでおよそ20℃下がってしまうから。

ウ　土なべでは，加熱し始めてから水がふっとうするまでは，およそ14分かかるのに対して，火を止めてから水の温度が40℃下がるまでは，およそ100分かかってしまうから。

エ　加熱し始めてから水がふっとうするまで，アルミなべと鉄なべでは，およそ８分かかるのに対して，土なべでは，およそ14分かかってしまうから。

その後，ゆきえさんは，お母さんと夕食の用意をすることにしました。

母　　：ちょうど，おでんのだしがなくなってしまったから，買ってきてくれるかしら。

ゆきえ：わかったわ。

母　　：先週，お店でもらったクーポン券に，おでんのだしのクーポン券（図３）があったから持って行くといいわね。

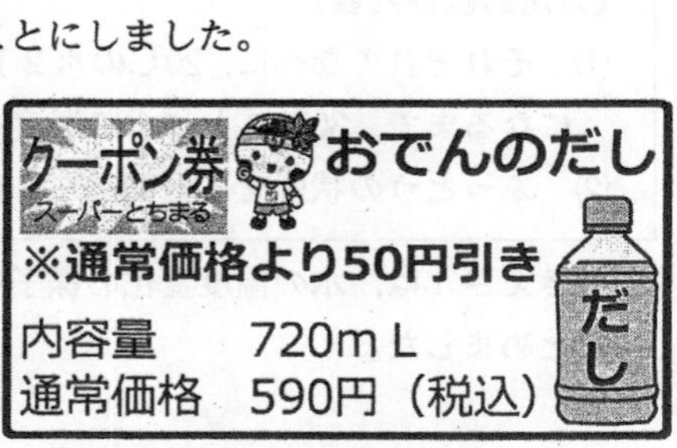

図３　おでんのだしのクーポン券

ゆきえさんがお店へ買い物に行くと，お母さんにたのまれたものと同じ種類のおでんのだしが，図のような表示（**図４**）で売られていました。

図４　お店にある「本日限りの品」の表示

［問２］　クーポン券を使って買う場合と本日限りの品を２本買う場合とでは，同じ量当たりの価格で考えてみると，どちらの方が安いといえますか。安いといえる方を選び，解答らんの（　）に○を書きなさい。また，そう考えた理由について，言葉や式を使って説明しなさい。

5　今日４月９日は始業式です。ひろきさんたち６年１組では，学級活動で日直当番や給食当番，ウサギの飼育当番の順番について話し合っています。

ひろき：今日から始める日直当番と給食当番について，決まっていること（**図１**）を確認（かくにん）します。

【日直当番】
- １日交代とする。
- ２人ずつで行う。
- 出席番号の１番から番号順に始める。

【給食当番】
- １週間交代とする。
- ９人ずつで行う。
- 出席番号の１３番から番号順に始める。
- ５月１日と２日は，前の週の班が続けて行う。

図１　日直当番と給食当番について決まっていること

ひろき：このほかに，６年生はウサギの飼育当番を行うことになっていて，１組は始業式から６月までが分担です。飼育当番のやり方について意見はありませんか。

けいこ：ウサギの飼育は，動物が苦手な人もいるから希望者にしてはどうですか。

なおき：同じ日に，三つの当番活動をやる人がいないようにするとよいと思います。

みんなの意見をもとに，飼育当番について話し合い，次のように決まりました（**図２**）。

【飼育当番】
- 今日から行い，１日交代とする。
- 学校が休みの日の当番はやらない。（先生が行う）
- 教室の座席表（図３）の出席番号に○がついている希望者が行う。
- 希望者のうち，出席番号２６番から番号順に３人ずつ行う。

図２　話し合いの結果の記録

㉛	25	⑲	13	7	①
32	㉖	⑳	⑭	8	②
㉝	27	21	⑮	⑨	3
34	㉘	㉒	16	⑩	4
㉟	29	㉓	17	11	⑤
36	㉚	24	18	⑫	6

図３　教室の座席表

クラスでの話し合いの後，みんなで当番活動について話しています。

よしみ：なおきさんは，ウサギの飼育当番はいつなの。

なおき：ぼくは26番だから今日だよ。今回は当番活動が重ならないけれど，後で三つが同じ日になってしまわないか心配だな。

けいこ：４月から６月までのカレンダー（図４）があるから，確認してみよう。

2018年　4月

日	月	火	水	木	金	土
1	2	3	4	5	6	7
8	9	10	11	12	13	14
15	16	17	18	19	20	21
22	23	24	25	26	27	28
29	30					

2018年　5月

日	月	火	水	木	金	土
		1	2	3	4	5
6	7	8	9	10	11	12
13	14	15	16	17	18	19
20	21	22	23	24	25	26
27	28	29	30	31		

2018年　6月

日	月	火	水	木	金	土
					1	2
3	4	5	6	7	8	9
10	11	12	13	14	15	16
17	18	19	20	21	22	23
24	25	26	27	28	29	30

※カレンダーに色がついている日は，学校が休みの日を表します。

図４　４月から６月までのカレンダー

なおき：あれ，ぼくの当番活動が三つ重なる日が，６月までに２日見つかったよ。

よしみ：その日は私も手伝うわ。みんなで助け合いながらやっていきましょう。

> ［問１］　なおきさんの当番活動が三つ同じ日に重なるのは，何月何日かすべて答えなさい。
> ただし，欠席者がいても，活動を行う日は変えないものとします。

学校では，親ウサギ２羽と生後２か月の子ウサギ３羽を，親子を分けて別々の小屋で飼育しています。５月21日の朝，飼育当番のはるかさんたちは，ウサギの体重を量った後，飼育日誌（図５）に記録しています。

記入者	６年　１組　　川田　はるか
活動日	５月２１日　（　月　）　朝
ウサギの体重 （毎週月曜日の朝に量る。）	親：ピョン（オス）１９００g　　ミミ　（メス）２１００g 子：ラビ　（メス）　５２０g　　チャロ（オス）　５３０g エル　（メス）　５５０g
活動したこと （○をつける）	飼育小屋のそうじ　（　○　）　　体重を量る　（　○　） えさやり［固形のえさ］（　　）　　［牧草］　（　　）

図５　飼育日誌の一部

はるか：子ウサギも大きくなったわね。

けいこ：固形のえさは，どのくらいあたえたらいいのかしら。

ひろき：飼育日誌に書いてある，固形のえさのあたえ方（次のページの図６）で確認してみよう。

はるか：１日にあたえる固形のえさの量は，親ウサギにあたえる量と子ウサギにあたえる量を合わせると［　①　］gが必要ね。えさはあとどのくらいあるのかな。

けいこ：２kg入りの新しいふくろが，一つしかないわ。

はるか：さっそく，今日からそのふくろを開けて使いましょう。

ひろき：もうすぐなくなりそうだけれど，土日と祝日は，固形のえさはあたえないからしばらくもつかな。

【１日にあたえる固形のえさの量】
・　親ウサギ　　　　　　　　　　　体重の３パーセントの重さ
・　子ウサギ（生後６か月まで）　体重の５パーセントの重さ
【えさのあたえ方】
（1）　朝と放課後の１日２回あたえます。
（2）　１回にあたえる量は，１日であたえる量の半分です。
（3）　親ウサギの小屋のえさ箱には２羽分を，子ウサギの小屋のえさ箱には３羽分の固形のえさを，まとめて入れます。
（4）　毎週月曜日に体重を量り，１日にあたえる量を見直します。１週間は，同じ量をあたえます。
※土日と祝日については，固形のえさをあたえずに，牧草だけをあたえます。

図６　固形のえさのあたえ方

１週間後の５月28日の朝は，まなぶさんたちが飼育当番です。

まなぶ：体重を量ってみたら，親ウサギたちの体重は変わらなかったけれど，子ウサギは，ラビが84ｇ，チャロが76ｇ，エルが80ｇ増えていたよ。

よしみ：子ウサギの体重が増えているから，えさの量を増やすことになるけれど，１日２回あたえることは変わらないから，固形のえさは，あと何回分あるのかしら。

まなぶ：計算してみたら，あと［②］回分しかないね。先生に伝えよう。

［問２］　会話の中の［①］，［②］にあてはまる数字を，それぞれ答えなさい。

【作　文】（45分）

【注意】　1　題名と氏名は書かないこと。

2　原稿用紙の正しい使い方に従って書くこと。

ただし，書き進んでから，とちゅうを書き直すとき，直すところ以外の部分も消さなければならないなど，時間がかかる場合は，次の図のように，一つのます目に２文字書いたり，ます目をとばして書いたりしてもよい。

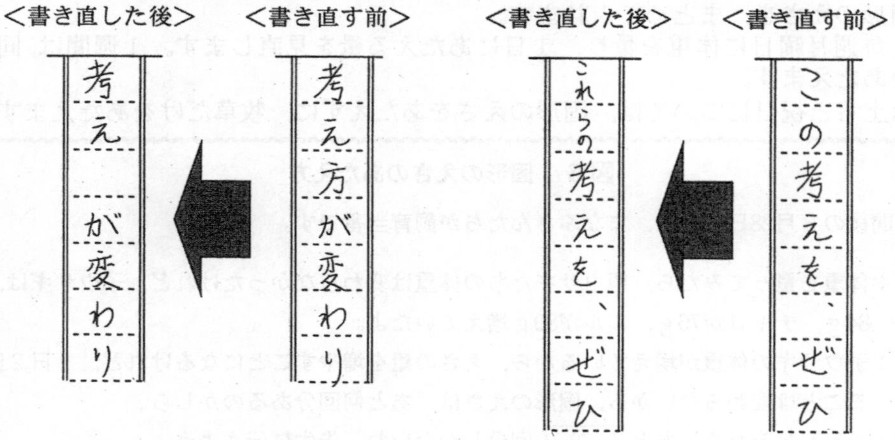

ある小学校では，５，６年生の代表委員が月に１回集まり，児童会の意見箱に寄せられた意見などをもとに，よりよい学校生活にするための話し合いをしています。

司会１：今月は，意見箱に，こんな意見が入っていました。

> ぼくたち３年生は，ドッジボールが大すきです。でも，昼休みは，校庭でみんながいろいろな遊びをしているので，せまいところしか空いていません。だから，もう少し広いところでドッジボールをやりたいです。
>
> ３年　〇〇〇〇

> わたしは，昼休みにサッカーをしています。最近，おにごっこをしている１，２年生が，サッカーをしているところに入ってとてもあぶないです。みんなが安全に楽しく遊べるような校庭の使い方を考えるべきだと思います。
>
> ６年　〇〇〇〇

司会１：ほかにも，校庭の使い方についての意見が，いくつか入っていました。そこで，今日は，これらの意見をもとに話し合いたいと思います。議題は，「みんなが安全に楽しく遊べる昼休みの校庭の使い方を考えよう」です。

司会２：初めに，次のページの校庭の見取図（**図**）を参考にしながら，現在の昼休みの校庭の様子について，発言してください。

Ａさん：確かに，１，２年生は，ジャングルジムの近くでおにごっこをしている子が多いと思います。おにごっこに夢中で，気づかないうちに，サッカーをしている場所に入ってしまうのをよく見かけます。

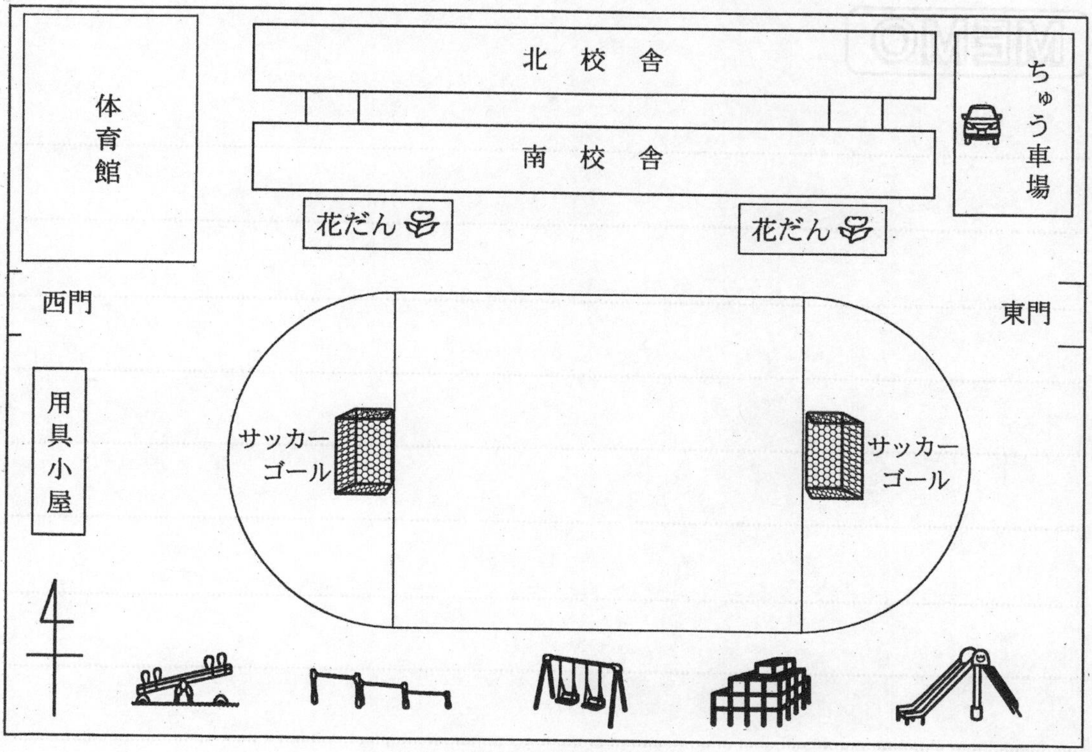

図 校庭の見取図

Bさん：ぼくたちがサッカーをしているときに，友達のけったボールが，1，2年生に当たりそうになって，びっくりしたことがあります。サッカーをする人も，遊び方を考えなければならないと思います。

Cさん：そういえば，ドッジボールをやっていた３年生のボールが，花だんの花に当たって折れてしまったのを見たことがあります。

Dさん：遊べる場所が花だんの近くしか，空いていなかったのかもしれませんね。

Aさん：もうすぐなわとび検定があるから，校庭でなわとびの練習を始めた人も出てきました。

司会２：みなさんから，いくつかの発言がありました。では，どうすればみんなが安全に楽しく遊べるか考えていきましょう。

Aさんたちはこの後も，昼休みの校庭の使い方について話し合いました。

この小学校の校庭で，昼休みに，みんなが安全に楽しく遊べるようにするために，あなたなら昼休みの校庭の使い方をどのようにしたらよいと考えますか。図や会話を参考にして，次の条件に従(したが)って書きなさい。

（条件）

ア　自分の考えと，その理由を書きなさい。

イ　あなたが経験したこと，または，見聞きしたことにもふれなさい。

ウ　字数は600字程度で書きなさい。

MEMO

大切なことはメモしておこうネ！

2019 年度

解 答 と 解 説

＜適性検査解答例＞

1 ［問1］ ウ

［問2］ ア，エ，オ

2 ［問1］ コーン 27(個) コーンバー 18(本)

［問2］ たかしさんたちの学校名 C(学校) はやとさんが走った区間 4(区)

3 ［問1］

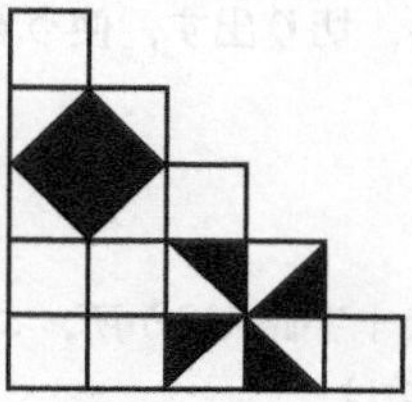

［問2］ 60(枚)

4 ［問1］ イ

［問2］ 本日限りの品を2本買う場合

［理由］

クーポン券を使うと，720mLのものが50円引きなので

590－50＝540 となり，

720mL 540円 である。

本日限りの品を2本買うと，量は

400×2＝800 となり，

価格が2割引きなので

350×2＝700

700×(1－0.2)＝560 となり，

800mL 560円である。

それぞれ，1mL当たりの価格を計算すると

「クーポン券」を使った場合は，

540÷720＝0.75

「本日限りの品」は，

560÷800＝0.7

よって，本日限りの品を2本買う場合が安いといえる。

5 ［問1］ 5月24日，6月19日

［問2］ ① 200(g) ② 9(回分)

○配点○

1 問1 6点 問2 9点 2 問1 8点 問2 10点 3 問1 10点 問2 12

点　[4]　問1　8点　問2　15点　[5]　問1　10点　問2　12点　計100点

<適性検査解説>

[1]（社会：グラフと写真の読み取り，林業）

基本

［問1］　1本1本の木の根が太く丈夫にはることで，森林は倒れにくくなるため山くずれがおきにくくなり，流れてくる土砂をせき止めることができる。よって，土砂災害がおこりにくくなる。

［問2］　2段落目の「林業を知ってもらうためのイベント」と「間ばつ材を利用した机といす」は**エ**の「とちぎの元気な森づくり」の取り組みの例に書かれている。3段落目の「栃木県に50年をこえた人工林が多く残っていること」は**ア**の成長した年数ごとに分けた栃木県の人工林の面積のグラフを見ればわかる。**ア**のグラフから，56～60年数の木が最も多くの面積を占めていることが読み取れる。4段落目の「植える，育てる，切り出す，使うをくり返すこと」は**オ**の森林資材を利用するイメージ図から読み取れる。

[2]（算数：情報の整理）

［問1］　コース内には，コーンが6個とコーンバーが4本必要な十字路が2か所，コーンが3個とコーンバーが2本必要なT字路が5か所あるので，コーンの数は，

$6\times2+3\times5=12+15=27$(個)

コーンバーの本数は，

$4\times2+2\times5=8+10=18$(本)

［問2］　はやとさんの情報をまとめると，①区間の中で1位であり，②一つ前の区間から三つ学校の順位を上げ，③総合記録では優勝しなかったという3つのことがわかる。

①　区間の1位をまとめると，1区はB学校，2区はA学校，3区はB学校，4区はC学校，5区はB学校であることから，A，B，C学校のいずれかであるとわかる。

②　各学校の順位をまとめた表を作り，各区間の1位の学校に□をつけた。一つ前の区間から三つ順位を上げたのは，3区のB学校と，4区のC学校である。

	1区	2区	3区	4区	5区
1位	[B]	C	[B]	E	[B]
2位	C	D	A	[C]	E
3位	D	[A]	D	B	C
4位	E	B	E	D	A
5位	A	E	C	A	D

③　総合記録で優勝をした学校はB学校であるので，はやとさんの学校はC学校であることがわかる。また②より，はやとさんが走った区間は4区である。

[3]（算数：図形の見え方）

［問1］　イの方向から見えるブロックの面は，図の三角形にぬられた面の8つである。三角形の向きに気をつけて色をぬる。

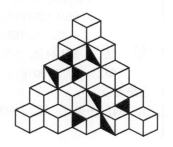

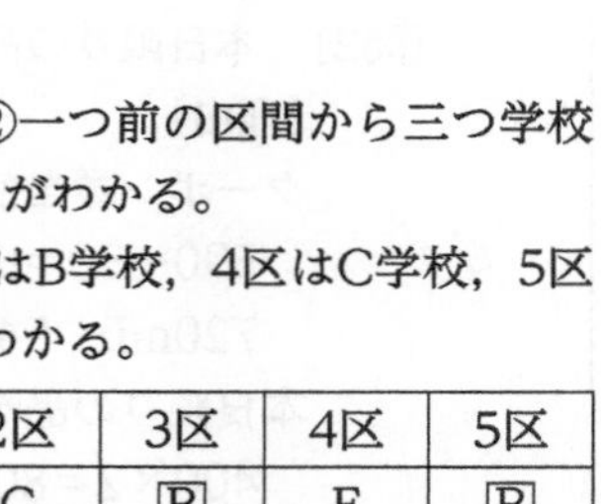

［問2］　**図5**のなかで，正方形や三角形の形に色がぬられていない面を数えると，次の図①より，30個ある。また，見えていない後ろ側の部分は，次の図②のような形となり，15×2＝30（個）である。よって，30＋30＝60より，60枚の色紙が必要となる。

図①

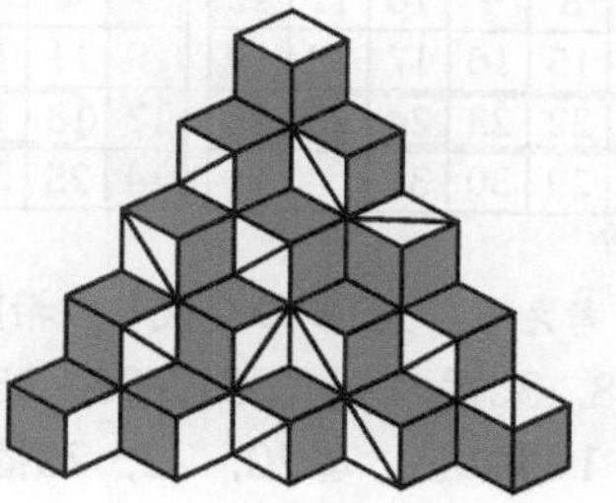

図②

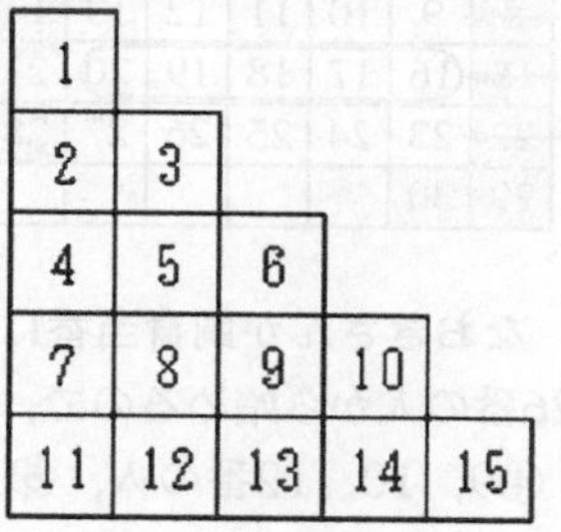

これが2面ある

4　（理科，算数：ものの温まり方，価格の計算）

［問1］　金属のなべではなく土なべを使う理由は，「土なべの方が金属のなべよりも冷めにくいから」である。**イ**は，土なべ，アルミなべ，鉄なべの火を止めたあとの温度の下がり方をグラフをもとに的確にまとめている。**ア**はアルミなべと鉄なべの温度の下がり方のみを比較して，土なべについての記述がない。**ウ**は土なべの加熱から水がふっとうするまでにかかる時間と火を止めたあとの温度の下がり方を述べているため，アルミなべ，鉄なべとの比較ができない。**エ**では水がふっとうするまでの時間をまとめていて，温度の下がり方についての記述がない。

やや難

［問2］　クーポン券を使うと，内容量が720mLで通常価格が590円のものが50円引きになるので，590－50＝540（円）。本日限りの品を2本買うと，内容量が400mLで通常価格が350円のものを2本買うことで2割引きになるので，800mLで，（350×2）×（1－0.2）＝560（円）。同じ量当たりの価格で安い方を考えたい。1mL当たりの価格は，価格をその量で割ることで計算できるので，クーポン券の場合は540÷720＝0.75（円），本日限りの品を2本買う場合は，560÷800＝0.7（円）である。よって，安いと言えるのは本日限りの品を2本買う場合である。

5　（算数：規則性）

［問1］　最初に，なおきさんが日直当番になる日を考える。1日ずつ交代し，2人で行い，4月9日から，出席番号1番と2番の人から始める。数えていくと，下のカレンダーのように3回となる。

2018年　4月

	日	月	火	水	木	金	土
	1	2	3	4	5	6	7
1,2番→	8	9	10	11	12	13	14
11,12番→	15	16	17	18	19	20	21
21,22番→	22	23	24	㉕	26	27	28
	29	30					

2018年　5月

日	月	火	水	木	金	土
		1	2	3	4	5
6	7	8	9	10	11	12
13	14	15	16	17	18	19
20	21	22	23	㉔	25	26
27	28	29	30	31		

2018年　6月

日	月	火	水	木	金	土
					1	2
3	4	5	6	7	8	9
10	11	12	13	14	15	16
17	18	⑲	20	21	22	23
24	25	26	27	28	29	30

次に，なおきさんが給食当番になる日を考える。1週間ずつ交代し，9人ずつで行い，出席番号13番の人から始めるので，13～21番の人，22～30番目の人，31～3番目の人，4～12番目の人が集まって行う。数えていくと，次のページのカレンダーのように3回となる。

13~21番　22~30番　31~3番　4~12番

2018年　4月

日	月	火	水	木	金	土
1	2	3	4	5	6	7
8	9	10	11	12	13	14
15	16	17	18	19	20	21
22	23	24	25	26	27	28
29	30					

2018年　5月

日	月	火	水	木	金	土
		1	2	3	4	5
6	7	8	9	10	11	12
13	14	15	16	17	18	19
20	21	22	23	24	25	26
27	28	29	30	31		

2018年　6月

日	月	火	水	木	金	土
					1	2
3	4	5	6	7	8	9
10	11	12	13	14	15	16
17	18	19	20	21	22	23
24	25	26	27	28	29	30

最後に，なおきさんが飼育当番になる日を考える。1日ずつ交代し，希望者から3人ずつ，出席番号26番の人から始めるので，①26，28，30番の人，②31，33，35番の人，③1，2，5番の人，④9，10，12番の人，⑤14，15，19番の人，⑥20，22，23番の人が集まって，6つのグループで交代で行う。数えていくと，下のカレンダーのように10回となる。

2018年　4月

日	月	火	水	木	金	土
1	2	3	4	5	6	7
8	⑨	10	11	12	13	14
15	16	⑰	18	19	20	21
22	23	24	㉕	26	27	28
29	30					

2018年　5月

日	月	火	水	木	金	土
		1	2	3	4	5
6	7	⑧	9	10	11	12
13	14	15	⑯	17	18	19
20	21	22	23	㉔	25	26
27	28	29	30	31		

2018年　6月

日	月	火	水	木	金	土
					①	2
3	4	5	6	7	8	9
10	⑪	12	13	14	15	16
17	18	⑲	20	21	22	23
24	25	26	㉗	28	29	30

このうち，なおきさんの当番活動が三つ同じ日に重なるのは，5月24日，6月19日の2回である。

［問2］　①　親ウサギの全体重は1900＋2100＝4000(g)，子ウサギの全体重は520＋530＋550＝1600(g)であるので，

4000×0.03＋1600×0.05＝120＋80＝200(g)

より，1日にあたえる固形のえさの量は200g必要である。

②　2kg(2000g)入りの新しいふくろから5日分のえさを与えたので，残ったえさの量は，

2000－200×5＝2000－1000＝1000(g)

より，あと1kg(1000g)残っている。

子ウサギの増えた体重は，84＋76＋80＝240(g)であるので，

240×0.05＝12(g)

1日にあたえる固形のえさの量が増え212gになった。えさは1日に2回あたえるので，1回にあたえるえさの量は212÷2＝106(g)。よって残りは，

1000÷106＝9あまり46

より，9回分残っている。

★ワンポイントアドバイス★

ほとんどの問題が，与えられた情報や条件を整理しながら解く問題である。試験時間に対し問題量はやや多いが，難易度はそれほど高くない。ミスがないように落ち着いて解こう。整理した情報を，問題用紙にメモしておくと解きやすい。

＜作文解答例＞《学校からの解答例の発表はありません。》

はじめに，ドッジボールやサッカーなどの球技は，広い場所が必要で，ボールがほかの人に当たらないよう注意する必要があります。わたしの家の周りの公園や道でボール遊びが禁止されているので，ちゅう車場や門の近くで球技をすることはきけんだと思います。物をこわしたり外へボールが飛び出したりする可能性があるため，校庭の中心のサッカーコートで行うことが安全だと思います。そのため，ドッジボールをする曜日とサッカーをする曜日をそれぞれ決めてゆずりあうことで，安全に楽しく遊べると思います。

次に，おにごっこはAさんの発言からジャングルジムの近くで行われていることがわかりますが，遊具を使いたい人が遊びにくいため，遊具がなくスペースのある用具小屋のあたりで遊ぶとよいと思います。球技の曜日を分けたので，球技で遊べない人たちは1，2年生といっしょにおにごっこで遊び，球技のほうへ入ってしまわないかを気をつけてあげるようにするのがよいと思います。わたしがちがう学年の人と遊んだときには，新しい友だちが増えたようなうれしい気持ちになれたので，みんなで安全に楽しくおにごっこができるようになると考えます。

最後に，なわとびの練習については，球技やおにごっこの場所とはなれた二つの花だんの間で練習することができると思います。

このように遊ぶ場所や時間を分けると，みんなが安全に楽しく遊べると思います。

＜作文解説＞

基本 **（作文：資料を読み取り，自分の考えを述べる）**

図や会話から要点をおさえ，改善策をまとめる力が問われる。だれがどこで何をしているかという情報が多く出てくるので，下線を引いたりメモを取ったりして問題点を明らかにするとよい。

600字程度なので3～5段落構成にし，それぞれの問題点に対する具体的な案を書く。自分の体験や見聞きしたことにふれるという条件があるので，それらを自分がまとめた問題点や改善策の根きょとして書くとよい。

★ワンポイントアドバイス★

今回のように提示された資料が多い場合は，論点を整理することが重要だ。どの段落で何について述べるか簡単にメモしてから書こう。

MEMO

大切なことはメモしておこうネ！

データ対応

収録から外れてしまった年度の
解答解説・解答用紙を弊社ホームページで公開しております。
巻頭ページ＜収録内容＞下方のQRコードからアクセス可。

※都合によりホームページでの公開ができない問題については，
次ページ以降に収録しております。

平成30年度

栃木県立中学校入試問題

【適性検査】　(50分)　＜満点：100点＞

1　４月中じゅんのある日，栃木県に住んでいるひろみさんは，日当たりのよい家庭菜園でトウモロコシをさいばいすることについて，お母さんと話し合っています。図１は，ひろみさんの家庭菜園を上から見た様子です。**ア**，**イ**，**ウ**は，それぞれ種をまく列を示しています。

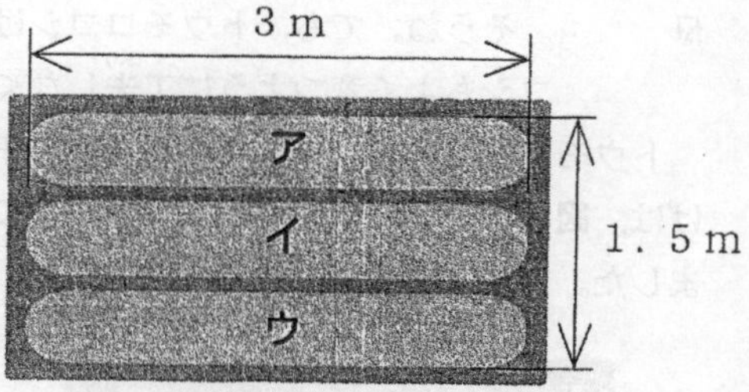

図１　ひろみさんの家庭菜園を上から見た様子

ひろみ：　今年は，トウモロコシをさいばいしたいな。

母　　：　そうね。そろそろ種をまく時期かしら。さっそく，種を買いに行きましょう。

ひろみ：　うちの家庭菜園には，種をまく列が３列あるけれど，全部で何つぶくらい必要なのかしら。

母　　：　それぞれの列に，30cm間かくで種をまく場所をつくり，その場所に３つぶずつまくといいわね（**図２**）。

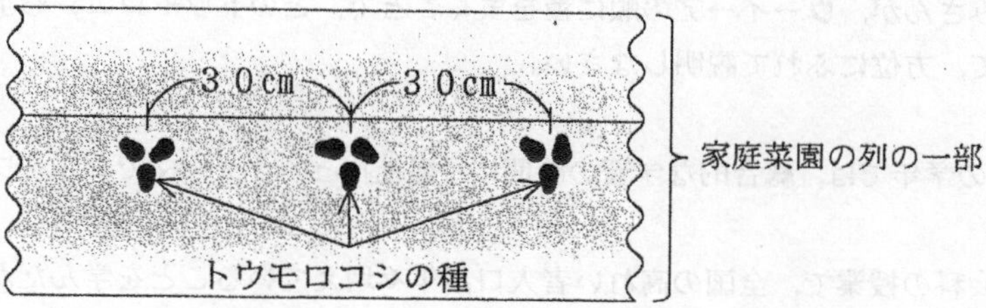

図２　種のまき方

［**問１**］　お母さんの言葉をもとに考えると，**図１**の**ア**，**イ**，**ウ**のすべての列に種をまく場合，種は全部で何つぶ必要ですか。
　ただし，列の両はしからも30cmの間を空けて種をまくものとします。

　ひろみさんとお母さんはトウモロコシの種をお店で買い，種をまく時期について話し合っています。

ひろみ：　種が入っているふくろには，種をまく時期や収かくの時期などが，種まきカレンダー（**図３**）に示されているのね。

母　　：　これを見ると，４月中じゅんから７月下じゅんが種まきの時期になるわね。

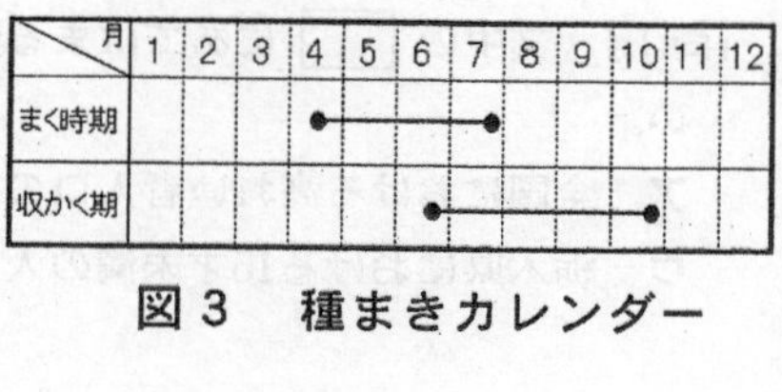

図３　種まきカレンダー

ひろみ：　そうすると，ちょうど，種まきの時期に入ったのね。
母　　：　一度に種まきをせず，数週間ごとに分けて種をまいたらどうかしら。
ひろみ：　なるほど。そうすることで，トウモロコシを長い期間収かくすることができるのね。

そこで，ひろみさんは，4月下じゅんから3週間ごとに，1列ずつ種をまくことにしました。

ひろみ：　まずは，今度の日曜日に，種をまこうかしら。
母　　：　そうね。でも，トウモロコシは，成長すると背たけが高くなるから，どの列のトウモロコシもよく育つように工夫しなくてはいけないわね。

トウモロコシの種をまこうとした日の午前9時ごろ，ひろみさんの家庭菜園の近くにある木のかげは，**図4**のようにできていました。そこで，ひろみさんは，**ウ→イ→ア**の順に種をまくことにしました。

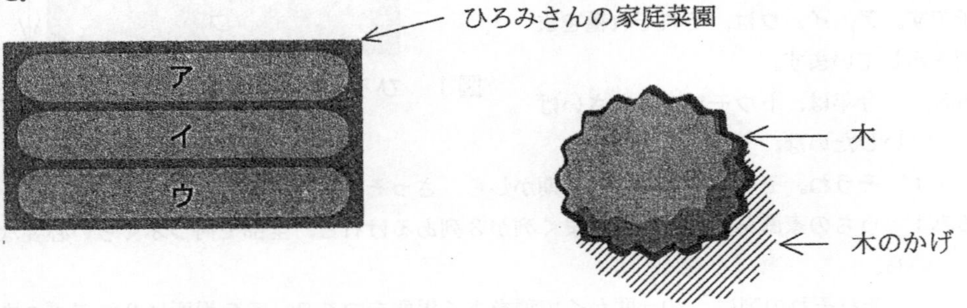

図4　ひろみさんの家庭菜園と近くにある木を上から見た様子

[問2]　ひろみさんが，**ウ→イ→ア**の順に種をまくことで，どのトウモロコシもよく育つと考えた理由について，方位にふれて説明しなさい。

2　たかしさんの学年では，総合的な学習の時間に「福祉」というテーマでグループ学習をしています。

たかし：　社会科の授業で，全国の高れい者人口が年々増えていることを学んだから，栃木県の状きょうについても調べてみようよ。
ともみ：　たしか，高れい者って65才以上の方のことをいうのよね。
さとる：　そうだね。栃木県の高れい者人口の変化についてわかる資料をさがしてみよう。

たかしさんは，インターネットでグラフ（次のページの**図1**）を見つけました。

たかし：　このグラフを見ると社会科で学習したように，栃木県でも高れい者の人口が年々増えていることがわかるね。
まいこ：　そうかしら。このグラフだけでは言いきれないと思うわ。でも，これに加えて1950年から5年ごとの［　　　　］があれば，わかるわね。

[問1]　文中の［　　］にあてはまる適切な言葉を次の**ア**から**エ**の中から一つ選び，記号で答えなさい。

ア　全国における高れい者人口の割合　　　**イ**　全国における総人口
ウ　栃木県における15才未満の人口の割合　**エ**　栃木県における総人口

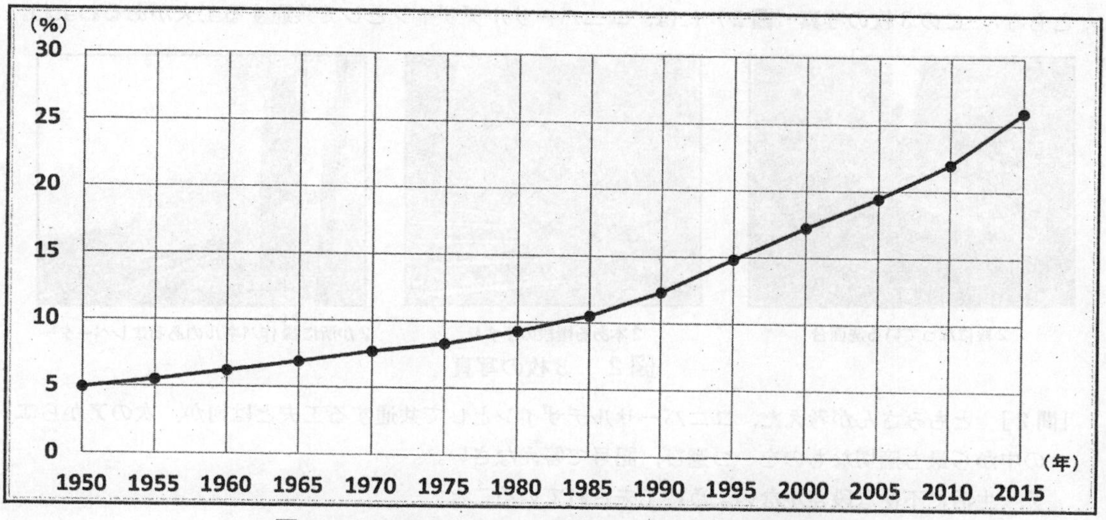

図１　栃木県における高れい者人口の割合の変化

（平成27年国勢調査人口等基本集計結果をもとに作成）

さらに調べていくと，たかしさんたちは，今後も栃木県の高れい者人口がこれまでと同じように増えていくことや，少子化が進んでいくことが予想されていることを知りました。

また，そのような社会に対応するために，栃木県では，高れい者や子ども，障がいのある人など，だれもがくらしやすい「ユニバーサルデザインのまちづくり」に力を入れていることも知りました。

ともみ：　ユニバーサルデザインって聞いたことあるけれど，どんな意味なのかしら。

たかし：　インターネットで調べてみたら，ユニバーサルデザインとは，年令や障がい，性別，人種などに関係なく，さまざまな人が利用しやすいように考えられたデザインのことだと書いてあったよ。

まいこ：　そういう意味なのね。それならどんなところに，どのようなユニバーサルデザインがあるのかしら。

先　生：　この学校にもありますよ。例えば，１階にある多目的トイレは，みなさんだけではなく，高れい者や車いすの方にも利用しやすいように手すりがついていたり，自動ドアになっていたりしますよね。このように，いろいろなところに目を向けて見ると，学校だけではなく，みなさんが住んでいるところでも，ユニバーサルデザインのまちづくりが進んでいることがわかること思いますよ。

ともみ：　そうなのですね。このまちにあるユニバーサルデザインについて調べてみたくなりました。

たかし：　よし，それじゃあ，今度の土曜日にみんなで調べに行ってみようよ。

土曜日に，たかしさんたちは，まちへ出かけ，ユニバーサルデザインが取り入れられたものの写真をとってきました。そして，それらの写真を見ながら話をしています。

まいこ：　先生がおっしゃっていたとおり，まちにはたくさんのユニバーサルデザインがあって，いろいろな人が利用しやすいようになっていたね。

さとる：　本当だね。それぞれの写真には，ユニバーサルデザインとして，どのような工夫（くふう）があるのかな。

ともみ：　この３枚の写真（**図２**）には，ユニバーサルデザインとして共通する工夫があるわよね。

２段になっている洗面台　　２本ある階段の手すり　　２か所に操作パネルのあるエレベーター

図２　３枚の写真

［問２］　ともみさんが考えた，ユニバーサルデザインとして共通する工夫とは何か。次の**ア**から**エ**の中から最も適切なものを一つ選び，記号で答えなさい。

ア　生活に不便な段差がないように工夫されていること

イ　車いすを使う人に利用しやすいように工夫されていること

ウ　身長の高い人にも低い人にも利用しやすいように工夫されていること

エ　自動化により少ない力で利用できるように工夫されていること

3　かおりさんは，親せきのおじさんが働いているオルゴールの美術館へ行きました。美術館には，かおりさんが今までに見たこともないような，いろいろな大きさや形のオルゴールがあり，とても興味をもちました。後日，おじさんが，好きな曲を小さなオルゴールに入れてプレゼントしてくれることになりました。

お　じ：　このサイズのオルゴールに入る曲の長さは12秒間だから，入れたい曲を決めておいてね。

かおり：　わかったわ。おじさん，ありがとう。

かおりさんは，県民の日に歌った「県民の歌」を入れようと思い，先生が用意してくれた楽ふ（次のページの**図１**）を見ながら，曲のどの部分を入れたらよいかお母さんに相談しました。

かおり：　オルゴールには，「とちぎけん　われらの　われらの　ふるさと」の歌詞のところを入れようと思っているの。でも，12秒間に入るのかしら。

母　　：楽ふに「♩＝114～120」とある速度記号をもとに計算すれば，12秒間に入るかどうかわかると思うわよ。

かおり：　そうか。速度記号について学校で習ったわ。「♩＝60」と書いてあるときは，１分間に４分音ぷを60回，つまり，１秒間かくで打つ速さなのよね。

母　　：　そうね。速度記号が「♩＝120」のときは，1分間に４分音ぷを120回打つ速さのことを表しているということなのよね。

かおり：　わかりやすく表に書いてみると，こんな感じかしら（**表**）。

速さ	♩＝６０	♩＝１２０
♩（４分音ぷ）一つの長さ	１秒	０．５秒

表　かおりさんが書いた表

図１　先生が用意してくれた楽ふ

母　：　あとは，12秒間に入るかどうか，いろいろな速さで計算してみるといいわよ。

そこで，かおりさんは，計算してみることにしました。

かおり：「♩＝100」の速さで計算したら，12秒間に入ったし，速さもちょうどいいわ。

［問１］　かおりさんは，どのように考えて12秒間に入ることがわかったのでしょうか。その考え方を，言葉や式などを用いて説明しなさい。

ただし，最後の小節の休ふ（𝄽）をふくむものとします。

おじさんからプレゼントされたオルゴールが，２週間後に届きました。オルゴールは白い木の箱に入っていました。ふたを開けると，音楽が鳴り始めました。

姉　：　きれいな音色ね。せっかくだから，この箱のふたに絵をかいてみてはどうかしら。

かおり：　いいわね。花の絵をかこうかな。

姉　：　それなら，美術部で習った花の絵のデザイン（**図２**）を見せてあげるわ。

かおり：　まあ，きれい。この花の絵のデザインは，どう

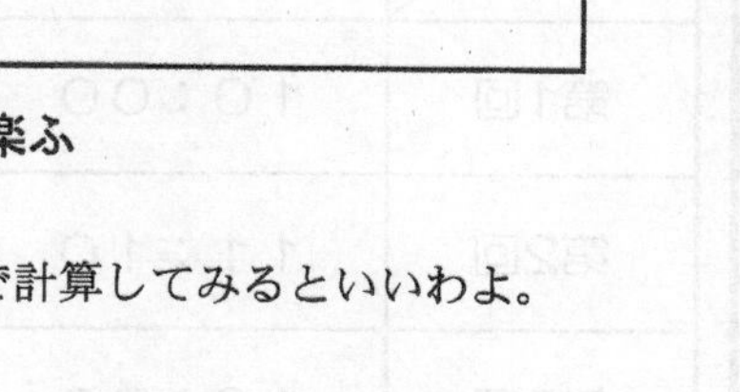

図２　花の絵のデザイン

いうふうにかいたの。

姉　：　コンパスで同じ大きさの円を重ねてかいたり，定規で直線を引いたりしたのよ。

かおり：　すごい。私もかいてみよう。

［問２］　前のページの**図２**の花の絵のデザインをかくとき，コンパスの針をさす場所は，全部で何か所あるか答えなさい。

4　ひろとさんたちは，遠足で子ども科学館へ行くことになりました。ある日の授業で，班別活動の計画を作成することになり，先生から子ども科学館のリーフレット（**図１**）が配られました。

～イベント開始時刻～

	プラネタリウム 所要時間４０分	サイエンスショー 所要時間３０分	工作教室 所要時間５０分	ロボット体験教室 所要時間６０分
第1回	10：00	10：30	10：10	11：00
第2回	11：10	11：30	13：40	13：40
第3回	13：20	14：00	15：20	
第4回	14：30	15：00		

図１　子ども科学館のリーフレットの一部

たくみ：　当日の班別活動は，９時30分から16時までだね。

ひろと：　今，子ども科学館では，展示のほかにも四つのイベントが行われているよ。せっかくの機会だから，すべてのイベントに参加したいな。

みさき：　そうね。私もひろとさんの意見に賛成だわ。

たくみ：　それなら，四つのイベントすべてに参加できるように，回る順番を考えよう。

ひろと：　昼食は，12時までに広場に集合して，みんなでいっしょに食べるんだよね。昼食後の班別活動は，13時開始だね。

あやな：　各イベント会場や広場までの移動には10分かかるとして，それぞれ何回目のイベントに参加すればいいのかしら。

[問1] 四つのイベントすべてに参加するためには，それぞれ第何回のイベントに参加すればよいか，数字で答えなさい。

当日，ひろとさんたちがロボット体験教室に参加すると，ロボットを操作してゴールを目指すゲームがあったので，ちょう戦することにしました。

配られた「説明書」には，次のように書かれていました。

説明書

右のようなマス目のあるボードとロボット（**図2**）があります。ボードには，マス目が縦横に七つずつあります。

ロボットは，操作ボタンをおすと，ボード上のマス目に従って 矢印 の向きに進んだり，その場で回転したりします。

《ロボットの操作方法》

操作ボタン（**図3**）は４種類あり，それぞれのボタンをおすと，次のようにロボットを動かすことができます。

「△」をおす…３マス進む
「×」をおす…１マス進む
「○」をおす…時計回りに90°回転して１マス進む
「□」をおす…時計回りに270°回転する

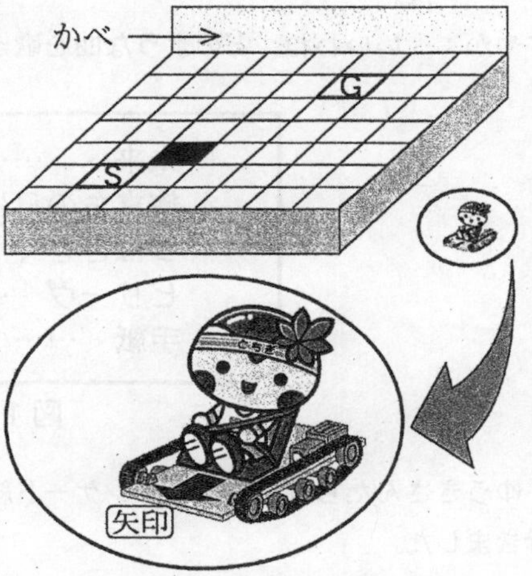

図2　マス目のあるボードとロボット

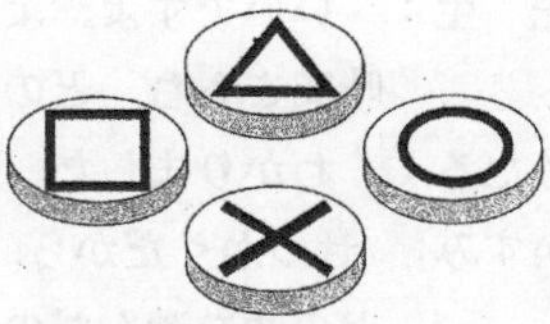

図3　操作ボタン

《ゲームの進め方》

まず，ロボットをスタート地点（S）に置きます。このとき，ロボットの 矢印 は，マス目に沿って，かべに向いた状態にします。

次に，操作ボタンをおして，ロボットを操作します。

できるだけ少ない回数でボタンをおして，ゴール地点（G）を目指しましょう。

ただし，黒いマス（■）は，止まったり，通過したりしてはいけません。

ひろと：　まず，「説明書」にあるボードで考えてみよう。

みさき：　この場合は，［△｜×｜○｜×｜×］と操作ボタンをおせば，５回でゴールに着くわ。

たくみ：　なるほど。みさきさんすごいね。

次に，チャレンジステージ（**図4**）にちょう戦することにしました。

あやな：　今度は難しそうだね。

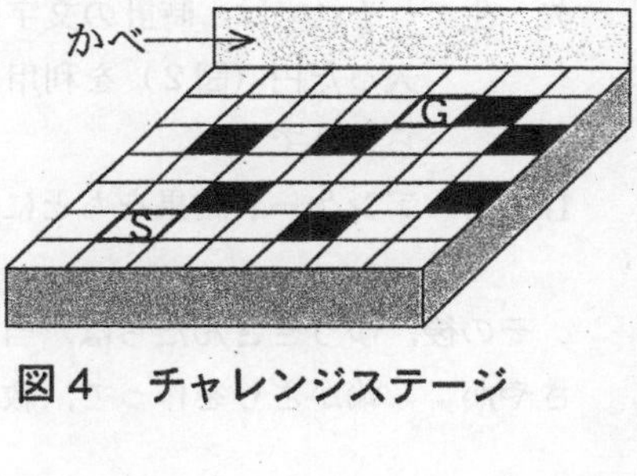

図4　チャレンジステージ

ひろと：　わかった。○×□×○□△と操作ボタンをおせば，7回でゴールに着くよ。

みさき：　わたしは，6回でゴールに着く方法を見つけたわ。□□□□□□と操作ボタンをおすといいのよ。

［問2］　みさきさんが見つけた□□□□□□にあてはまる方法を，操作ボタンの記号を使って答えなさい。

5　ゆうきさんの学級は，教育実習に来ている西川先生とのお別れ会をすることになりました。

ゆうき：　お世話になった西川先生は音楽が好きだから，みんなで歌をプレゼントしたらどうかな。

さやか：　いいわね。どのような曲を歌ったらいいか，みんなにアンケートをとってみるわ。

未来へ	１２人
旅立ちの日に	９人
つばさをください	６人
ビリーヴ	６人
手紙	３人

図１　アンケート結果

ゆうきさんたちは，学級のアンケート結果（**図１**）を職員室にいる担任（たんにん）の先生のところへ持って行きました。

さやか：　先生，36人全員に意見を聞いてきました。この中から西川先生へプレゼントする曲を決めていいですか。

先　生：　いいですよ。よくまとめましたね。明日の昼休み，アンケート結果をもとに話し合いの時間をもち，どの曲がいいか決めましょう。

わたる：　わかりました。黒板に曲と人数を書いてもいいですか。

かすみ：　せっかくだから，全体の何割ぐらいが，どの曲を選んだのかがわかるように，円グラフにしましょうよ。

ゆうき：　でも，円グラフを作るためには，割合を求めなくてはいけないよね。割合を求めようとするとわりきれないよ。何かいい方法はないかな。

先　生：　それでは，時計の文字ばんの目盛り（めもり）が入った円（**図２**）を利用して作ってみたらどうですか。

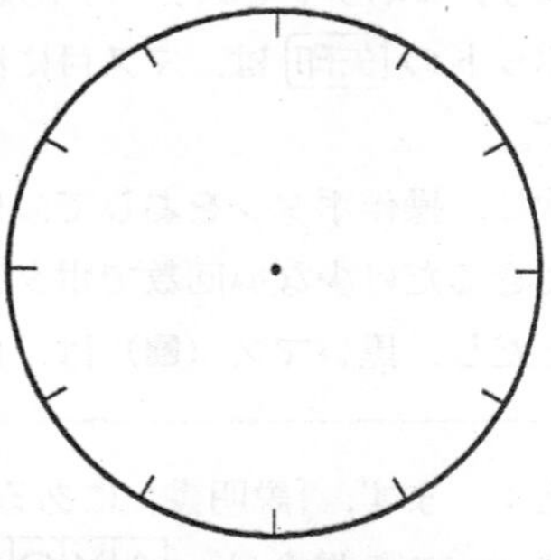

図２　時計の文字ばんの目盛りが入った円

［問1］　アンケート結果をもとに円を区切り，曲名と人数を書き入れなさい。

その後，ゆうきさんたちは，当日のかざりつけについて話し合いました。

さやか：　輪かざりを作って，教室の周りをかざるのはどうかしら。

ゆうき：　そうだね。前回のお別れ会では，金と赤と青の３色の折り紙を使って，２種類の輪かざりをたくさん作ったね。

わたる：　金５個と赤２個をつないだものと，青６個と赤５個をつないだものの２種類だったよね（図３）。

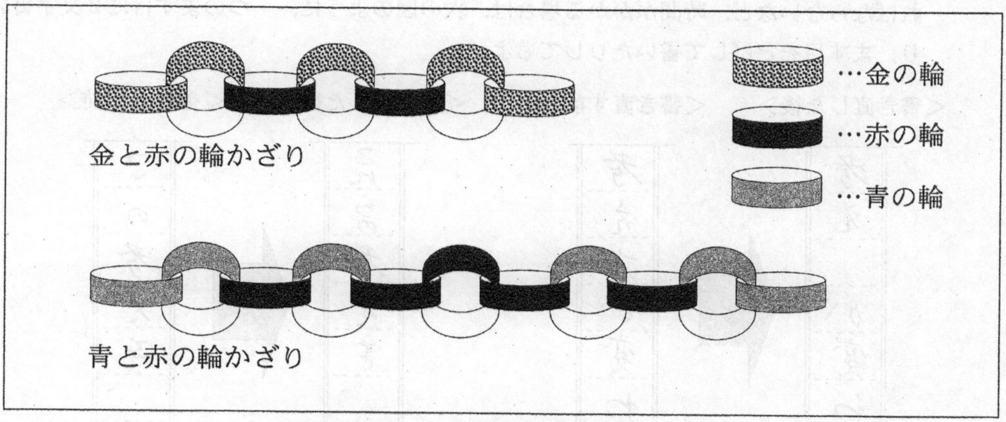

図３　２種類の輪かざり

さやか：　前回のように，２種類の輪かざりを交ごにかざるときれいだと思うわ（図４）。

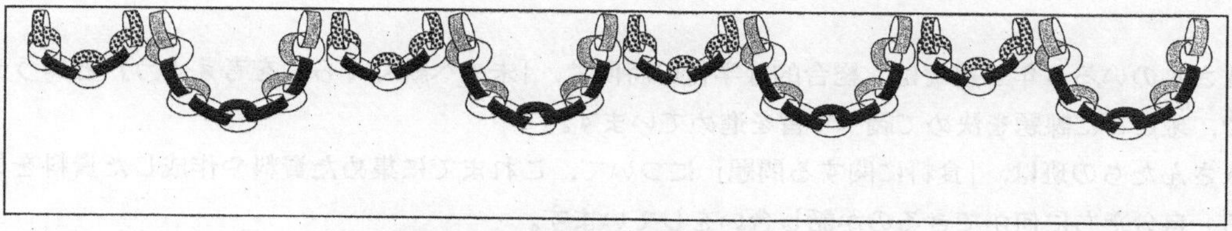

図４　輪かざりのかざり方

かすみ：　たしか，折り紙１枚で輪を６個作ったわね。前回は２種類の輪かざりを一人２本ずつ作ったけれど，今回もそれでいいかしら。

わたる：　72本ずつ用意したらきれいにかざれたよね。今回も同じようにやってみようよ。

さやか：　この前，係でけい示物を作るのに金の折り紙を使ったけれど，30枚あまっているわ。

わたる：　じゃあ，その30枚は使うこととして，それ以外に必要な分は，先生にお願いして用意してもらおうよ。

［問２］　２種類の輪かざりを72本ずつ作るとき，必要な分として先生に用意してもらう折り紙は，それぞれ何枚ですか。

【作　文】（45分）

【注意】　1　題名と氏名は書かないこと。

2　原稿(げんこう)用紙の正しい使い方に従(したが)って書くこと。

ただし，書き進んでから，とちゅうを書き直すとき，直すところ以外の部分も消さなければならないなど，時間がかかる場合は，次の図のように，一つのます目に２文字書いたり，ます目をとばして書いたりしてもよい。

＜書き直した後＞　＜書き直す前＞　＜書き直した後＞　＜書き直す前＞

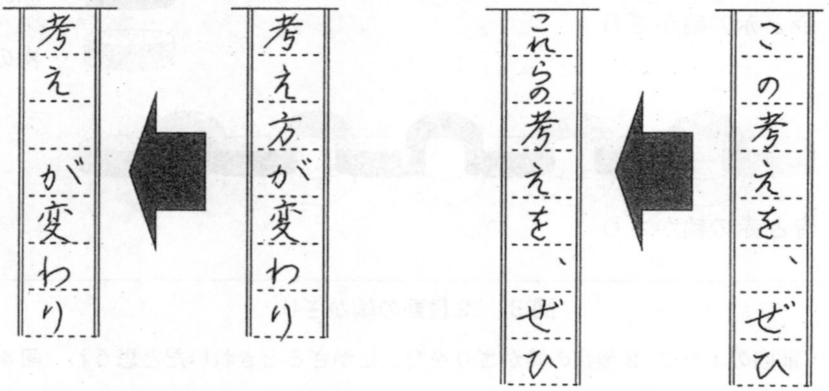

Ａさんのいる６年１組では，総合的な学習の時間に，「未来へ続くくらしを考えよう」というテーマで，班(はん)ごとに課題を決めて調べ学習を進めています。

Ａさんたちの班は，「食料に関する問題」について，これまでに集めた資料や作成した資料を見ながら，自分たちに何ができるのか話し合いをしています。

Ａさん：　ぼくは，食料に関する問題の中で，今，日本でむだに捨(す)てられてしまう食品の量の多さが気になったんだ。だから，インターネットで調べて，資料（次のページ）を作ってみたよ。

Ａさん：　調べてみたら，１年間でこんなに多くの食品が捨てられていて，びっくりしたんだ。実は，この632万トンは，飢(う)えに苦しむ世界中の人々に，世界の国々が援助(えんじょ)した食料の量のおよそ２倍にあたるんだって。

Ｂさん：　そうなのね。それなのに，こんなに食品を捨ててしまっていいのかしら。日本は，米以外の食料自給率が，ほかの国よりとても低いのにね。

Ｃさん：　それって，５年生の時に学習したことだね。平成28年度の日本の食料自給率は，38パーセントという資料も見つけたよ。

Ｄさん：　国内の農業生産が減ってきているのも，食料自給率が低くなった原因の一つだったわ。

Ａさん：　今は，輸入される食料でまかなえているけれど，もし，輸入ができなくなってしまったら，どうなるのかな。

Ｂさん：　そうね。安心してくらせる未来にするためには，食料の問題についても，いろいろと考えていく必要がありそうね。わたしたちにもできることって，どんなことかしら。

食べられるのに捨てられている食品の量（日本）

	内わけ	１年間の発生量（平成２５年度）
食品工場 お店 （スーパーマーケットやレストランなど）	・食べられる期限が過ぎて売ることができなくなった食品 ・容器や包装の印刷ミスなどにより，売ることができなくなった食品 ・客が食べ残した料理　　など	330万トン
家庭	・調理の際，食べられるのに捨てた部分 ・食べられる期限が過ぎてしまった食品 ・食べ残し　　など	302万トン
合計		632万トン

一人あたり，１日に，おにぎり２個分の食べ物（１３６ｇ）を捨てているのと同じです。

（「政府広報オンラインホームページ」（平成28年10月）をもとに作成）

図　Aさんが作成した資料

あなたなら，食料に関する問題の解決に向けて，どんなことができると考えますか。図や会話を参考にして，次の条件に従って書きなさい。

（条件）

ア　あなたが生活の中でできることを，具体的に書きなさい。なお，そう考えた理由も書きなさい。

イ　あなたが経験したこと，または，見聞きしたことにもふれなさい。

ウ　字数は600字程度で書きなさい。

平成29年度

栃木県立中学校入試問題

【適性検査】　(50分)　＜満点：100点＞

1　あゆむさんは，家庭科の授業で習ったことをもとに，朝食のメニューを考えています。

あゆむ：　明日の日曜日は，ぼくが家族みんなの朝ごはんをつくるよ。

母　　：　ありがとう。メニューは何にするの。

あゆむ：　授業で食品の分類表（**表**）を作ったから，それを参考にしてみようと思うんだ。主食はパンにして，おかずは，じゃがいもで粉ふきいもをつくってみるよ。それと，レタスやきゅうり，ブロッコリーを使ってサラダをつくろうかな。

母　　：　サラダは，見た目の色どりも大切にした方がいいわよ。

あゆむ：　それじゃあ，コーンを入れようかな。

母　　：　いいわね。あと［ A ］を入れたらどうかしら。いろいろな色の野菜が盛(も)りつけられれば，見た目もよくなるわよ。サラダの材料は，あゆむたちが作った分類表に，おもに［ B ］もとになる食品として書かれているわね。

あゆむ：　そうだね。

母　　：　ほかには，何かつくらないの。おもに［ C ］もとになる食品からは何も使っていないので，その中から選んでみたらどうかしら。

あゆむ：　本当だ。それじゃあ，ハムエッグをつくろうかな。
それから，このメニューだと，保健の授業で教わったようにカルシウムが足りなさそうだから，［ D ］を加えようかな。

母　　：　なるほどね。バランスのいい朝食になりそうね。

おもにエネルギーのもとになる食品		おもに体をつくるもとになる食品		おもに体の調子を整えるもとになる食品	
ご飯	バター	あじ	わかめ	ピーマン	レタス
もち	マーガリン	いか	こんぶ	ブロッコリー	きゅうり
パン	マヨネーズ	牛肉	のり	パセリ	もやし
うどん	ごま	とり肉	ひじき	トマト	みかん
じゃがいも	ドレッシング	ハム	チーズ	かぼちゃ	りんご
さつまいも	サラダ油	卵(たまご)	ヨーグルト	にんじん	とうもろこし
		とうふ	牛乳(ぎゅうにゅう)	ほうれんそう	いちご

表　あゆむさんたちが作った食品の分類表

[問1]　二人の会話の［ A ］から［ D ］に入る最も適切なものの組み合わせを，次の**ア**から**エ**の中から一つ選び，記号で答えなさい。

ア　A　トマト　　B　体の調子を整える　　C　体をつくる　　D　牛乳

イ　A　かぼちゃ　　B　エネルギーの　　C　体をつくる　　D　ヨーグルト

ウ　A　とうふ　　B　体をつくる　　C　体の調子を整える　　D　ヨーグルト
エ　A　にんじん　B　体の調子を整える　C　エネルギーの　　D　牛乳

朝食のメニューが決まり，次に主食のパンについて話し合っています。

母　　：　パンの準備はどうするの。

あゆむ：　ぼくがパン屋さんまで買いに行ってくるよ。

母　　：　近くのパン屋さんで，ロールパン，コッペパン，クロワッサンを売っているわ。パンには好みもあるから，3種類のパンをそれぞれ２個以上になるように買ってくるといいわよ。

あゆむ：　わかったよ。お父さんと妹の分も合わせて，家族４人それぞれが２個ずつ食べられるように全部で８個買ってくるね。

あゆむさんがパン屋に着くと，パンが図のような値段(ねだん)で売られていました。

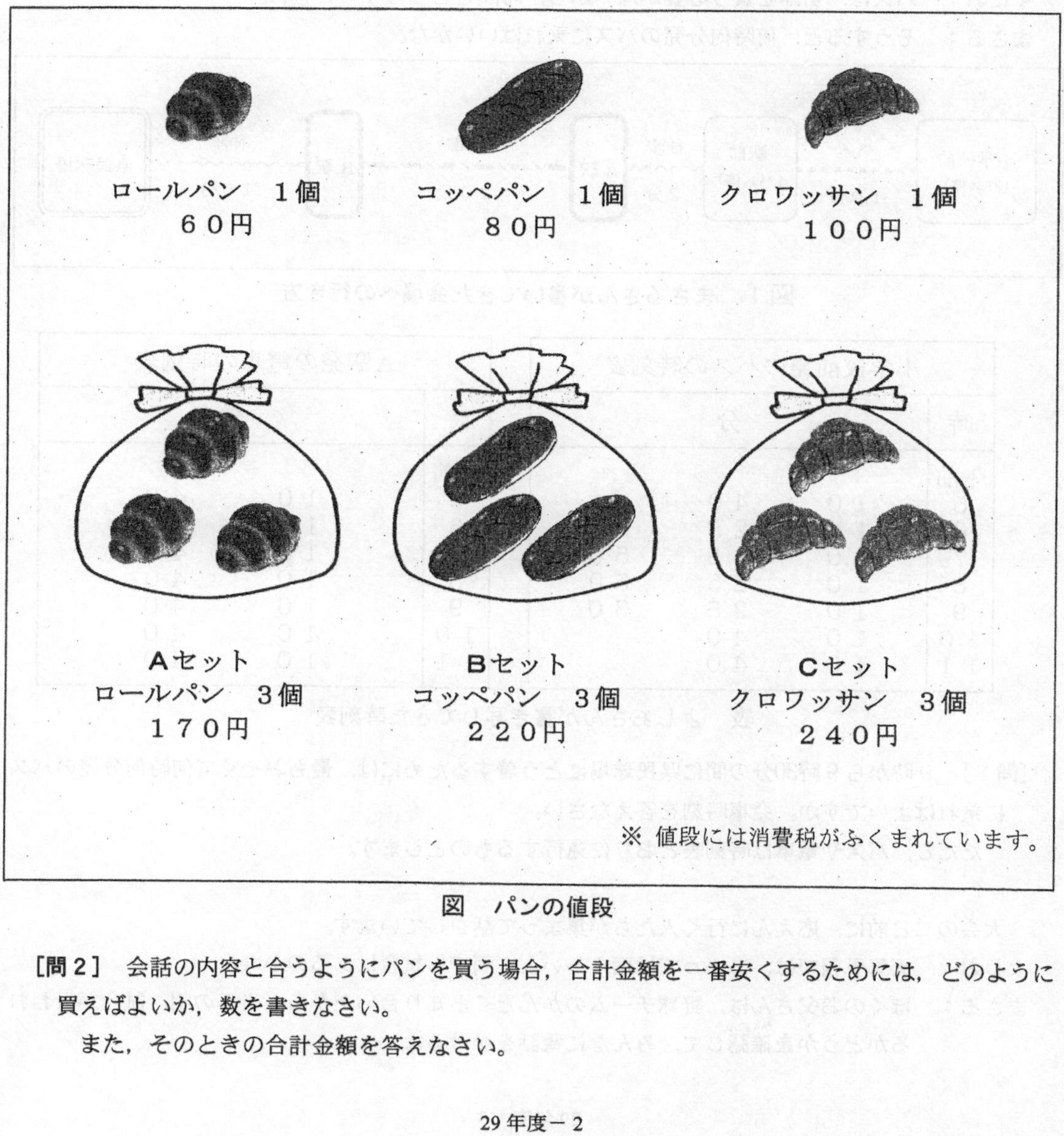

図　パンの値段

［問２］　会話の内容と合うようにパンを買う場合，合計金額を一番安くするためには，どのように買えばよいか，数を書きなさい。

また，そのときの合計金額を答えなさい。

2 まさるさんたち15人は，県大会に出場することになった野球チームの応えんに行こうと計画しています。大会の１週間前に，会場となる県民球場までの行き方について話し合っています。

まさる：　集合場所は，小学校前のバス停でいいよね。この前，よしおさんと調べたら，県民球場へは，バスと電車を使って行けることがわかったんだ。その行き方を紙に書いてきたよ（**図１**）。

よしお：　ぼくは，バスと電車の時刻表の午前中の部分を書き写してきたよ（**表**）。

くにお：　バスも電車も朝一番早いのが，5時10分発で，次が５時40分発なんだね。

めぐみ：　県民球場の開門は９時で，試合開始は10時よね。とう着が早すぎてもおそすぎても困るから，9時から９時30分の間に県民球場にとう着するようにしましょう。

ゆみこ：　15人もいるのだから，電車の切ぷを買う時間も必要ね。

めぐみ：　それじゃあ，A駅で切ぷを買う時間として５分とりましょう。

くにお：　バスは，切ぷを買う必要がないから，時間をとらなくていいね。

まさる：　そうすると，何時何分発のバスに乗ればいいかな。

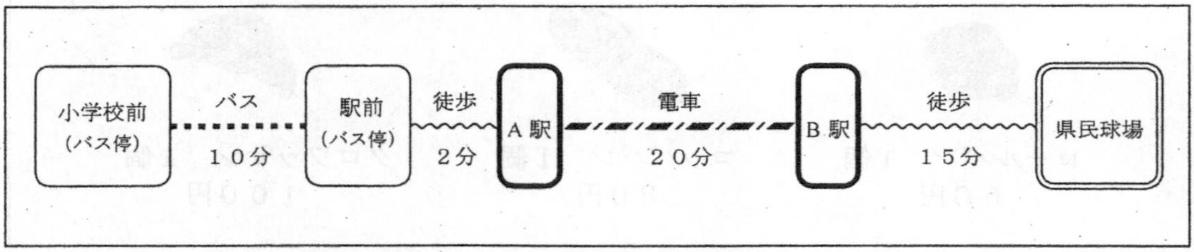

図１　まさるさんが書いてきた会場への行き方

小学校前発のバスの時刻表			
時	分		
午前			
5	１０	４０	
6	１０	２５	５０
7	１０	２５	５０
8	１０	２５	５０
9	１０	２５	５０
１０	１０	４０	
１１	１０	４０	

A駅発の電車の時刻表		
時	分	
午前		
5	１０	４０
6	１０	４０
7	１０	４０
8	１０	４０
9	１０	４０
１０	１０	４０
１１	１０	４０

表　よしおさんが書き写してきた時刻表

［問１］　９時から９時30分の間に県民球場にとう着するためには，最もおそくて何時何分発のバスに乗ればよいですか。発車時刻を答えなさい。

ただし，バスや電車は時刻表どおりに運行するものとします。

大会の二日前に，応えんに行く人たちが集まって話をしています。

よしお：　天気予報では，あさっては雨らしいよ。雨でも試合はあるのかな。

まさる：　ぼくのお父さんは，野球チームのかんとくと知り合いだから，当日の朝，試合が行われるかどうかを確認して，みんなに電話をかけるよ。

めぐみ：　ありがとう。でも，まさるさん一人が全員に電話をかけるのは大変だし，時間もかかるわよ。

ゆみこ：　それじゃあ，一人が二人ずつに電話をかけるというのはどうかしら。図にかいてみると，こんな感じかな（**図２**）。この方法なら，まさるさんの負担（ふたん）も少なくなるわ。

よしお：　ゆみこさんが考えた方法にしよう。これなら，一人に電話をかけ始めてから切るまでに１分かかるとすると，まさるさんが最初の人に電話をかけ始めてから全員に連らくし終わるまでに［　　］分で済（す）むよ。

まさる：　ぼくが，この図にみんなの名前を入れて，明日わたすよ。あさっての朝は，すぐに電話に出られるようにしておいてね。

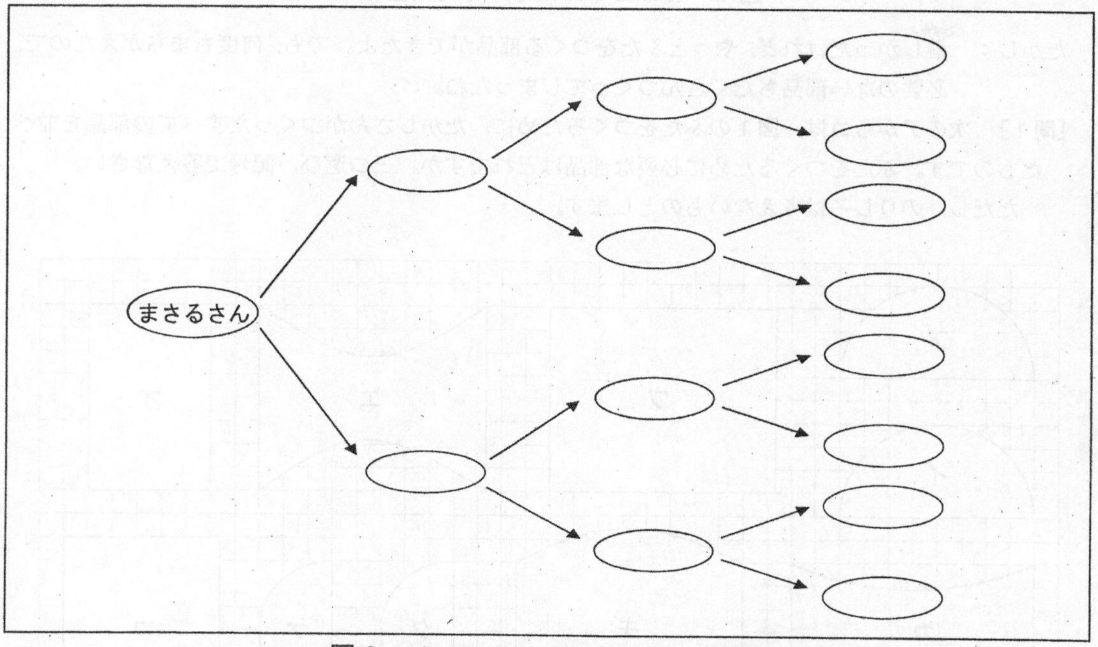

図２　ゆみこさんが考えた連らく方法

［問２］　よしおさんの発言の［　　］にあてはまる数字を答えなさい。

ただし，一人が同時に二人には電話をかけられないものとし，電話を切ってから次の人にかけ始めるまでの時間は考えないものとします。

3　たかしさんたちの学校では，卒業生を祝う会で，学年ごとにお祝いの気持ちを伝えることになりました。

４年生では，折り紙で作ったメダルや手紙などを箱につめて，プレゼントすることにしました。たかしさんたちは，どのような箱にするか考えています。

たかし：　箱の材料は何にしようか。

ひろし：　木でつくるのは大変だから，段（だん）ボールでつくりたいな。

さとこ：　じゃあ，段ボールでつくって，色紙やカラーテープで表面をかざり，宝箱（たからばこ）にするのはどうかしら。

ひろし：　そうだね。さっそく宝箱を考えてみよう。

そこで，たかしさんたちは，**図１**のような宝箱を考え，試しにふたをつくってみることにしました。

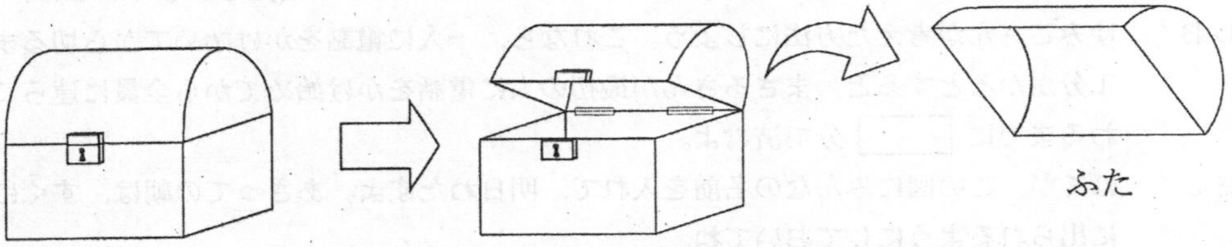

図１　たかしさんたちが考えた宝箱

たかし：　難(むずか)しかったけれど，やっとふたをつくる部品ができたよ。でも，何度もまちがえたので，必要のない部品もたくさんつくってしまったね。

［問１］　次の**ア**から**コ**は，**図１**のふたをつくるために，たかしさんがつくったすべての部品を並べたものです。ふたをつくるために必要な部品はどれですか。三つ選び，記号で答えなさい。

ただし，のりしろは考えないものとします。

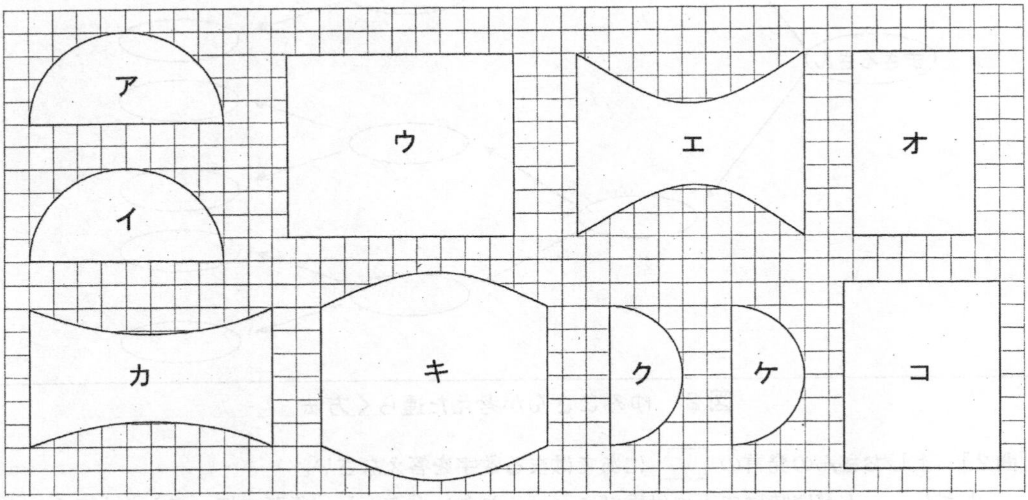

※マス目は部品の大きさがわかるように示したもので，どのマスも縦(たて)と横は同じ長さです。

※**ア**，**イ**，**ク**，**ケ**は円を半分に折って切った形です。

５年生は，卒業生に送るメッセージをステージで発表することにしました。ほのかさんたちは，どのような発表にするか話し合っています。

ほのか：　大きなサイコロをつくり，ころがして面が変わるたびに，いろいろなメッセージが見えたら素敵よね（次のページの**図２**）。

えいた：　いいね。「☆ご卒業☆」，「おめでとう」，「それぞれの」，「夢に向けて」，「はばたけ！」のメッセージでどうかな。

ほのか：　「☆」や「！」も一文字とすると，サイコロは五つ必要ね。

図２　ステージ発表のイメージ

みちこ：　五つのサイコロのころがし方を考えてみたわ。これでどうかしら（図３）。

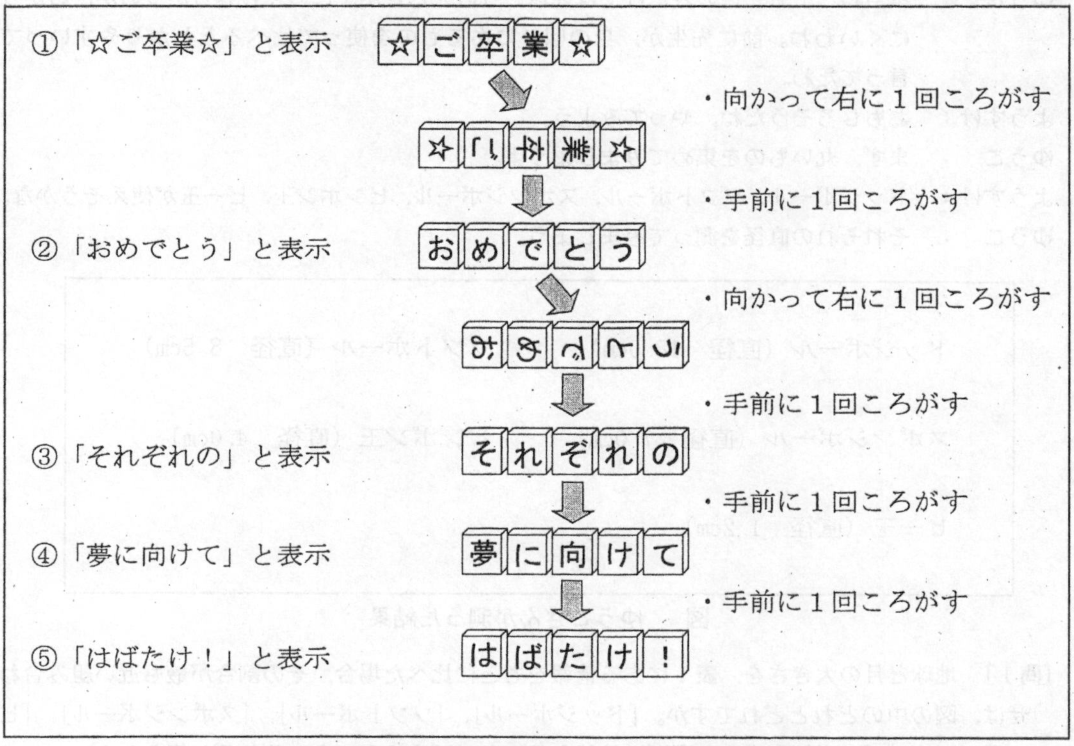

図３　みちこさんが考えたサイコロのころがし方

［問２］　図４は，五つのサイコロのうちの一つです。Ａの面に書かれる文字は何か，次のアからエの中から一つ選び，記号で答えなさい。

ア　た　　イ　で　　ウ　ぞ　　エ　向

図４

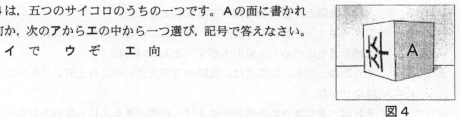

4　ゆうこさんとようすけさんは，理科の時間に「月と太陽」の学習をして，宇宙（うちゅう）に興味をもち，地球・月・太陽について，くわしく調べてみることにしました。

ゆうこ　：　地球と月は，どちらが大きいのかな。

ようすけ：　宇宙に関する図かんで調べてみるね。

ようすけさんは，図かんで調べたことを**表1**にまとめました。

天体の名前	地球	月
半径（km）	6378.1	1737.4

表1　地球と月の半径
（「理科年表　平成28年」により作成）

ようすけ：　地球の方が月よりも大きいんだね。
ゆうこ　：　本当ね。でも，この表だけでは地球と月の大きさが，どのくらいちがうのか，わかりにくいわね。前に先生が，身の回りにあるものを使って比べるとわかりやすいって言ってたわ。
ようすけ：　おもしろそうだね。やってみよう。
ゆうこ　：　まず，丸いものを集めてみましょうよ。
ようすけ：　ドッジボール，ソフトボール，スポンジボール，ピンポン玉，ビー玉が使えそうかな。
ゆうこ　：　それぞれの直径を測ってみましょう。

ドッジボール（直径　18.0cm）　ソフトボール（直径　8.5cm）

スポンジボール（直径　7.0cm）　ピンポン玉（直径　4.0cm）

ビー玉（直径　1.2cm）

図　　ゆうこさんが測った結果

［問1］　地球と月の大きさを，**表1**にある情報をもとに比べた場合，その割合が最も近い組み合わせは，図の中のどれとどれですか。「ドッジボール」，「ソフトボール」，「スポンジボール」，「ピンポン玉」，「ビー玉」の中から選び，地球と月にあてはまるものを，それぞれ答えなさい。

ゆうこ　：　次は，太陽と月について調べてみましょうよ。
二人は，インターネットや図かんを使って，調べたことを次のページの**表2**にまとめました。
ゆうこ　：　太陽と月を比べると太陽の方がずっと大きいのね。
ようすけ：　そうだね。でも，実際には，太陽の方が大きいのに月と同じくらいに小さく見えるのはなぜかな。
ゆうこ　：　それは，表にまとめた情報を使えば，説明できるんじゃないかしら。

［問2］　太陽が月と同じくらいに小さく見えることを，二人が説明するために必要な情報はどれですか。**表2**の**ア**から**オ**の中から二つ選び，記号で答えなさい。

	太陽	月
ア【温度の情報】	表面は　約6000℃ 中心部は　約1600万℃	表面は 約－170℃～約130℃
イ【重さの情報】	地球の　約33万倍	地球の　約100分の1倍
ウ【半径の情報】	69万6000㎞	1737.4㎞
エ【地球からのきょりの情報】	平均　約1億4960万㎞	平均　約38万㎞
オ【表面の情報など】	たえず強い光を出している。	岩石や砂(すな)が広がる。 クレーターが数多く見られる。

表2　太陽と月についてのまとめ

（「理科年表　平成28年」をもとに作成）

5　けんたさんたちの学級では，社会科の授業で「わたしたちのくらしの中の電気」について学習しています。

先　生：　まず，この資料（図1）を見てください。

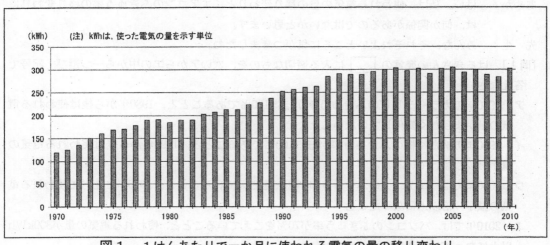

図1　1けんあたりで一か月に使われる電気の量の移り変わり

（「2013年　電気事業連合会しらべ」をもとに作成）

先　生：　これは，1970年から2010年までの１けんあたりで一か月に使われる電気の量の移り変わりを示したグラフです。この資料から，どのようなことが読み取れますか。

みずき：　はい。使われる電気の量が，増えてきていることがわかります。

先　生：　では，なぜ増えてきたと思いますか。

けんた：　はい。いろいろな電気製品が，使われるようになったからだと思います。

先　生：　なるほど。では，次の資料（**図２**）を見てください。

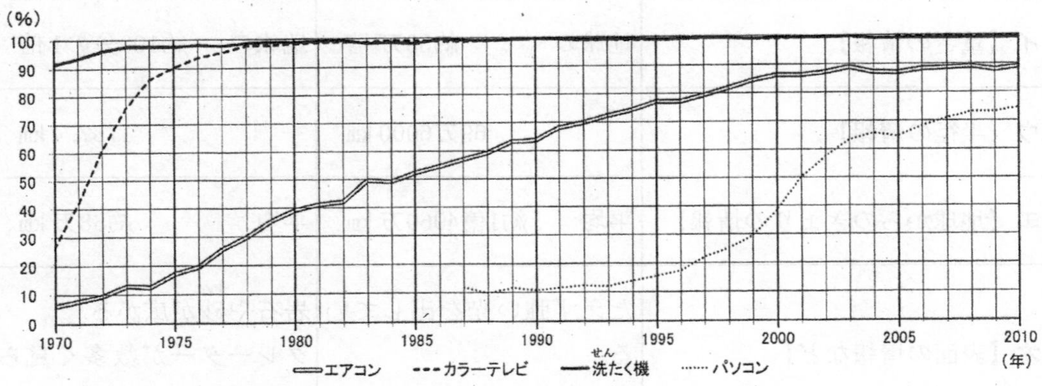

図２　主な家庭用電気製品のふきゅう率の移り変わり

（内閣府「主要耐久消費財の普及率の推移」をもとに作成）

先　生：　これは，1970年から2010年までの主な家庭用電気製品のふきゅう率の移り変わりを示したグラフです。

けんた：　やっぱり，いろいろな電気製品が家庭にふきゅうしてきているんですね。

先　生：　そうですね。では，二つの資料から，どのようなことが読み取れますか。

はるき：　はい。[　　　　]の二つが読み取れます。

あやか：　はい。私は，使われる電気の量の移り変わりと，エアコンのふきゅう率の移り変わりには，何か関係があるのではないかと思います。

先　生：　みんな，それぞれよいところに気がつきましたね。

[問１]　はるきさんの発言の[　　]に入る適切なものを，次の**ア**から**エ**の中から一つ選び，記号で答えなさい。

ア　1980年のカラーテレビのふきゅう率がほぼ100％であることと，1980年から後は使われる電気の量がまったく変化していないこと

イ　1990年の洗たく機のふきゅう率がほぼ100％であることと，1990年から後は使われる電気の量が減少し続けていること

ウ　2000年では，エアコンのふきゅう率が80％をこえていることと，1970年に比べて使われる電気の量が３倍以上になったこと

エ　2010年では，パソコンのふきゅう率が70％をこえていることと，使われる電気の量が300kWh以上になっていること

けんたさんが家に帰ると，エアコンの修理をするために電気屋さんが来ていました。電気屋さんの話によると，修理には50000円かかるので，新しい製品に買いかえる方法もあるということでした。お母さんは，お父さんと相談して後日返事をすることにしました。

父　　：　10年前に買ったエアコンだから，電気屋さんの言うように，新しいエアコンに買いかえようか。

母　　：　でも，新しいエアコンは，110000円もするのよ。きちんと修理してもらえば，きっとまだ使えるわよ。50000円で修理して，今のエアコンを使った方がいいわよ。

けんた：　ちょっと待って。今，学校でくらしと電気について学習しているんだ。新しいエアコンは，古いエアコンより，使われる電気の量が少ないから，電気代が安くなると聞いたよ。

父　　：　電気屋さんが持ってきたカタログには，新しいエアコンの電気代が，10年前のエアコンと比べて40％安くなって，年間18000円になると書いてあるよ。

母　　：　えっ，そんなに安いの。新しいエアコンを買ったとしたら，何年間使えば，修理して使い続けるのと同じになるのかしら。

[問２]　会話文の内容から，新しいエアコンに買いかえて使っていく場合にかかる金額と，エアコンを修理して使い続ける場合にかかる金額が同じになるのは，何年間使用したときですか。

また，その求め方を言葉や式などを用いて説明しなさい。

【作　文】（45分）

【注意】 1　題名と氏名は書かないこと。

2　原稿用紙の正しい使い方に従って書くこと。

ただし，書き進んでから，とちゅうを書き直すとき，直すところ以外の部分も消さなければならないなど，時間がかかる場合は，次の図のように，一つのます目に２文字書いたり，ます目をとばして書いたりしてもよい。

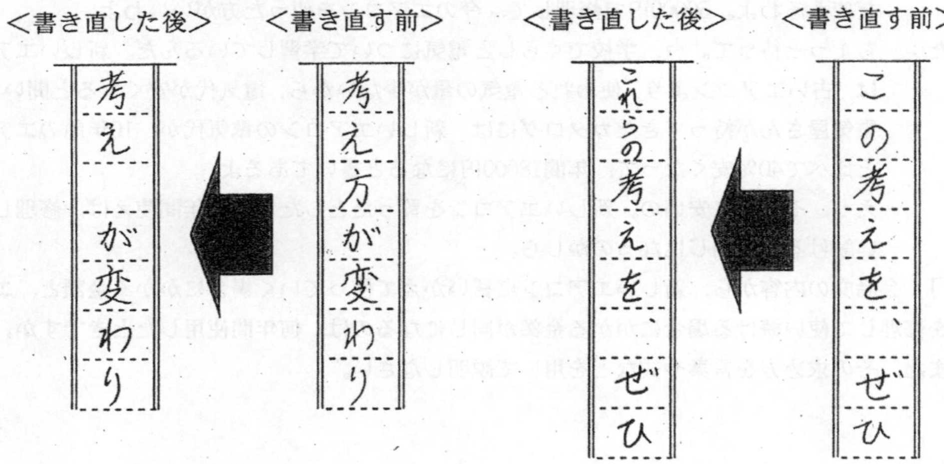

ある小学校の６年１組では，学級活動の時間に，「みんなで地域のためにできることを実行しよう」という議題で話し合いをしています。

前回の話し合いで，地域のためにボランティア活動を行うことが決まり，今回は，どんなボランティア活動を行うかについて話し合いをすることになりました。

司会の人が，話し合いについて説明しています。

司会１：　今日は，クラスでどんなボランティア活動を行えばよいかを班ごとに話し合い，決まったことを提案してもらいます。

司会２：　みなさんから事前にとったアンケートによると，今までに経験したことのあるボランティア活動は，班ごとに配ったメモ（**図**）のとおりです。話し合いの参考にしてください。

今までに経験したことのあるボランティア活動

- ○　お年よりとの交流・レクリエーション
- ○　アルミかんや古紙の回収
- ○　道路や公園などの清そう
- ○　川原や通学路などのごみ拾い
- ○　イベントの後のごみ拾い
- ○　通学路などの草むしり
- ○　花植え・植樹

図　班ごとに配ったメモ

司会１：　では，提案に向けての話し合いを始め，決まった班から提案するための文章を書いてください。

Ａさんたちの班は，クラスで取り組めるボランティア活動について，話し合いを始めました。

Ａさん：　ぼくは，地域の公園の落ち葉そうじがいいかなと思っているんだ。

Ｂさん：　Ａさんは，どうして落ち葉そうじがいいと思ったの。

Ａさん：　ぼくがよく遊ぶさくら公園には，今，葉がたくさん落ちているんだよ。雨の翌日(よくじつ)に，ぬれた落ち葉ですべって転びそうになった人を見たからなんだ。

Ｃさん：　みんなで落ち葉をそうじすれば，ぼくたちだけではなく，地域の人もけがをする危険(きけん)が少なくなるから，安心できるよね。

Ｄさん：　なるほど，それもいいわね。その他に，地域(ちいき)の人とふれあいながらできる活動もあるわ。例えば，すみれ老人ホームに行くのはどうかしら。

Ｃさん：　どうして，すみれ老人ホームに行きたいの。

Ｄさん：　それはね，1年生のころ，通学路に立って安全を見守ってくださったおじいさんやおばあさんたちがそこにいらっしゃるからなの。その方たちのために，何かできないかなと思ったのよ。

Ｂさん：　前に，他の老人ホームに行ったときには，おじいさんやおばあさんとお手玉遊びをしたよ。今度，老人ホームに行くとしたら，どんなことができるかな。

Ｃさん：　じゃあ，落ち葉そうじと老人ホームへ行くことについて，それぞれくわしく考えてみようよ。その後で，どちらか一つに決めて，提案する文章を作ろう。

Ｄさん：　そうね。でも，みんなに賛成してもらうためには，どんな活動をしたらいいかを書くだけでは，足りないかな。

Ａさん：　その活動をやってみることで，どんなことが学べるかも付け足すと，みんなに提案のよさが，はっきりと伝わるよ。

あなたのクラスでも，地域のために役立つボランティア活動に取り組むとしたら，どんなボランティア活動をしたいですか。会話文を参考にして，次の条件に従(したが)い，クラスの友達に伝わるように提案する文章を書きなさい。

なお，ボランティア活動は，図にあるものでも，それ以外のものでもかまいません。

（条件）

ア　提案するボランティア活動が地域や地域の人のためになる理由と，その活動に取り組むことから学べることを書きなさい。

イ　あなたが経験したこと，または，見聞きしたことにもふれなさい。

ウ　字数は600字程度で書きなさい。

平成28年度

栃木県立中学校入試問題

【適性検査】　(50分)　＜満点：100点＞

1　ひとみさんとはるとさんのクラスでは，社会科の時間に，栃木(とちぎ)県の主な農産物について学習しています。

先　生：　栃木県の農産物の中で，全国的に見て生産量の多いものには，どのようなものがありますか。

ひとみ：　はい。いちごやかんぴょうがあります。

先　生：　そうですね。ほかには何があるか知っていますか。

はると：　はい。にらや牛乳(ぎゅうにゅう)も全国的に見て生産量が多いと聞いたことがあります。

先　生：　よく知っていますね。それでは，それらの農産物が栃木県のどの辺りで生産されているか見てみましょう。

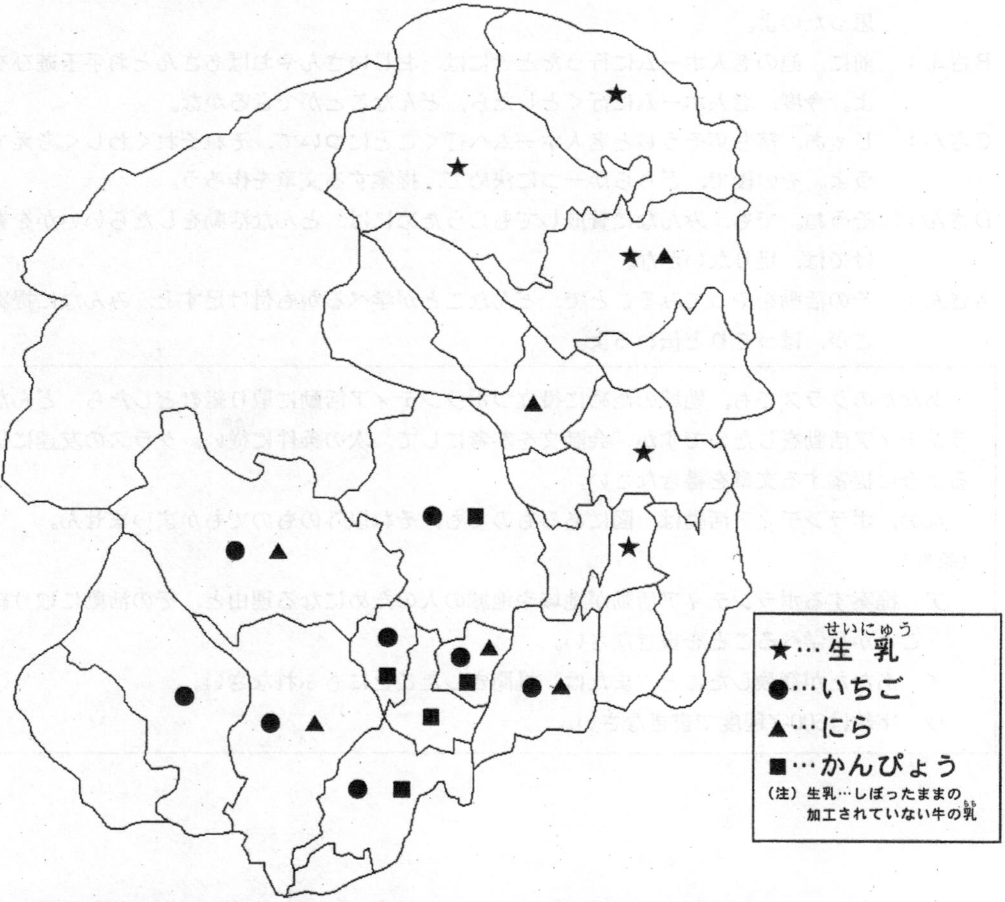

図１　栃木県における生乳・いちご・にら・かんぴょうの主な生産地

（とちぎ地産地消県民運動実行委員会事務局「平成２５年度とちぎの地産地消」をもとに作成）

先生は，前のページのような資料（図１）を示しました。

先　生：　この資料を見て，何か気がついたことはありますか。

はると：　農産物によって，生産される地域が違うことがわかります。

先　生：　いいところに気がつきましたね。それでは，それぞれの農産物について，くわしく見ていきましょう。まず，かんぴょうについて注目してみましょう。かんぴょうはどの辺りで生産されていますか。

ひとみ：　この資料を見ると，かんぴょうは主に［　　　］と言えそうですね。

［問１］　ひとみさんの発言の［　　］に入る最も適切なものを次の**ア**から**エ**の中から一つ選び，記号で答えなさい。

ア　県の中央部から東部にかけて生産されている

イ　県の中央部から西部にかけて生産されている

ウ　県の中央部から南部にかけて生産されている

エ　県の中央部から北部にかけて生産されている

次の時間に，かんぴょうと並んで，代表的な農産物であるいちごについて学習することになりました。

先　生：　みなさんも知っていると思いますが，いちごの生産量は，栃木県が全国１位ですね。では，その品種にはどのようなものがあるか知っていますか。

はると：　はい。とちおとめが有名です。

先　生：　とちおとめは，栃木県で開発された品種ですが，最近ではほかの県でも生産され，東京などに出荷されるようになってきました。

先生は，次のような資料（図２）を見せてくれました。

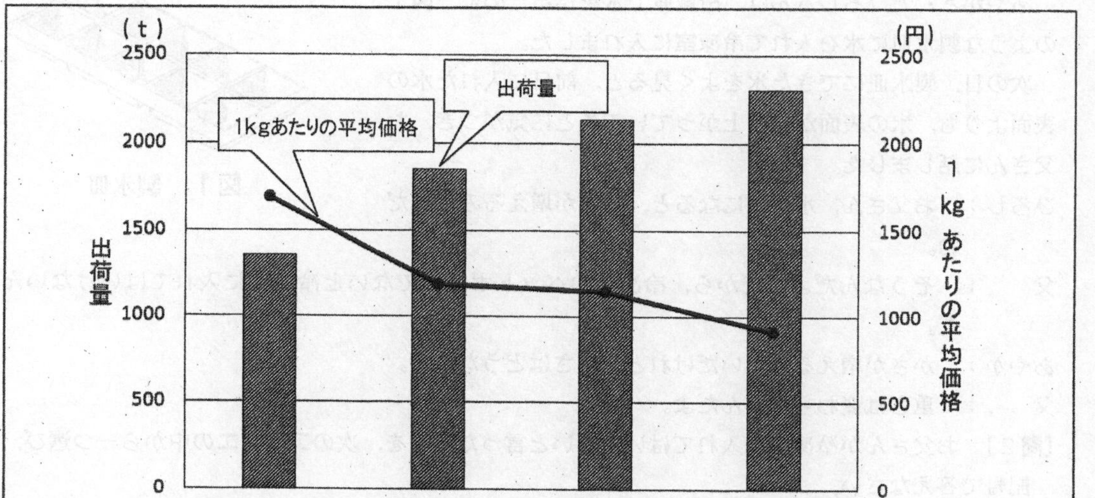

図２　１２月から３月までのいちご（とちおとめ）の出荷量と１kgあたりの平均価格の変化

（「東京都中央卸売市場年報」をもとに作成）

先　生：　これは，12月から３月にかけてのいちごの出荷に関するグラフです。この資料の二つのグラフから，どのようなことがわかりますか。

はると：　はい。12月から３月にかけて，いちごの出荷量は増え，□ことがわかります。

［問２］　はるとさんの発言の□に入る適切な言葉を，答えなさい。

2　あやかさんと弟のひろしさんは，お母さんがお店で買ってきたものを冷蔵庫に入れていました。すると，二人は，買ってきたものに「内容量」という表示があることに気がつきました。

ひろし：　お姉ちゃん，「内容量」って，中に入っている量のことだよね。カップのアイスクリームは，どれも単位はmLで表示されているね。

あやか：　本当ね。これにも，「200mL」と書いてあるわ。

ひろし：　でも，冷凍食品にはｇで表示されているものもあるよ。mLは，かさ（体積）の単位，ｇは，重さの単位だったね。学校の理科や算数の授業で，かさはメスシリンダーで，重さは，はかりではかったよ。

あやか：　そうね。家には，メスシリンダーやはかりと同じ使われ方をする道具はあるかしら。

［問１］　メスシリンダーと同じ使われ方をする道具はどれですか。次のアからエの中から一つ選び，記号で答えなさい。

ア　ものさし

イ　計量カップ

ウ　体温計

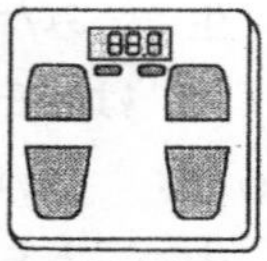

エ　体重計

あやかさんとひろしさんは，冷蔵庫で氷を作るために，**図１**のような製氷皿に水を入れて冷凍室に入れました。

次の日，製氷皿にできた氷をよく見ると，前日に入れた水の表面よりも，氷の表面が盛り上がっていることに気がつき，お父さんに話しました。

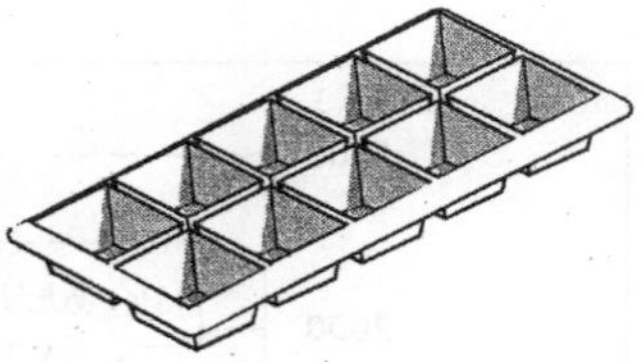

図１　製氷皿

ひろし：　お父さん，水が氷になると，かさが増えるみたいだね。

父　　：　そうなんだよ。だから，冷凍用のペットボトルでないと冷凍室に入れてはいけないんだ。

あやか：　かさが増えるみたいだけれど，重さはどうなるの。

父　　：　重さは変わらないんだよ。

［問２］　お父さんが冷凍室に入れてはいけないと言った理由を，次のアからエの中から一つ選び，記号で答えなさい。

ア　ペットボトルがとけてしまうことがあるから。

イ　ペットボトルがへこみ，さけて壊れることがあるから。

ウ　ペットボトルがふくらみ，はれつすることがあるから。

エ　ペットボトルが燃えてしまうことがあるから。

そこで，あやかさんとひろしさんは，水と氷のかさ（体積）と重さの関係を調べることにしました。調べるために，まず同じ透明な太いストローを２本用意しました。

そして，２本とも**図２**のように底がもれないように閉じ，はかりで確認しながら同じ重さの水を入れ，水の面の位置にしるしをつけました。

さらに，水が蒸発しないように，開いた方を油ねんどで閉じ，１本を部屋に置き，もう１本を冷凍室に入れてこおらせました。

次の日，部屋に置いた方は，**図３**のように水の面の位置が変化せず，冷凍室に入れた方は，**図４**のように氷の面の位置が移動していました。

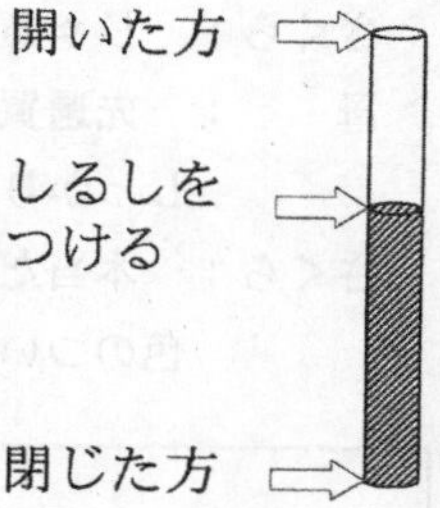

図２

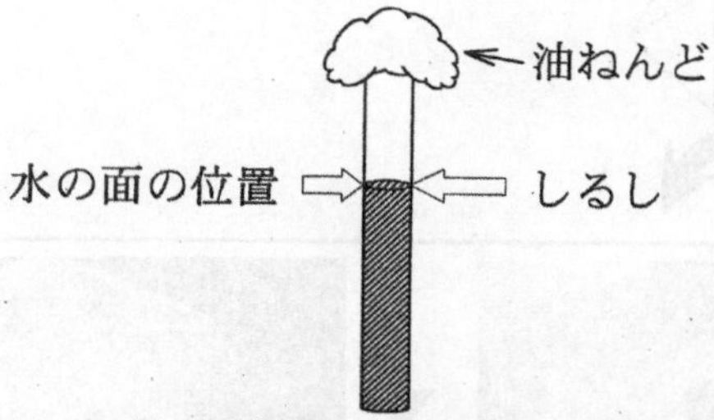

図３　部屋に置いたストロー

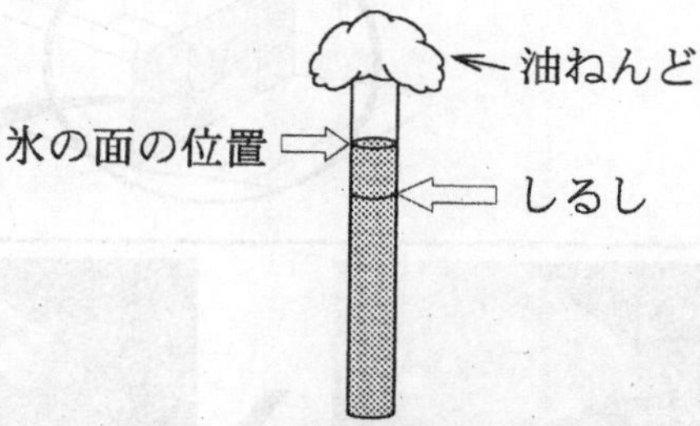

図４　冷凍室に入れたストロー

そこで，**図５**のように最初の水の面の位置であったしるしのところで両方ともストローを切って，それぞれ閉じた方からしるしをつけたところまでの水の入った部分と氷の入った部分を調べました。

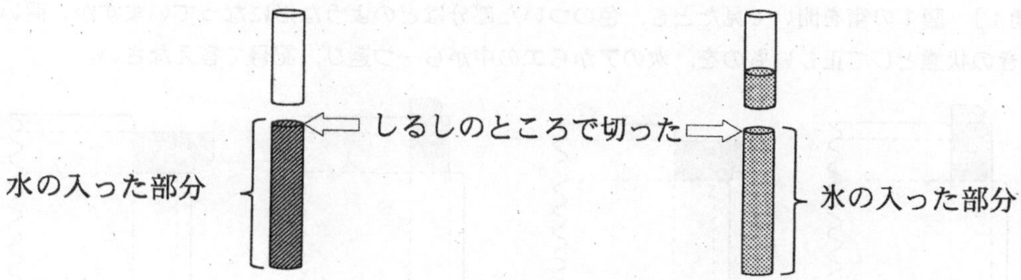

図５　切った後のストロー

［問３］　**図５**の水の入った部分と氷の入った部分の重さをくらべると，どうなりますか。「水の入った部分が重い」，「氷の入った部分が重い」，「どちらも同じ重さである」で答えなさい。また，その理由を書きなさい。

ただし，温度によって，ストローの形と重さは変わらないものとします。

３　さくらさんは，れいこさんの誕生日に，手作りのクッキーを箱に入れてプレゼントしようと考え，お母さんに相談しました。

さくら：　お母さん。クッキーを入れるような小さい箱はあるかしら。

母　　：　ちょうどいい大きさの箱はないわね。

さくら：　じゃあ，自分で作ってみるわ。参考になる箱はあるかしら。

母　　：　先週買った，このケーキの箱なんてどうかしら。のりもテープも使っていないのに，しっかりしたつくりをしているわよ。

さくら：　本当だわ。しかも１枚の紙でできているから，わたしにも作れそうだわ。あら，ここの色のついた部分の組み合わせ方はおもしろいわね。

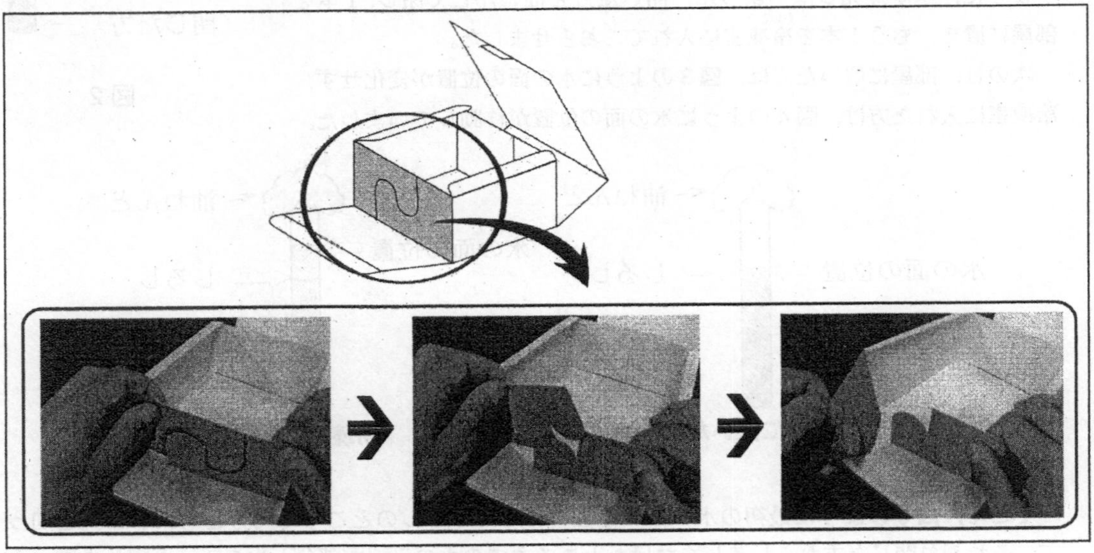

図１　参考にするケーキの箱のつくり

［問１］　図１の箱を開いて見たとき，色のついた部分はどのような形になっていますか。開いたときの状態として正しいものを，次の**ア**から**エ**の中から一つ選び，記号で答えなさい。

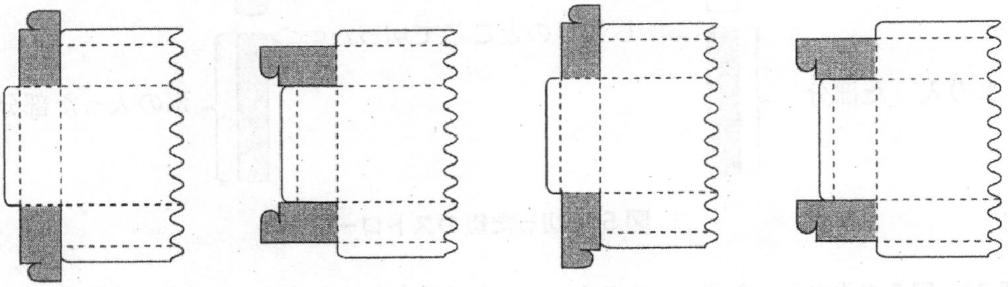

ア　　　**イ**　　　**ウ**　　　**エ**

※波線 ～～～ よりも右側の部分は省略しています。

※図中の -------- は，谷折りを表します。

さくら：　形はできたわ。あとは箱に模様をかいて完成ね。れいこさんへのプレゼントだから，Reikoの「**R**」を箱にかきましょう。

さくらさんは，次のページの**図２**のように下がきをし，色をぬるために１度箱を開いてみることにしました。

※図２，図３では，箱の中に折りこまれる部分を省略しています。

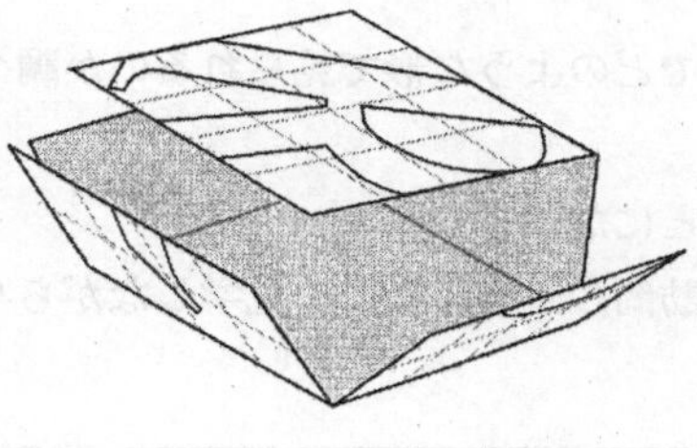

図２　下がきをした箱

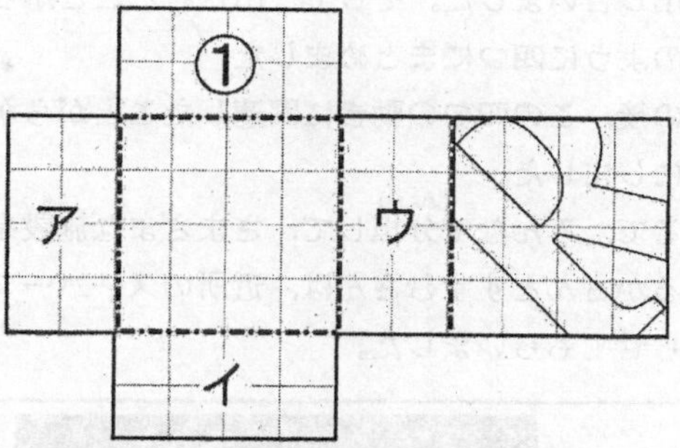

図３　図２の箱を開いた図

※図中の -·-·-·-·- は，山折りを表します。

［問２］　さくらさんが作った紙の箱について，次の(1)，(2)の問いに答えなさい。

(1)　図４は，「**R**」の一部分がかかれた面を示しています。図４は，図３のどの面になるか，アからウの中から一つ選び，記号で答えなさい。

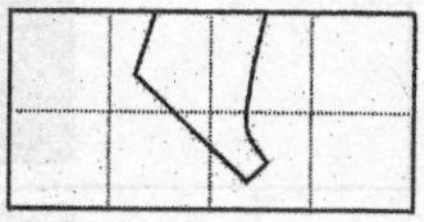

図４

(2)　図５は，図３の①にかかれた「**R**」の一部分を表しています。①には，実際にはどのようにかかれているか，解答らんに曲線をかき入れなさい。

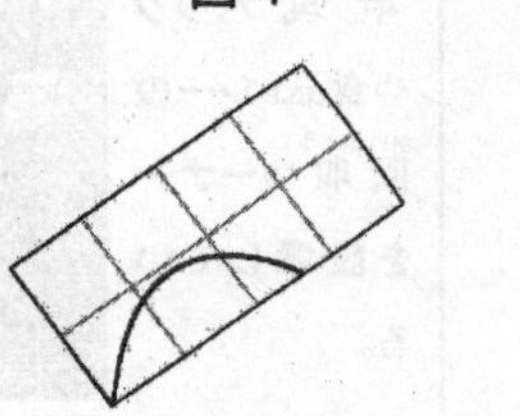

図５

4　はるかさん，すすむさんの学級では，総合的な学習の時間で「わたしたちのくらしと社会の動き」をテーマに学習することになりました。

①　社会・文化・経済（けいざい）など，さまざまな面で世界の国々との結びつきが深くなる。〔グローバル化〕
②　情報ネットワークを活用して，情報をいち早く受け取ったり，発信したりできるようになる。〔情報化〕
③　年齢（ねんれい），障（しょう）がいの有無（うむ），性別，国籍（こくせき）などに関係なく，すべての人が安心・安全・快適に暮（く）らせる社会をつくる。〔バリアフリー・ユニバーサルデザイン〕
④　資源（しげん）を有効に使うことによって，廃棄（はいき）されるものを最小限に抑（おさ）える社会をつくる。〔リデュース・リユース・リサイクル（３Ｒ）〕

図１　学級でまとめた社会の動き

はじめに，学級全体でわたしたちのくらしの中から，社会の動きにともなって変化が見られることを出し合いました。そして，出されたことがらを分類・整理し，社会の動きとして前のページの**図1**のように四つにまとめました。

その後，この四つの動きに関連したことがらが，地域の中でどのような形で見られるのか調べることにしました。

そこで，みんなで分担して，さまざまな施設を訪問することになりました。

はるかさんとすすむさんは，近所のスーパーマーケットを訪問し，店の様子を見学しながら写真を撮らせてもらいました。

ア

外国産のさまざまな食料品を販売している。

イ

車いすやカートを貸し出している。

ウ

牛乳パックや食品トレーの回収コーナーを設置している。

エ

バーコードを読み取り，商品の管理や仕入れをコンピュータで行っている。

図2　スーパーマーケットで二人が見つけたことがら

［問1］　**図2**の**ア**から**エ**のことがらと最も関係が深い，社会の動きを，**図1**の①から④の中からそれぞれ一つずつ選び，答えなさい。

その後，二人は，スーパーマーケットの店長にインタビューをして，いろいろな話を聞きました。

すすむ：　わたしたちは，総合的な学習の時間に「わたしたちのくらしと社会の動き」をテーマに学習をしています。こちらのお店では，このテーマに関連した取り組みで，特に力を入れていることはありますか。

店　長：　レジ袋の有料化やマイバッグの持参運動をすすめることでレジ袋の削減に取り組んでいます。

はるか：　レジ袋の削減は，地球にやさしい取り組みなんですよね。

店　長：　よく知っていますね。

レジ袋の削減は，原料である石油の節約になるんです。レジ袋１枚を作るためには，石油約20mLが必要だと言われています。つまり，レジ袋１枚を削減すれば，その分だけ石油を節約したことになるわけです。

さらに，ごみの減量や地球温暖化の防止にもつながるんですよ。
すすむ：　では，どれくらいのお客さんがマイバッグを持ってきますか。
店　長：　このスーパーマーケットには，一日に約1500人のお客様が来店されます。そのうち約60％のお客様がマイバッグを持参されています。
はるか：　マイバッグを持ってくるお客さんがもっと増えるといいですね。

［問２］　店長の話から，レジ袋の削減に取り組むことで，このスーパーマーケットでは，一日に約何Ｌの石油が節約されていることになるか，答えなさい。
また，その求め方を言葉や式で説明しなさい。
ただし，マイバッグを持参した客一人あたりレジ袋１枚分の石油を削減できるものとします。

5　やすしさんの住む地域では，毎年８月に子ども会の旅行があります。今年は二泊三日で，新幹線を使って大阪に行くことになっています。やすしさんたちは，地域の保護者会の会長とカレンダー（図１）を見ながら話をしています。

日	月	火	水	木	金	土
						1
2	3	4	5	6	7	8
9	10	11	12	13	14	15
16	17	18	19	20	21	22
23	24	25	26	27	28	29
30	31					

図１　８月のカレンダー

会　長：　今日は，旅行の日程について話し合います。みなさんのおうちの人との話し合いで，土曜日の夜の宿泊はしないことになりました。そのほか，みなさんの意見はどうですか。
やすし：　それじゃあ，考えてきた意見を一人ずつ言おう。
まなぶ：　８月10日は，みんなが楽しみにしている地域のお祭りだよね。旅行の日程から外そうよ。
ゆかり：　13日から16日までは，お盆なので外した方がいいと思うわ。
たかこ：　４日と20日は，学校の図書館の開館日になっているわ。利用する子もいるので外すべきだわ。
やすし：　毎週水曜日は，学校のプール開放日になっているよね。旅行の日程から外すことにしようよ。
まなぶ：　26日から31日は，夏休みの宿題のまとめをする子もいると思うので，外した方がいいよね。
やすし：　ほかにはありませんか。
全　員：　ありません。
会　長：　わかりました。旅行の日程は，みなさんの意見も取り入れて，保護者会で決定することにします。

たかこ：　そうすると，今のところみんなが二泊三日で参加できるのは，二通りの日程しかないわね。

［問１］　やすしさんたちの会話から，みんなが参加できる旅行の出発日を二つ答えなさい。

後日，日程や参加人数が決定し，まなぶさんのお父さんが新幹線の座席(ざせき)の予約を行うことになりました。まなぶさんとお父さんは，インターネットで新幹線の座席を予約しようとしています。

父　　：　まなぶ，まだ座席が全部空いてる車両があるぞ。

まなぶ：　本当だ。よかったね。これなら全員同じ車両にすわれるね。
　　　　　あれ，この車両の座席は片側(かたがわ)が三人がけ，もう片側は二人がけになっているね。

父　　：　そうだね。この配置なら何人の団体でも，三人がけや二人がけの座席の中に空席をつくらず，相席(あいせき)もしないですわることができるんだよ。

まなぶ：　相席って何のこと。

父　　：　相席は，自分たちの団体以外の人と，座席を一緒(いっしょ)に使用することだよ。
　　　　　だから，もし８人で，空席や相席がなく，前から順につめて座席を取ろうとすると，座席の取り方は二通りしかないことになるんだよ。一つ目は，三人がけを２列と二人がけを１列使う場合（**図２**），二つ目は，三人がけを使わずに二人がけを４列使う場合（**図３**）だよ。

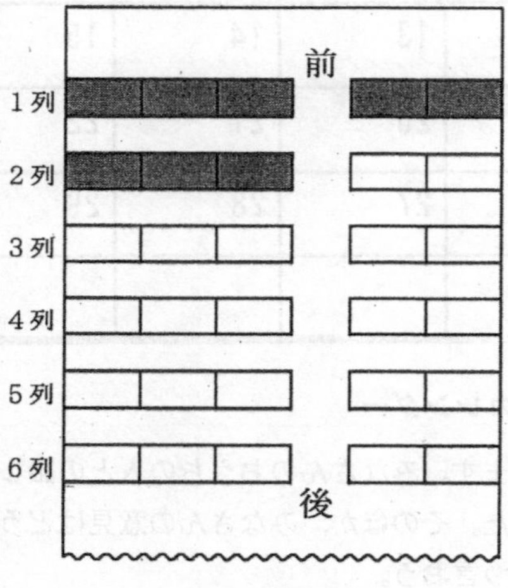

図２

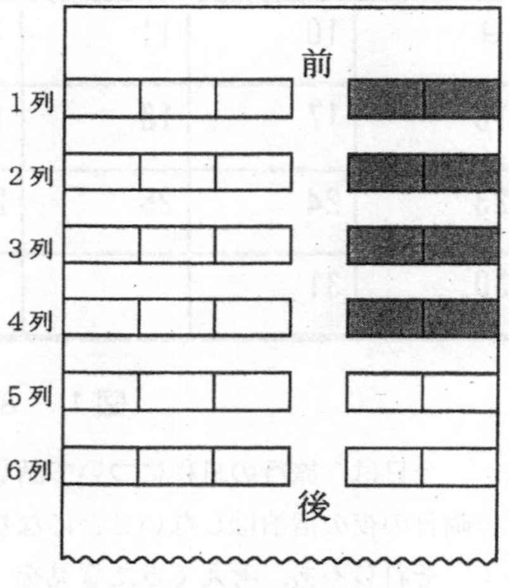

図３

※座席は全部で２０列ありますが，波線 〰〰〰 よりも下側の部分は省略しています。

父　　：　ところで予約する座席は25人分でよかったよな。

まなぶ：　そうだよ。いろいろな座席の取り方ができそうだね。

［問２］　二人の会話のとおり，空席や相席がなく，前から順につめて座席を取ろうとすると，25人分の座席の取り方は何通りあるか，答えなさい。
　ただし，座席は一人が一席を使用するものとする。

【作　文】（45分）

【注意】　1　題名と氏名は書かないこと。

2　原稿用紙の正しい使い方に従って書くこと。

ただし，書き進んでから，とちゅうを書き直すとき，直すところ以外の部分も消さなければならないなど，時間がかかる場合は，次の図のように，一つのます目に２文字書いたり，ます目をとばして書いたりしてもよい。

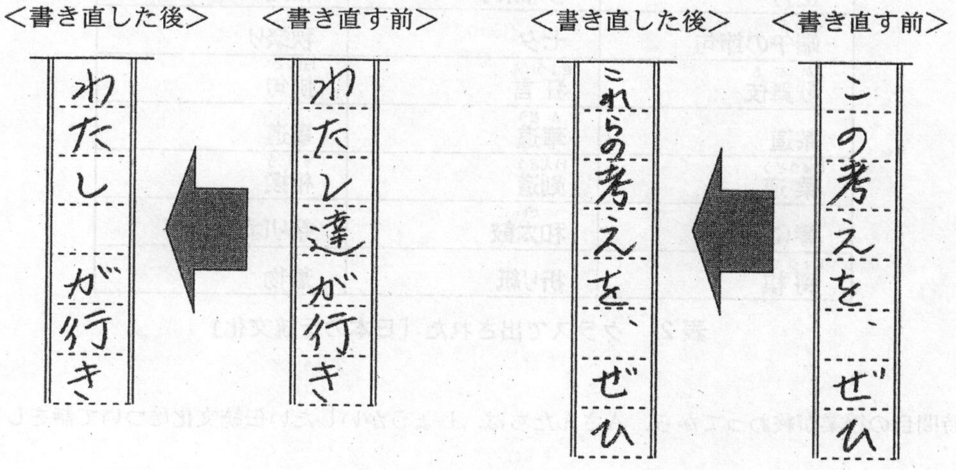

ある小学校の６年１組では，総合的な学習の時間に「伝えよう日本の伝統文化」というテーマで学習しています。伝えたい伝統文化ごとに班をつくり，日本に来たばかりの外国人のブラウン先生に発表会でしょうかいする予定です。活動計画は下の表１のようになっています。

段階	時間	活動内容
見つける	1	日本の伝統文化にはどのようなものがあるのか，クラス全体で話し合う。
	1	伝えたい伝統文化を選び，選んだ理由やどのようにしょうかいしたいか，個人で文章にまとめる。
立てる	2	自分が文章にまとめた内容を発表し合う。
	1	伝えたい伝統文化ごとに班をつくる。
	1	伝えたい伝統文化について，しょうかいしたい内容やしょうかいの仕方を班ごとに話し合う。
調べる	3	話し合ったことをもとに，伝えたい伝統文化について，班ごとにくわしく調べる。
まとめる	2	調べたことをもとに，班ごとにブラウン先生に伝えたい内容をまとめ，しょうかいの仕方について確かめる。
広げる	2	まとめたことを，班ごとにブラウン先生にしょうかいする。 **しょうかいする場所と時間** **体育館（ステージを使ってもよい），班ごとに２０分以内** **※身近にあるものを使って，発表することを基本とする。**

表１　活動計画

まず，1時間目の授業で，日本の伝統文化にはどのようなものがあるのかをクラスで出し合い，下の**表2**のようにまとめました。

ご飯	みそ汁	箸(はし)
たたみ	障子	襖(ふすま)
正月	ひな祭り	花見
端午の節句	七夕	秋祭り
歌舞伎	狂言	俳句
茶道	華道	書道
柔道	剣道	相撲
琴(こと)	和太鼓	祭りばやし
将棋	折り紙	着物

表2　クラスで出された「日本の伝統文化」

１時間目の授業が終わってから，Ａさんたちは，しょうかいしたい伝統文化について話をしています。

Ａさん：　活動計画を見ると，次の授業では，伝えたい伝統文化を決めて，どのようにしょうかいするのか自分の考えをまとめるんだね。

Ｂさん：　みんなはどの伝統文化をしょうかいするの。

Ｃさん：　ぼくは柔道にしようかな。剣道や柔道，相撲のような武道が好きだし，柔道をやる人は世界中にいるよね。

Ｂさん：　わたしは華道をしょうかいしたいわ。わたしのおばあちゃんは華道の先生なので，よく床の間に花を生けているの。

Ａさん：　それもいいね。どれを選んだとしても，ブラウン先生に日本の伝統文化のよさを知ってもらえるといいね。

Ｃさん：　華道のよさってどんなところなの。

Ｂさん：　全体のバランスを考えて花をきれいに生け，多くの人に見てもらい楽しんでいただくことかしら。

Ａさん：　そうなんだね。それはどんな方法でしょうかいするの。

Ｂさん：　おばあちゃんから道具を借りてきて，体育館の壁を利用して床の間のような場所を作り，お花を生けてみようかしら。基本となる生け方を，おばあちゃんに教えてもらっておくわ。ただ，そのほかにも生け方があるみたいなんだけれど。

Ｃさん：　ほかの生け方は，写真で見せるといいんじゃない。

あなたがこの小学校の６年１組の一員であるとしたら，ブラウン先生にどの伝統文化をしょうかいしますか。

前のページの**表１**と上の会話文をよく読んで，あとの条件に従って書きなさい。

（条件）

ア　前のページの**表２**から，しょうかいしたい伝統文化を選んで，その伝統文化を選んだ理由を書きなさい。ただし，華道は除（のぞ）くものとします。（二つ以上の文化を組み合わせてもよい。）

イ　その際，あなたが経験したこと，または，見聞きしたことにもふれなさい。

ウ　その伝統文化をしょうかいする方法や工夫についても書きなさい。

エ　字数は600字程度で書きなさい。

平成27年度

栃木県立中学校入試問題

【適性検査】　(50分)　　＜満点：100点＞

1　たかしさんたちは，保健委員会の活動として「わたしたちの健康すごろく」をつくることにしました。完成後はみんなで楽しみながら，健康によい生活習慣について学んでもらいたいと考えています。図は，作成中のすごろくです。

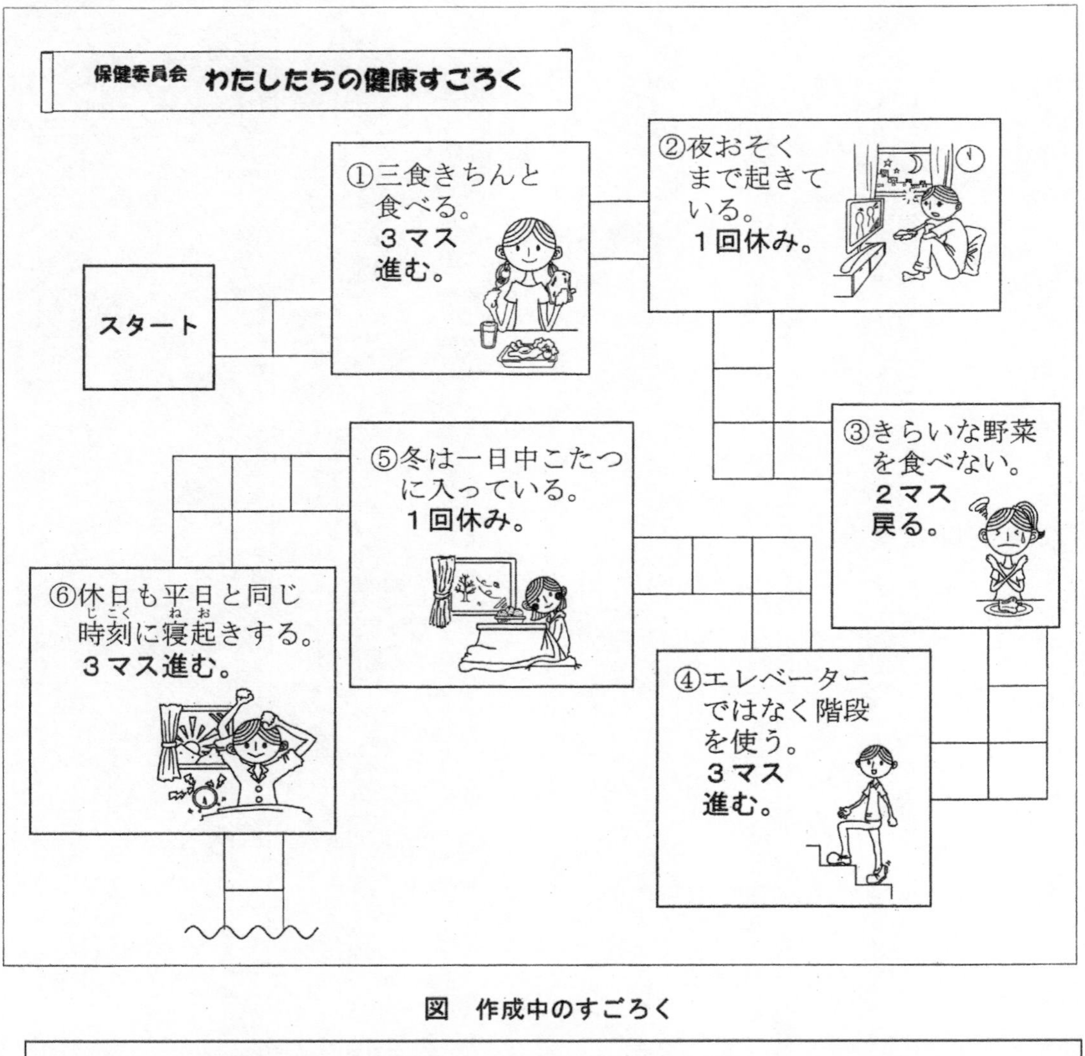

図　作成中のすごろく

［問1］　たかしさんたちが，健康のために気をつけてほしいと考えていることは，大きく分けると三つあります。一つは，図の中の②と⑥のように睡眠(すいみん)に関することです。あと二つは何に関することですか。図から考え，それぞれ漢字二文字で答えなさい。

たかしさんたちは，健康によい生活習慣について，さらにどんなマスをつくるのか，話し合いをしています。

あきこ：　「塩分をとらない。**２マス進む。**」というマスをつくるのはどうかしら。塩分は高血圧症(しょう)などの生活習慣病の原因になることがあると，聞いたことがあるわ。

たかし：　とる量によっては，そうなるね。でも，「塩分をとらない。」と書いていいのかな。例えば熱中症を予防するときに，塩分が必要なこともあるよね。

［問２］　「塩分をとらない。**２マス進む。**」をどのようにすればよいですか。あきこさんとたかしさんの会話から考え，次の［　］にあてはまるふさわしい言葉を答えなさい。

「塩分を［　　　　］。**２マス進む。**」

2　たつやさんとまゆみさんは，夏休みの自由工作で，黒い紙ねん土と白い紙ねん土を使ってそれぞれペーパーウェイトをつくります。

（注）ペーパーウェイトとは，紙などが飛ばないように置くおもしのこと。

たつや：　同じ大きさの黒い紙ねん土の立方体と白い紙ねん土の立方体が，すべて交ごになるように２段(だん)に重ねてつくってみたよ（**図１**）。

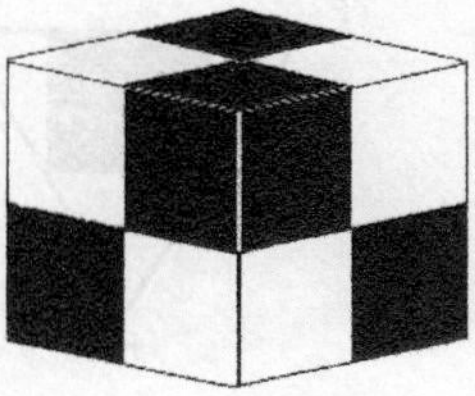

図１

まゆみ：　模様(もよう)がきれいね。わたしはもう少し大きなものをつくろうと思うけど，参考にしていいかな。

たつや：　いいよ。ぼくは切って，形を変えようと思っているんだ。円柱や立方体を斜(なな)めに切ったことがあるけれど，切り口がいろいろな形（**図２**）（**図３**）になるんだ。

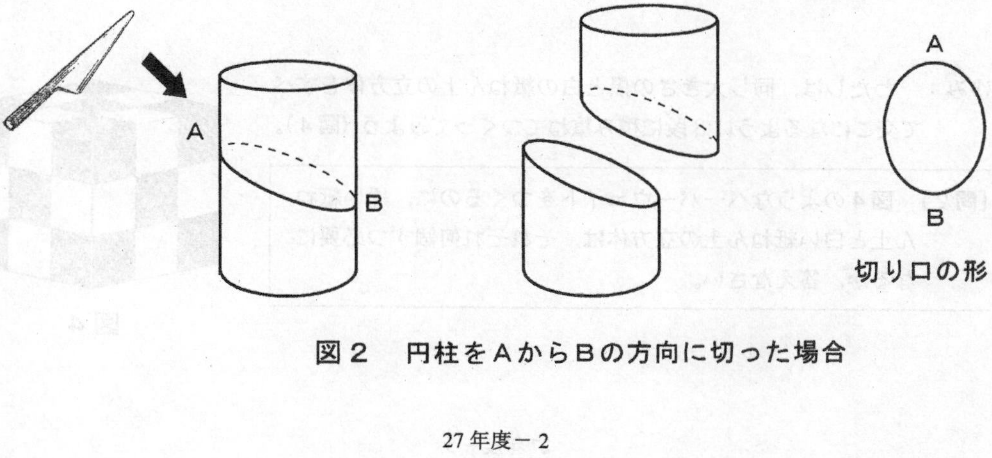

図２　円柱をＡからＢの方向に切った場合

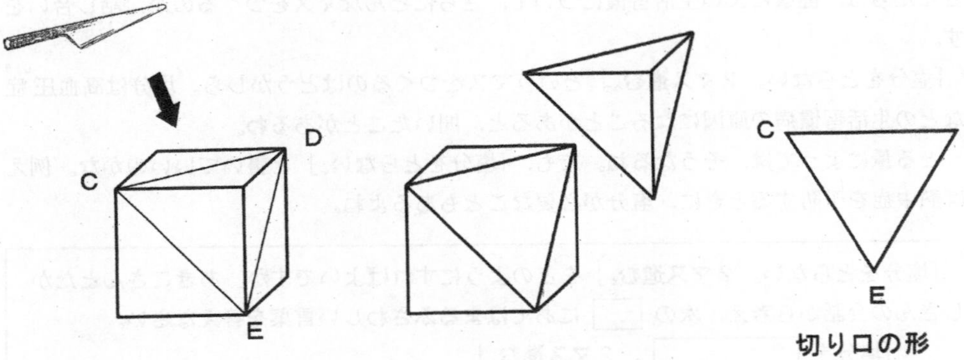

図３　立方体をＣＤからＥの方向に切った場合

（注）ＣＤとは，頂点（ちょうてん）Ｃと頂点Ｄを結ぶ直線のこと。

［問１］ 図１の立方体を図３と同じようにＦＧからＨの方向に切ると，切り口はどのようになりますか。次のアからオの中から一つ選び，記号で答えなさい。

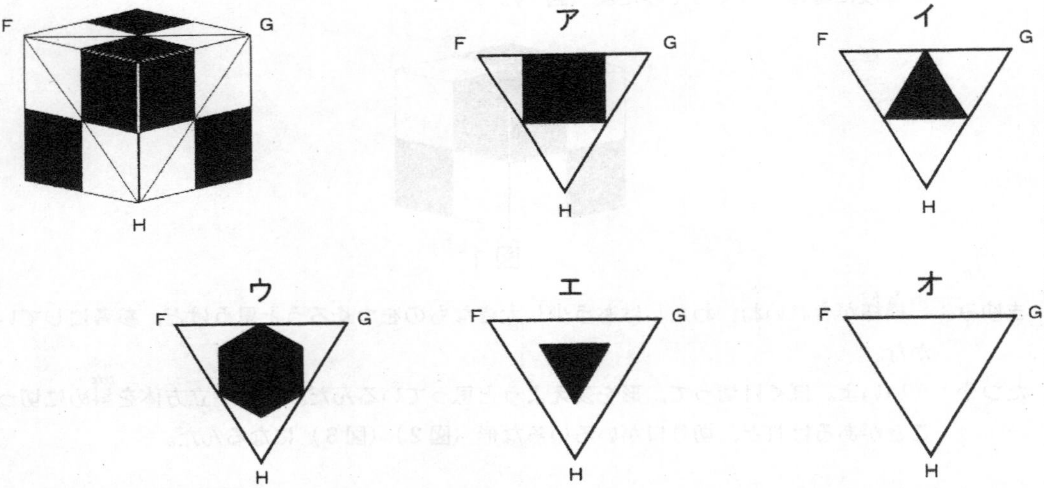

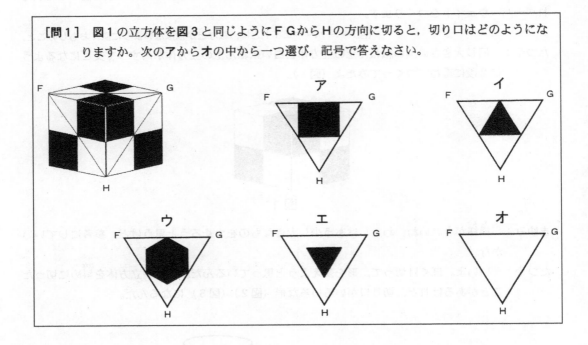

まゆみ：　わたしは，同じ大きさの黒と白の紙ねん土の立方体をすべて交ごになるように３段（だん）に積み重ねてつくってみよう（図４）。

［問２］ 図４のようなペーパーウェイトをつくるのに，黒い紙ねん土と白い紙ねん土の立方体は，それぞれ何個ずつ必要になるか，答えなさい。

図４

たつや：　ところで，紙ねん土は，かんそうすると軽くなるよね。
まゆみ：　そうだね。どれくらい軽くなるか，ためしに10ｇの紙ねん土を使って調べてみよう。

	かんそう前	かんそう後
紙ねん土の重さ	１０ｇ	４ｇ

※黒と白の紙ねん土は，ともに同じ結果になった。

表　二人が調べた結果

［問３］　まゆみさんが紙ねん土でつくったペーパーウェイト（**図４**）は，かんそう後に重さをはかると162ｇありました。このとき，かんそう前の一つ一つの立方体の重さは１個何ｇだったか，答えなさい。
また，その求め方を言葉や式で説明しなさい。

3　宇都宮（うつのみや）市に住んでいるはるかさんは，ある朝，天気予報を聞いていると，気象予報士が次のように話していました。

「現在，沖縄（おきなわ）県から九州地方南部にかけて，強い雨が降（ふ）っています。明日には関東地方も雨になるでしょう。」

天気の移り変わりに興味をもったはるかさんは，その日から気象情報を集めることにして，学校で天気と気温を観測しました。

また，宇都宮地方気象台ホームページで同じ日の天気と風向（ふうこう）（風の向き）を調べました。**表**は，それらをまとめたものです。

日時		学校		宇都宮地方気象台	
		天気	気温	天気	風向
６月１１日	９時	くもり	２１．５℃	くもり	東
	１５時	くもり	２１．１℃	くもり	東
６月１２日	９時	雨	２０．１℃	雨	北東
	１５時	雨	２０．６℃	雨	北
６月１３日	９時	晴れ	２４．２℃	晴れ	東
	１５時	くもり	２８．９℃	くもり	北東
６月１４日	９時	晴れ	２４．０℃	晴れ	東
	１５時	晴れ	２７．８℃	晴れ	南

表　はるかさんがまとめたもの

［問１］　はるかさんが観測しているとき，国旗をけいようするポールのかげが，**図１**のようにくっきりとできていました。
　このときの日時を，次の**ア**から**エ**の中から一つ選び，記号で答えなさい。

ア　６月11日　９時
イ　６月12日　15時
ウ　６月13日　９時
エ　６月14日　15時

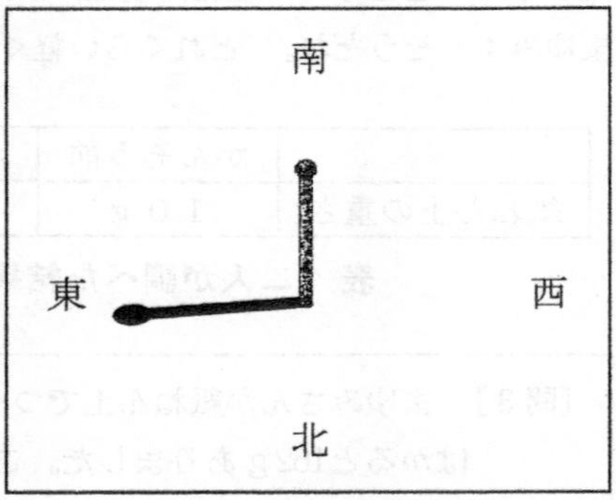

図１

表の中の風向という言葉を見て，小学校４年生の弟のゆうきさんが，はるかさんに聞きました。

ゆうき：　風向が「北」というのは，北の方へ風がふいているということでしょ。
はるか：　ちがうよ。その場合は，風向は「南」と表すよ。風向というのは，風が［　　　］。

［問２］　風向の意味について，［　　］に入る内容を考え，書きなさい。
　また，風向「東」のとき，風がどの方位からどの方位へふくか，解答らんに矢じるしで表しなさい。

　はるかさんは，夏休みの理科研究のテーマを「天気の変化」にして，気温，降水量（こうすい），人工衛星による雲画像などの過去の気象情報を集めることにしました。
　図２と**図３**は，ある同じ日の宇都宮（うつのみや）市の１時間ごとの気温と降水量のグラフです。

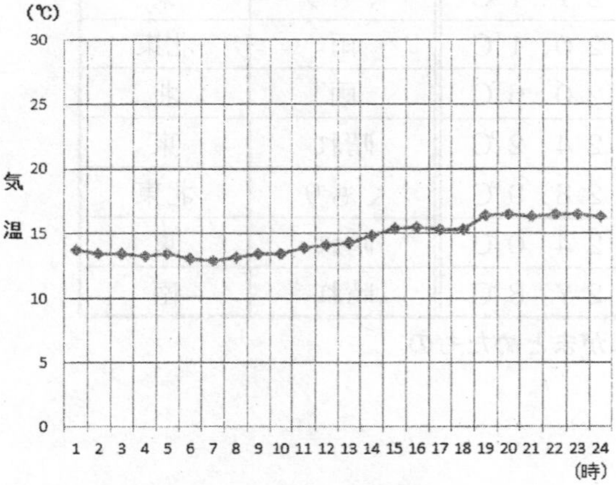

図２　１時間ごとの気温

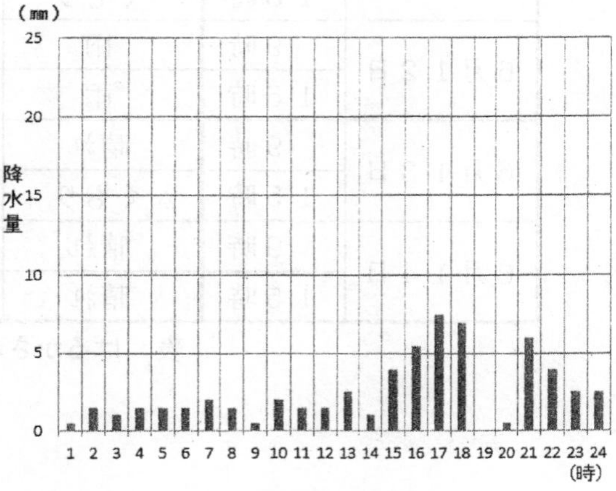

図３　１時間ごとの降水量

（図２，図３は気象庁ホームページより作成）

［問３］　次のアからエは，それぞれ異（こと）なる日の正午の雲画像です。図２と図３に示された気温と降水量が観測された日の雲画像を，次のアからエの中から一つ選び，記号で答えなさい。

また，その雲画像を選んだ理由を，宇都宮市の気象情報にふれて書きない。

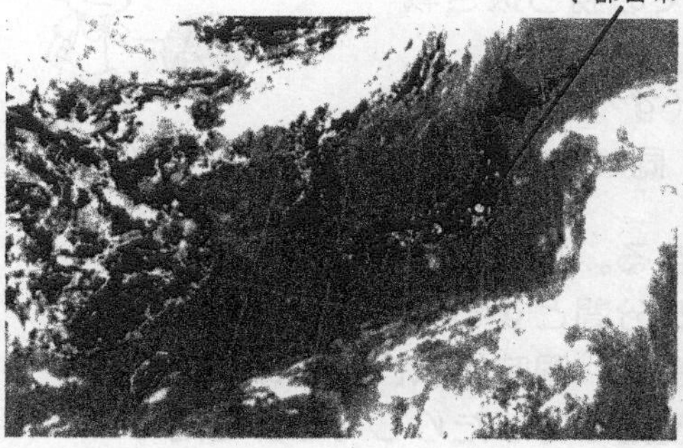

ア

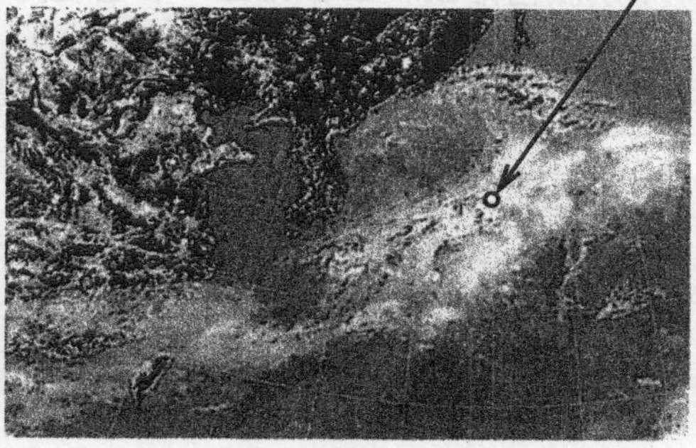

イ

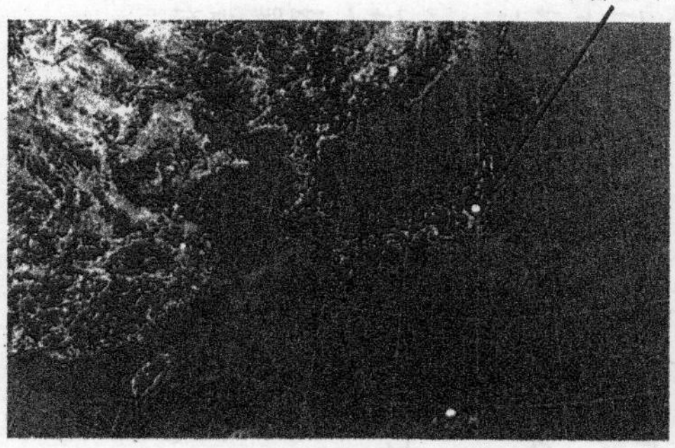

ウ

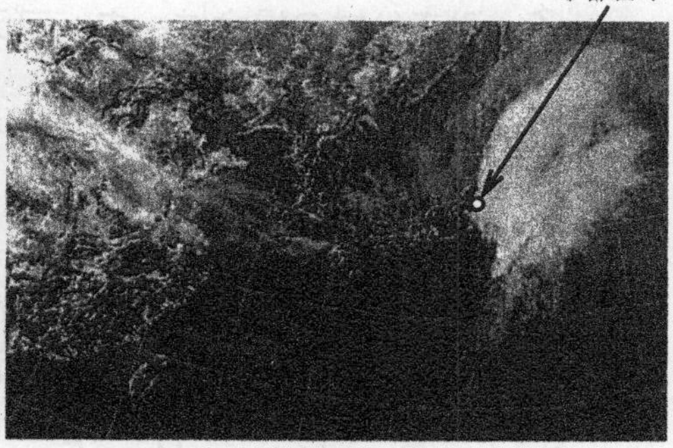

エ

※図中の ○ は，宇都宮市のおよその位置を示している。

（日本気象協会ホームページより作成）

4　６年生の代表委員のまさおさんたちは，学年レクリエーションで行うバスケットボール大会の話し合いをしています。

まさお：　今回の学年レクリエーションは，準備から後片付（あとかたづ）けまで入れて80分間で行います。各クラス４チーム作り，合計８チームでの勝ち抜（ぬ）き戦です。これから，試合時間など具体的なことを決めたいと思います。

はるこ：　準備と開会式を合わせて15分間，閉会式（へいかいしき）と後片付けを合わせて15分間はとらなければいけないね。

ももこ：　コートは，体育館に二つとれるわね。それから，試合と試合の間の時間も考えなければいけないわ。

まさお：　試合と試合の間は，２分間あればいいかな。でも，同じチームが連続で試合をする場合は，５分間とりたいね。１試合の時間は何分間にすればいいかな。

ひろし：　できるだけ試合時間は長くしたいけれど，何秒かまでは考えなくてもいいよね。

このような話し合いの結果，決まった内容を模造紙にまとめました。

バスケットボール大会について

1　試合形式：二つのコートを使用しての勝ち抜き戦

2　１試合の時間：［　　　］分間（すべての試合を同じ時間で行う）

3　その他

①　試合と試合の間は，２分間とする。ただし，同じチームが連続して試合をする場合には，５分間とする。

②　二つのコートで試合をする場合は，同時に試合を始める。

③　ボールがコート外に出たり，反則があったりしても計時用のタイマーは止めない。

④　引き分けの場合は，キャプテンによるじゃんけんで勝敗を決める。

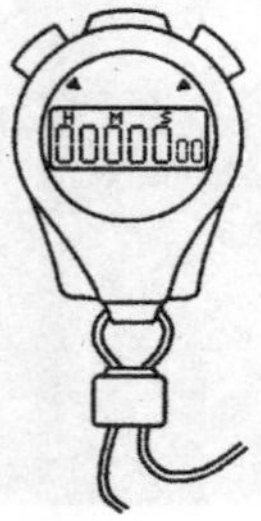

4　勝ち抜き戦表

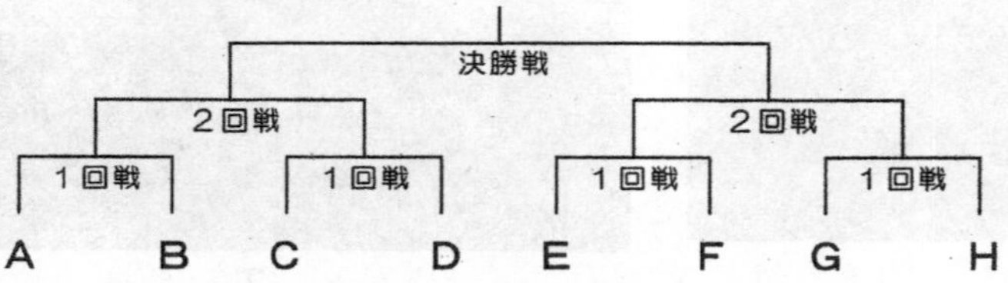

図　決まった内容をまとめた模造紙

［問１］　図の中の［　　］にあてはまる，まさおさんたちが決めた１試合の時間は何分間ですか。

また，最初の試合が始まってから決勝戦が終わるまでにかかる時間は，何分間ですか。ただし，トラブルなどなく時間どおりに進行するものとします。

全試合が終わりました。まさおさんたちは，試合結果の記録を整理しています。次の会話は，その場面のやりとりの一部です。

まさお：　Aチーム対Bチームの得点結果を教えてください。

ももこ：　Aが６点，Bは８点でした。

まさお：　Eチーム対Hチームの得点結果を教えてください。

ひろし：　Eが８点，Hは４点でした。

まさお：　Cチーム対Eチームはどうでしたか。

はるこ：　Cが12点，Eは10点でした。

［問２］　上の会話をもとに，優勝したチームと１回戦で負けたすべてのチームを，前のページの図の中のＡからＨの中から選びなさい。

5　くみさんのクラスでは，図画工作の授業でかいた絵を縦40cm，横50cmの台紙にのり付けし，作品として完成させました（図１）。けい示係のくみさんとさとしさんは，クラス36人みんなの作品を画びょうを使ってはることになりました。

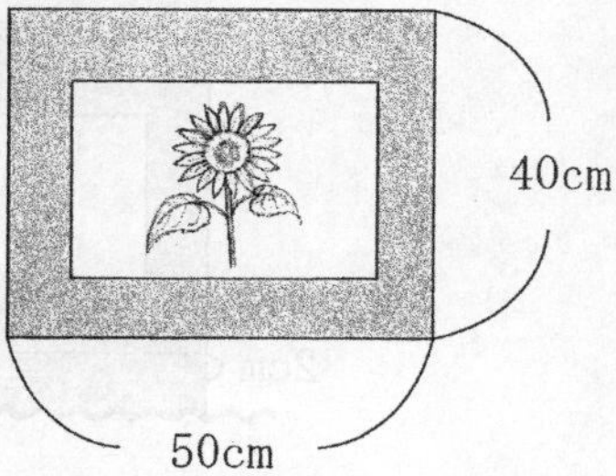

図１　完成した作品

く　み：　作品をはるのに，四すみはきちんと留めたいわ。だけど，画びょうの数を少なくしたいの。どうしたらいいかしら。

さとし：　となり合う作品を２cmずつ重ねてはるのはどうかな（図２）。

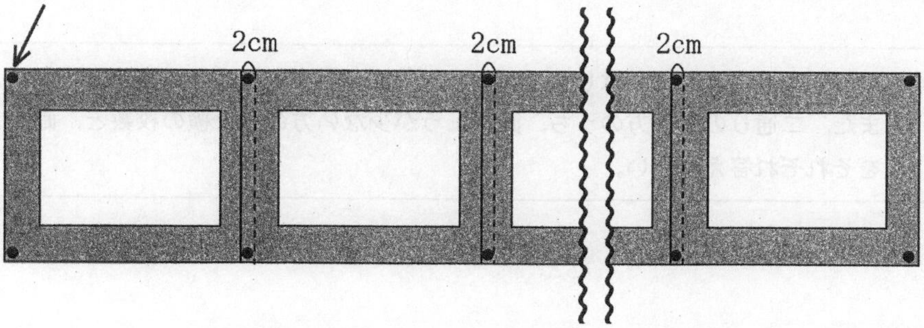

図２　さとしさんの考えたはり方

［問１］　さとしさんは，図２の方法で，ためしに横一列に６枚の作品をはってみました。このときに使った画びょうの個数を答えなさい。

さとし：　ところで，作品のけい示場所は，ちょうど，縦２ｍ，横６ｍの長方形だったよね。

く　み：　わたしたちのクラスは36人だよね。36枚の作品を，横一列にはることはできないから，縦にもはらなければいけないわね。

さとし：　そうだね。全体が大きな長方形になるようにはれば，きれいだよね。

く　み：　それじゃあ，作品どうしを，横だけじゃなくて縦も２cmずつ重ねてはってみようよ（次のページの図３）。

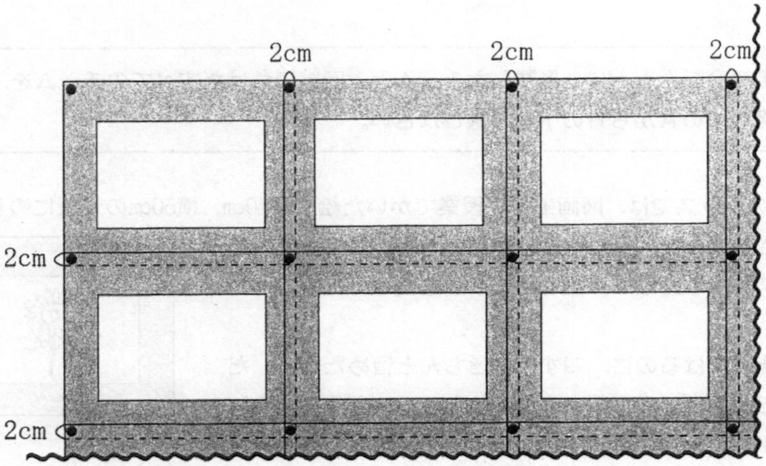

図３　くみさんの考えたはり方

さとし：　けい示場所に収（おさ）まる長方形になるはり方は，何通りあるんだろう。

このあと，二人が考えた結果，二通りあることがわかりました。

［問２］　二人が考えた二通りのはり方は，それぞれ縦と横が何枚ずつになりますか。
また，二通りのはり方のうち，画びょうが少ない方の縦と横の枚数と，画びょうの個数をそれぞれ答えなさい。

【作　文】 (45分)

【注意】 1　題名と氏名は書かないこと。

2　原稿用紙の正しい使い方に従って書くこと。

ただし，書き進んでから，とちゅうを書き直すとき，直すところ以外の部分も消さなければならないなど，時間がかかる場合は，次の図のように，一つのます目に２文字書いたり，ます目をとばして書いたりしてもよい

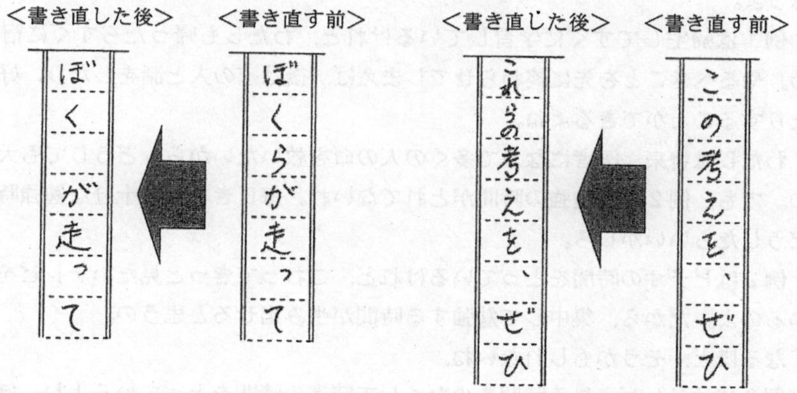

Ａさんのいる６年１組では，学級活動の時間に「家庭での時間の使い方」について考えています。先生が，帰宅から睡眠までの三つの例を黒板にはりました。

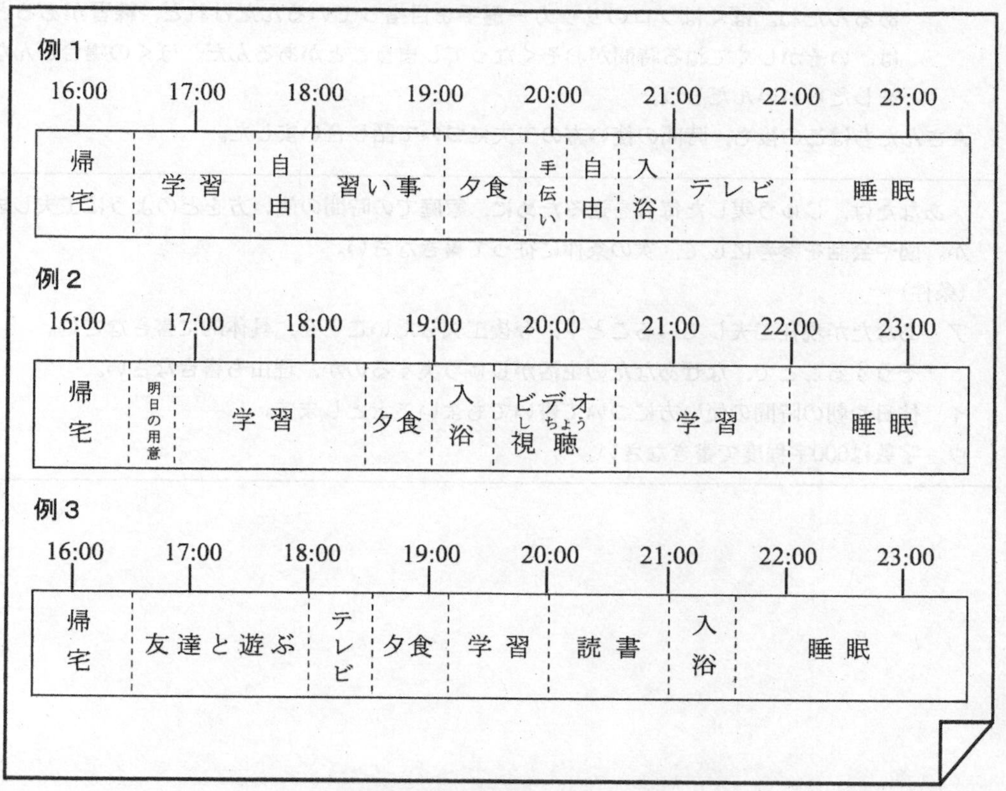

図　黒板にはられた三つの例

先　生：　これは平日の時間の使い方の例です。三つともそれぞれ過ごし方にちがいがありますね。
　今日はこの例を参考に自分の生活をふり返り，じゅう実した毎日を送るための時間の使い方について，グループで話し合ってみましょう。

Aさん：　先生が話した時間の使い方ってどういうことかしら。

Bさん：　わたしはむだに時間を使わないことだと思うわ。

Cさん：　そうだね。そのほかに，やりたいことや必要なことをする時間を作り出すこともあると思うよ。

Bさん：　**例1**は帰宅してすぐに学習しているけれど，わたしも帰ったらすぐに宿題をしているわ。やるべきことを先に終わらせてしまえば，後は家の人と話をしたり，好きなことをしたりすることができるよね。

Aさん：　わたしは将来（しょうらい），医者になって多くの人の命を救いたいから，どうしても大学に行きたいの。でも，**例2**ほど勉強の時間がとれてないわ。毎日きちんと十分な勉強時間をとるにはどうしたらいいかしら。

Bさん：　**例2**はビデオの時間をとっているけれど，これってきっと見たいテレビを録画して見ているのよ。だから，集中して勉強する時間が生み出せると思うの。

Aさん：　なるほど，そうかもしれないね。

Cさん：　**例3**ではテレビを見る時間を少なくして読書の時間をとっているよね。ぼくも読書が好きなので見習おうかな。

Dさん：　じゅう実した毎日を送るための時間の使い方の工夫（くふう）って，いろいろなやり方や考え方があるんだね。ぼくはプロのサッカー選手を目指しているんだけれど，練習があるときには，いそがしくてねる時間がおそくなってしまうことがあるんだ。ぼくの場合どんな工夫をしたらいいんだろう。

　Aさんたちはこの後も，時間の使い方の工夫について話し合いました。

　あなたは，じゅう実した毎日を送るために，家庭での時間の使い方をどのように工夫しますか。**図**や会話を参考にして，次の条件に従（したが）って書きなさい。

（条件）

ア　あなたが現在工夫していることや，今後工夫したいことを，具体的に書きなさい。
　　そうすることで，なぜあなたの生活がじゅう実するのか，理由も書きなさい。

イ　休日や朝の時間の使い方について書いてもよいこととします。

ウ　字数は600字程度で書きなさい。

平成26年度

栃木県立中学校入試問題

【適性検査】　(45分)　　＜満点：100点＞

1　ひろしさんたちの学校では，創立(そうりつ)140周年記念の行事の一つとして，9月に新しく花だんをつくることになりました。校庭には，花だんをつくれる場所が**図1**のAからEの五つあります。先生がクラスでどの場所がよいかをたずねると，それぞれ異(こと)なる場所を選んだ5人は，**図1**の中の自分が選んだ場所を指し示しながら，次のように主張しました。

なお，校門は三か所あり，学校の周りには高い建物はありません。

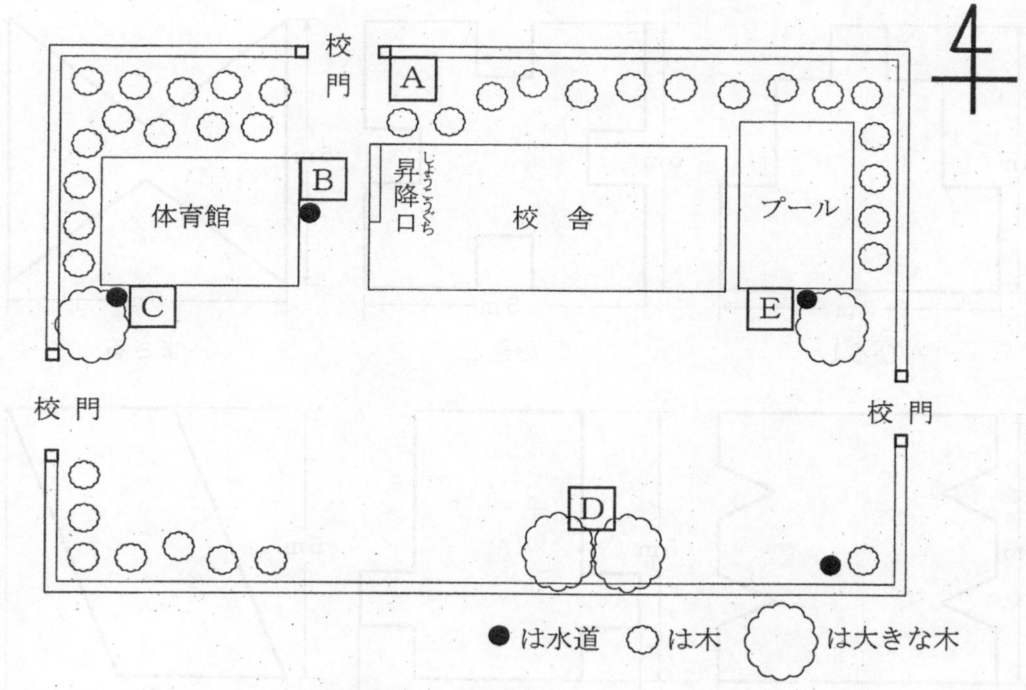

図1　学校の見取り図

ひろし：　ここは，体育館の東どなりにあり，登下校のとき，昇降口を使うたくさんの人に見てもらえます。水道もあって，水をあげやすいです。

はるか：　この場所も，校門のとなりなので，たくさんの人に見てもらえます。また，午前も午後も日が当たりすぎず，土がかわきにくいです。

まなぶ：　ここは，大きな木のそばなので，昼間日かげができて，すずしいところです。校庭の一番南側にあって，教室の窓(まど)からよく見えます。

ともこ：　こちらは，校門から入ってすぐのところにあります。大きな木のそばですが，東どなりには何もないので，午前中日光がよく当たります。

たつき：　ここも大きな木のそばにあるけれど，午後日光をさえぎるものがないので，たくさんの日光が当たります。水道もあり，水をあげやすいです。

５人の意見をもとに，クラスでは花だんの場所をＣに決定しました。

［問１］　５人の中で，Ｃがよいと主張していたのはだれですか。名前を答えなさい。

花だんの形について，６年生からデザインを募集(ぼしゅう)し，決めることになりました。先生は帰りの会でクラスのみんなに呼(よ)びかけました。

先　生：　みなさんからデザインを募集します。れんがで外わくをつくりますので，直線で囲まれた形にしてください。場所の広さに限りがありますので，１辺が５ｍの正方形の中に入るように考えてください。

３日後，いろいろなデザインが集まりました。**図２**はその一部です。

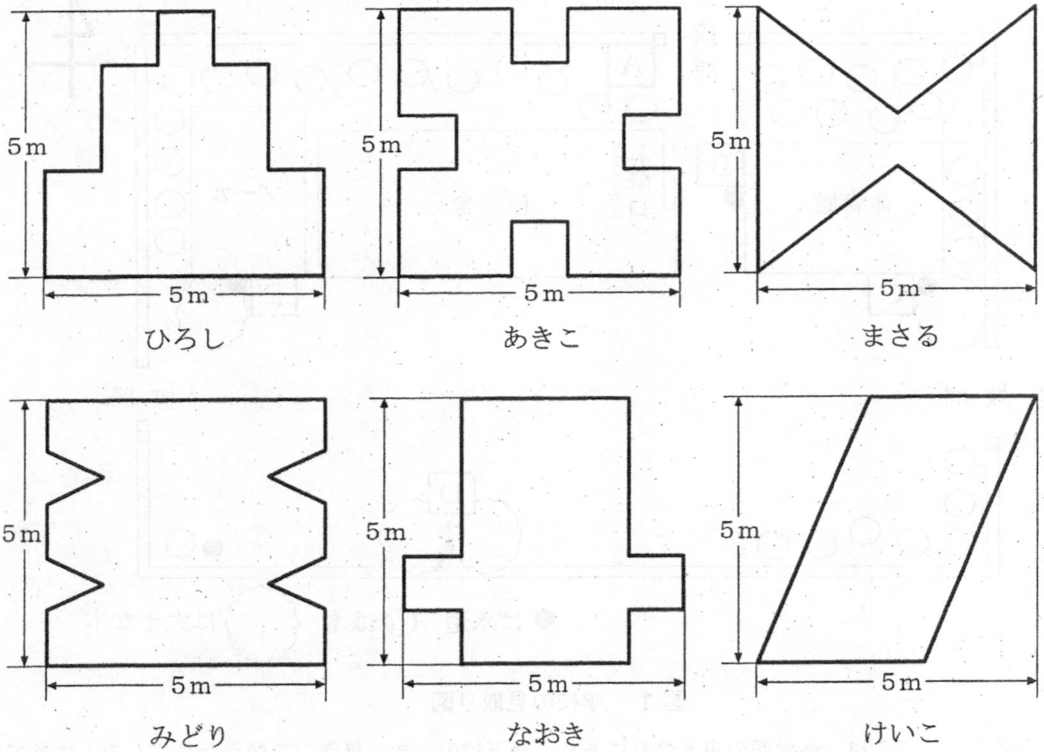

図２　集まった花だんのデザインの一部

準備できるれんがの数を考えて，周りの長さが20ｍ以内の花だんをつくることになりました。

［問２］　**図２**の中で，周りの長さが20ｍ以内でできる花だんは，だれのデザインですか。あてはまる人の名前をすべて書きなさい。

ただし，ひろしさん，あきこさん，なおきさんのデザインのすべての角とみどりさんのデザインの四すみの角の部分は，すべて直角となっています。

集まったデザインの中から，図３のデザインに決まりました。

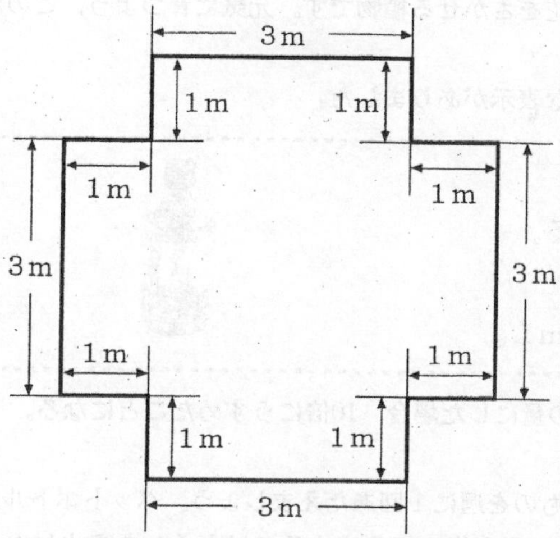

※　角の部分は，すべて直角となっている。

図３　決まったデザイン

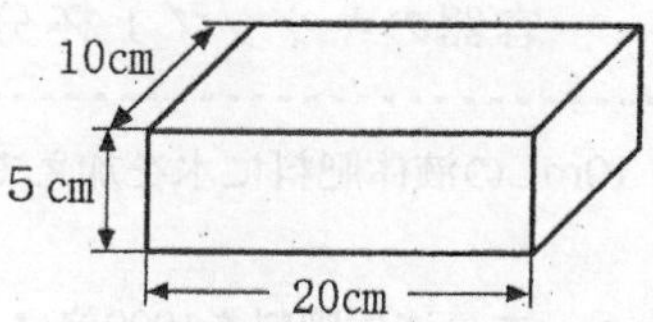

図４　花だんをつくるれんが

決まったデザインをもとに，図４のれんがを並（なら）べて花だんをつくります。並べ方は，たて10㎝，横20㎝の面を上にし，れんが同士のすき間がないように並べます。直線の部分は図5，角の部分は図6のように並べます。

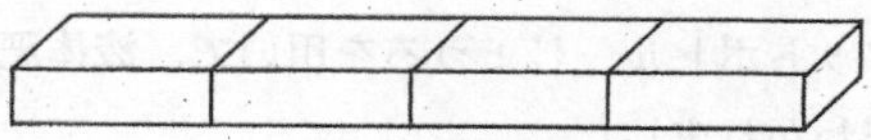

図５

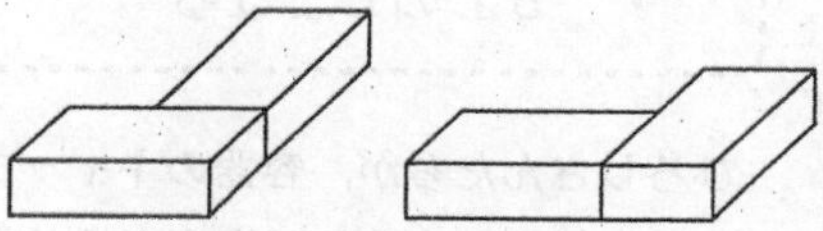

図６

先　生：　デザインの線の内側にれんがを並べないと，１辺が５ｍの正方形の中に入らないですね。実際に並べたとすると何個になるか考えてみましょう。

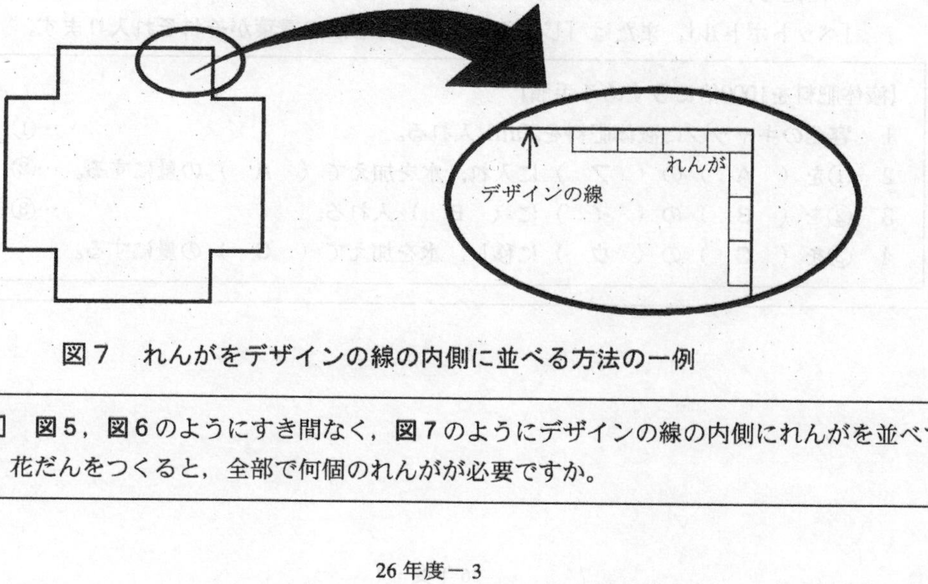

図７　れんがをデザインの線の内側に並べる方法の一例

［問３］　図５，図６のようにすき間なく，図７のようにデザインの線の内側にれんがを並べて花だんをつくると，全部で何個のれんがが必要ですか。

ひろしさんたちは，できた花だんにパンジーを植えることになりました。

先　生：　パンジーは長期間，次々と多くの花をさかせる植物です。元気に育つよう，この液体肥料をあたえていきましょう。

先生が持ってきた液体肥料には，次のような表示がありました。

液体肥料の使い方
- ５００～１０００倍にうすめる。
- 週に１～２回あたえる。
- 容器のキャップ１杯(ぱい)分は２０ｍＬ。

※　10mLの液体肥料に水を加えて100mLの量にした場合，10倍にうすめたことになる。

先　生：　この液体肥料を1000倍にうすめたものを週に１回あたえましょう。ペットボトルを二種類と，じょうろを用意したので，これらを使ってうすめるにはどうしたらよいか考えましょう。

先生が用意してくれたもの
- ５００ｍＬのペットボトル
- ２Ｌのペットボトル
- ５Ｌのじょうろ

ひろしさんたちが，容器のキャップと先生が用意したペットボトル，じょうろを用いて，液体肥料を1000倍にうすめる手順を考えると，二通りあることがわかりました。

［問４］　下の【液体肥料を1000倍にうすめる手順】を完成させなさい。二通りあるうちのどちらかを書きなさい。

ただし，Ａ，Ｂ，Ｃには「500mL」，「２Ｌ」，「５Ｌ」のどれかが，**ア**，**イ**，**ウ**には「ペットボトル」，または「じょうろ」のどちらかの言葉がそれぞれ入ります。

【液体肥料を1000倍にうすめる手順】

1　容器のキャップに液体肥料を20mL入れる。　…①

2　①を（　Ａ　）の（　**ア**　）に入れ，水を加えて（　Ａ　）の量にする。…②

3　②を（　Ｂ　）の（　**イ**　）に（　Ｂ　）入れる。　…③

4　③を（　Ｃ　）の（　**ウ**　）に移し，水を加えて（　Ｃ　）の量にする。

2 今日は４月の２回目の委員会活動です。１回目の話し合いでは，今年度の環境委員会の活動について，次のように決まっています。

- 委員長　まことさん
- 主な活動内容（活動名）
  - ①　節電・節水の呼びかけ（節電・節水）
  - ②　給食で出た牛乳パックの回収（牛乳パック）
  - ③　ペットボトルのキャップの回収（ペットボトル）
- 活動班について
  七つの班で行う。「牛乳パック」の活動は大変なので三つの班で行い，「節電・節水」と「ペットボトル」の活動はそれぞれ二つの班で行う。

まことさんは，活動分担をわかりやすくするために，下の**図１**のような分担表をつくりました。図の内側の円ばんには班名が書いてあり，外側の円ばんには活動名を記入します。**図１**から始め，２週間後に内側の円ばんを時計回りに一つ回して**図２**のようにします。外側の円ばんは回しません。さらに２週間後に内側の円ばんを同じように一つ回します。１年間では17回活動分担が回ります。

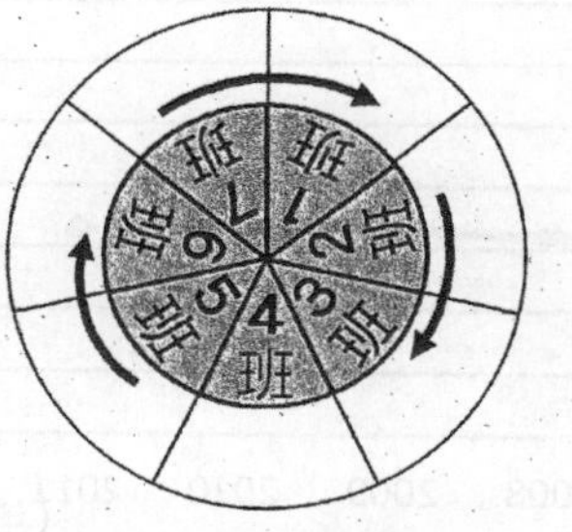

図１【１回目】

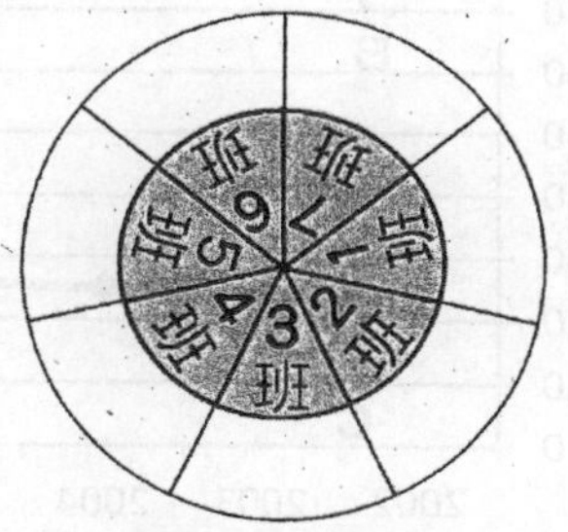

図２【２回目】

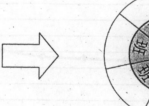

分担表について，まことさんたちが話し合っています。

まこと：　どのように活動を入れますか。
ゆ　き：　同じ活動が連続しないようにしましょう。
まこと：　このようにするとどうですか（**図３**）。
ゆ　き：　いいですね。
ひとみ：　「牛乳パック」の活動が１回多く回ってくる班があるわ。大変ね。何回やるのかしら。

図３

［問１］　図３の分担で各班が活動を始めたとき，「牛乳パック」の活動を１回多く行うのは，１班から７班のうち，どの班ですか。すべて答えなさい。
また，その班は「牛乳パック」の活動を１年間で何回行うか，回数を答えなさい。

まことさんたちは，リサイクルについての意識を高めるために，飲み物の容器別の回収率と出荷量について調べ，５，６年生向けにクイズ形式で新聞にまとめました。

リサイクルについての意識を高めよう！　環境新聞 第３号

☆環境クイズ☆

下のグラフは，飲み物の紙パック，スチール缶，アルミ缶の回収率と出荷量についてまとめたものです。折れ線グラフは回収率，ぼうグラフは出荷量をあらわしています。グラフ中のＡ，Ｂ，Ｃには三つの容器のどれかが，（ア），（イ）にはスチール缶とアルミ缶のどちらかがそれぞれあてはまります。

【ヒント】をもとにどれがあてはまるか，考えよう！

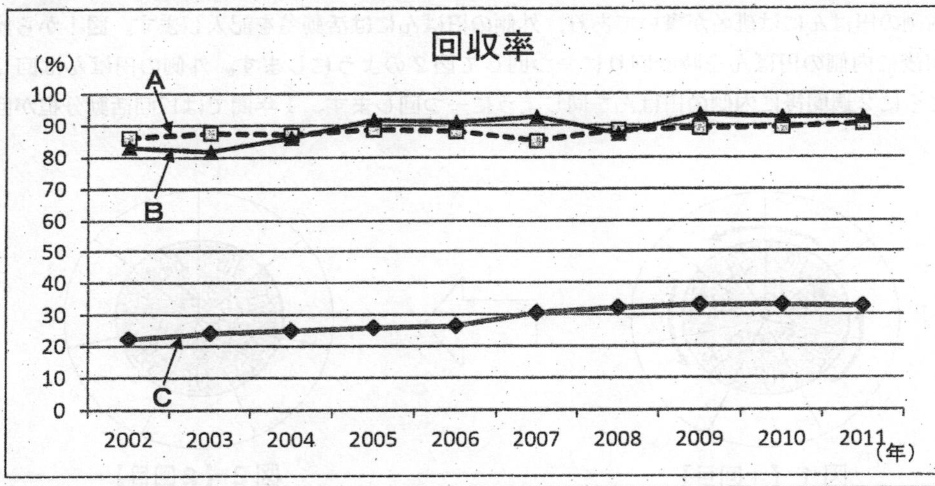

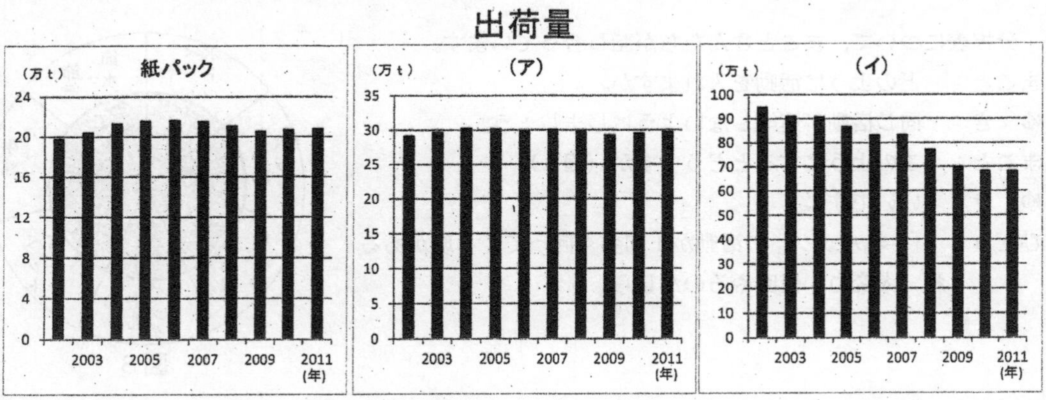

（産業環境管理協会「リサイクルデータブック２０１３」により作成）

ヒントは，うら面にあるよ！！

図４　環境新聞のおもて面

【ヒント】

① ２００７年から２００９年まで連続して，スチール缶の出荷量は，減っているが，回収率は増えている。

② ２００８年のアルミ缶の出荷量は，前の年と比べてほとんど変わらないが，回収率は減っている。

③ ２００３年のアルミ缶の出荷量は，同じ年のスチール缶の出荷量の約３分の１である。

④ ２００３年と２０１１年の出荷量をみると，スチール缶は，大きく減っている。

⑤ 紙パックは，スチール缶，アルミ缶と比べると，回収率が低い。

答えは次号の環境新聞でお知らせします！

図５　環境新聞のうら面（一部）

［問２］ 図４のグラフのＡ，Ｂ，Ｃと（ア），（イ）にあてはまる飲み物の容器は「紙パック」，「スチール缶」，「アルミ缶」のうちどれですか。それぞれ答えなさい。

紙パックの回収率が低いことにおどろいたまことさんたちは，さらにくわしく紙パックのリサイクルについて調べました。

まこと： 1000mLの紙パックおよそ30枚で，5個のトイレットペーパーができるらしいよ。

ひとみ： じゃあ，500mLの紙パックだと５個のトイレットペーパーをつくるのに60枚必要ね。

まこと： ①いや，そんなにいらないみたいだよ。

ひとみ： どうして。1000mLの紙パックと500mLの紙パックの底面は同じ大きさの正方形で，㋐

の長さは㋑の長さの２倍よね（**図６**）。だから60枚だと思うのだけど。

ゆ　き：　ひとみさん，紙パックは回収のときに切り開くわよね（**図７**）。それを見れば理由がわかると思うわ。

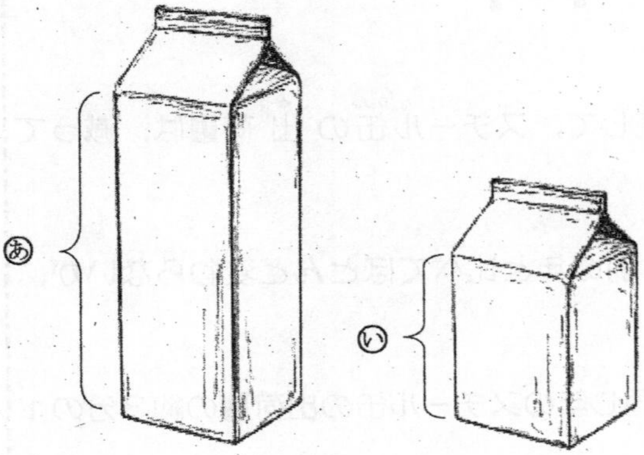

図６

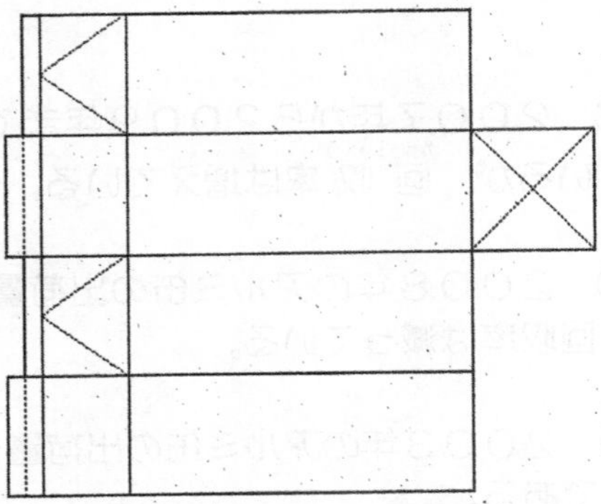

図７　切り開いた１０００ｍＬの紙パック

［問３］　**図８**のように1000mLの紙パックを切り開いた図を三つに分け，左から記号**ア**，**イ**，**ウ**とします。これらの記号をすべて使って，まことさんが下線部①のように言った理由を説明しなさい。

ただし，500mLの紙パックと1000mLの紙パックの紙の厚さは同じであるとします。

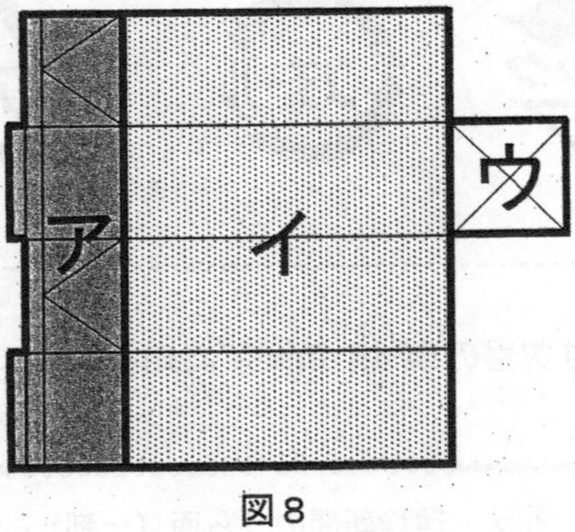

図８

まことさんたちは，日本全国で回収（かいしゅう）された紙パックからどのくらい再生産されているかを調べて次のページの**図９**のようにまとめました。

まこと：　回収されなかった紙パックはとても多いんだね。

ゆ　き：　回収された紙パックは，トイレットペーパーなどに再生産されているのに，もったいないわね。

まこと：　回収された紙パックは高い割合（わりあい）でトイレットペーパーに再生産されているね。

ひとみ：　②回収されなかった分の紙パックも，同じ割合でトイレットペーパーをつくったら，いくつできることになるのかしら。

ゆ　き：　他にもいろいろ調べてみれば，わかるかもしれないわね。

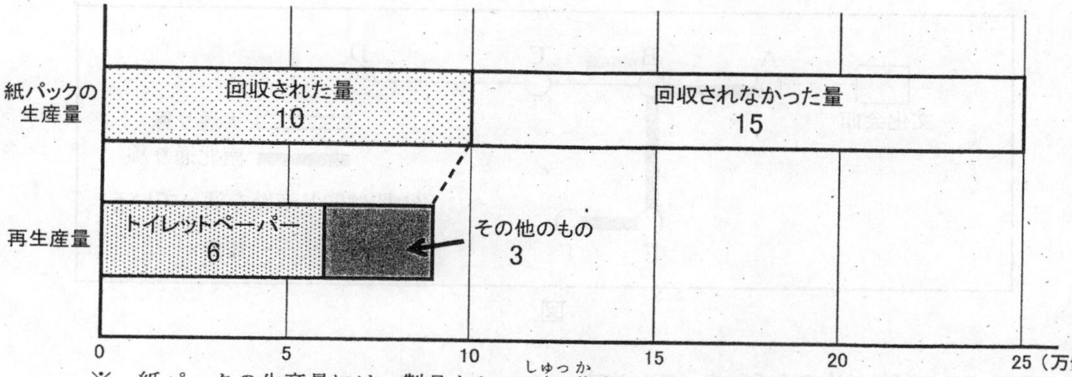

※　紙パックの生産量には，製品として 出荷されなかった分をふくむ。

図９　２０１１年の紙パックの回収と再生産について
（２０１２年全国牛乳容器環境協議会「紙パックリサイクルの現状と動向に関する実態調査」により作成）

さらに調べて，その結果を下の**表**のようにまとめました。

	１枚の重さ	１個のトイレットペーパーをつくるために必要な枚数
１０００ｍＬの紙パック	約３０ｇ	６　枚
５００ｍＬの紙パック	約２０ｇ	９　枚

表　紙パックについて調べたこと

［問４］　下線部②のひとみさんの意見をもとに考えると，2011年の回収されなかった分の紙パックから，約何個のトイレットペーパーができますか。
下の**ア**から**カ**の中から一つ選び，記号で答えなさい。

ア　約３千万個　　**イ**　約５千万個　　**ウ**　約８千万個
エ　約３億個　　**オ**　約５億個　　**カ**　約８億個

3　小学校６年生のかおりさんはダンススクールに通っています。今日は午前10時から文化会館でダンススクールの発表会が行われます。かおりさんは発表会に参加するために路線バスを利用して文化会館に行くことになりました。

かおりさんの住んでいる地域には，Ａ停留所とＤ停留所を結ぶ大通り線と，Ａ停留所とＦ停留所を結ぶ南北通り線の２本の路線バスが走っています。２本のバス路線のとちゅうには主な停留所としてＢ停留所，Ｃ停留所，Ｅ停留所があります。また，Ａ停留所から５分間歩いたところに文化会館があります。次のページの**図**はその様子を表したものです。

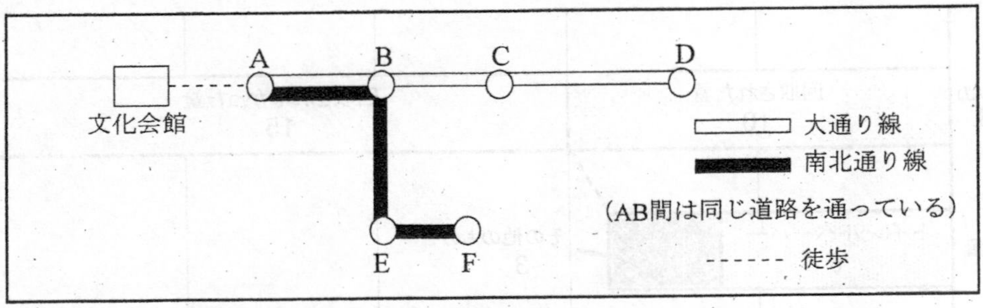

図

路線バスの運行は次のようになっています。

路線バス運行の様子

- 大通り線の路線バスは，Ａ停留所とＤ停留所をそれぞれ午前６時から２０分おきに発車する。
- 南北通り線の路線バスは，Ａ停留所とＦ停留所をそれぞれ午前６時から１５分おきに発車する。
- 次の時刻(じこく)表は各停留所の発車時刻の一部を表している。終点の停留所の時刻はとう着時刻を表している。また，午後６時台まで毎時間同じ間かくで発車している。

大通り線
（Ａ停留所発Ｄ停留所行き）

A	6:00	6:20	6:40
B	6:06	6:26	6:46
C	6:13	6:33	6:53
D	6:24	6:44	7:04

大通り線
（Ｄ停留所発Ａ停留所行き）

D	6:00	6:20	6:40
C	6:11	6:31	6:51
B	6:18	6:38	6:58
A	6:24	6:44	7:04

南北通り線
（Ａ停留所発Ｆ停留所行き）

A	6:00	6:15	6:30	6:45
B	6:06	6:21	6:36	6:51
E	6:15	6:30	6:45	7:00
F	6:19	6:34	6:49	7:04

南北通り線
（Ｆ停留所発Ａ停留所行き）

F	6:00	6:15	6:30	6:45
E	6:04	6:19	6:34	6:49
B	6:13	6:28	6:43	6:58
A	6:19	6:34	6:49	7:04

ダンススクールのメンバーは，午前８時に文化会館に集合することになっています。かおりさんは同じダンススクールのなおみさんとＦ停留所で午前７時30分発の路線バスに乗り，発車しました。Ｅ停留所に向かっていると，反対車線を走る路線バスとすれちがいました。

かおり：　今，バスとすれちがったわね。

なおみ：　そうね。このバスに乗っている間に全部で何台のバスとすれちがうのかしら。

かおり：　南北通り線のバスだけじゃなくて，大通り線のバスもすれちがうかもしれないわね。

> ［問１］　かおりさんたちの乗っている路線バスは，Ｆ停留所を出発してＡ停留所にとう着するまでに全部で何台の路線バスとすれちがいますか。台数を答えなさい。
> ただし，路線バスは時刻表どおりに運行するものとします。

かおりさんのいとこのあけみさんは，お母さんといっしょに発表会を見に行こうと思っています。Ｄ停留所から路線バスに乗る予定で話をしています。

あけみ：　お母さん，とちゅうでかおりさんにプレゼントする花束を買いたいな。

母　　：　それならＢ停留所の近くに花屋さんがあったわよ。Ｂ停留所で降りて，花束を買ってからＢ停留所にもどるまでに，30分間あれば間に合うわよ。

あけみ：　わかったわ。それに発表会の始まる20分前までには文化会館に着きたいから，バスに乗る時刻をよく考えてみるわ。

> ［問２］　発表会の始まる20分前までに文化会館に着くためには，あけみさんとお母さんは，Ｄ停留所とＢ停留所で，最もおそくて午前何時何分発の路線バスに乗ればよいですか。Ｄ停留所とＢ停留所の発車時刻をそれぞれ答えなさい。
> ただし，路線バスは時刻表どおりに運行するものとします。

【作　文】（45分）

【注意】　1　題名と氏名は書かないこと。

　　　　　2　原稿（げんこう）用紙の正しい使い方に従（したが）って書くこと。

　　　　　　ただし，書き進んでから，とちゅうを書き直すとき，直すところ以外の部分も消さなければならないなど，時間がかかる場合は，次の図のように，一つのます目に２文字書いたり，ます目をとばして書いたりしてもよい。

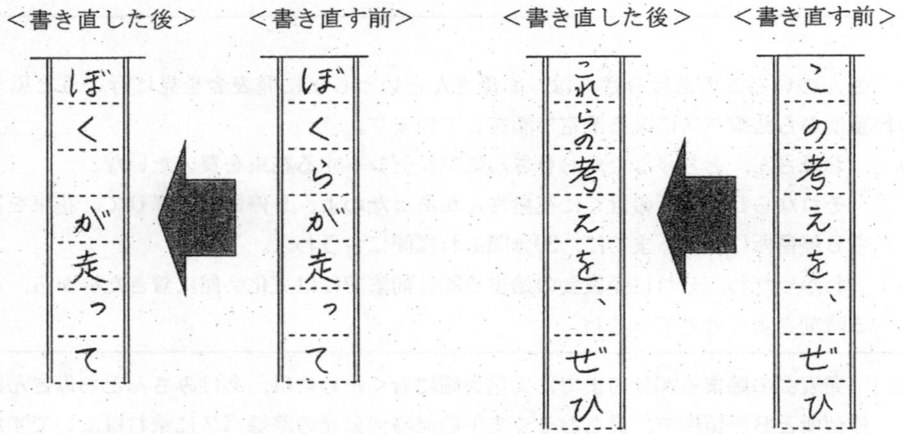

　ある小学校の６年１組では，Ａさんたち５人の学級活動の計画委員が，次の学級活動の内容について話し合いをしています。

先　生：　計画委員のみなさん，話し合いを始めてください。
Ａさん：　次の学級活動の議題は何がいいですか。
Ｂさん：　卒業式が近いから，卒業に関係する議題がいいと思います。
Ｃさん：　なるほど。卒業に向けて全員で何かやりたいですね。
Ｄさん：　みんなの思い出づくりのために，「お楽しみ会について」がいいと思います。
Ｅさん：　お楽しみ会もいいけれど，クラス全員で，学校生活でお世話になった方々や学校のために何かをするのはどうでしょうか。
Ｂさん：　そうですね。卒業を前に感謝の気持ちを表せるといいと思います。
Ａさん：　それでは，議題は「感謝の気持ちを表そう」でいいですか。
全　員：　賛成です。

　この後，先生と相談しながら話し合いを続け，次のページの図のように決まったことをまとめました。

計画委員の話し合いで決まったこと

議題　感謝の気持ちを表そう

提案理由

　卒業まで一か月になり、学校生活でお世話になった方々や学校に対して、クラス全員で感謝の気持ちを表したいと思ったから。

話し合うこと

・だれ（何）に対して感謝の気持ちを表すか。

・どんな方法で感謝の気持ちを表すか。

活動する日時

・三月の初めのころ　五、六時間目

活動する際に注意すること

・感謝の気持ちを表す対象は、クラスの多くの人がお世話になった方々（複数でも一人でもよい）、または、よく使用した場所とする。

・役割（やくわり）を分担（ぶんたん）して取り組んでもよい。

・お金を集めることはせず、学校や家にある道具・材料を使う。

・すべての活動（制作、作業など）を五、六時間目の中で行う。

・校外には出ない。

図　学級活動の時間に黒板にはる模造紙（もぞうし）

Aさん：　学級活動の話し合いでは，感謝の気持ちを表す対象や方法についてどんな意見が出てくると思いますか。

Dさん：　お世話になった方々に何かを作っておくろうという意見が出るかもしれなですね。自分たちで作れる物といったら何があると思いますか。

Bさん：　家庭科で手ぬいやミシンの使い方を習ったから，ぞうきんを作るという意見が出てくるかもしれませんね。

Dさん：　それならだれでもできそうです。学校で使ってもらえたらうれしいですね。

Aさん：　ほかにどんな方法があると思いますか。

Cさん：　６年間お世話になった給食の調理員さんに，折り紙で感謝の金メダルを作っておくるという意見も出るかもしれませんね。

Aさん：　そうですね。メダルといっしょに手紙をわたすという方法も出てきそうですね。

Eさん：　学校のために何かをするということについては，どんな意見が出るでしょうか。

Bさん：　校舎をきれいにするのも，感謝の気持ちを表すことになると思います。

Cさん：　どんな意見が出るか楽しみです。

Eさん：　当日の話し合いがうまくいくといいですね。

Aさん：　これで，計画委員の話し合いを終わりにします。

あなたのクラスでも，学級活動において「感謝の気持ちを表そう」という議題で，前のページの図の内容に従って話し合いをすることとします。

あなたは，どのように感謝の気持ちを表したいと考えますか。前のページの会話を参考にして，前のページの図の内容と次の条件に従って具体的に書きなさい。

（条件）

ア　だれ（何）に対して感謝の気持ちを表したいかを書きなさい。なお，その対象を選んだ理由も書きなさい。

イ　感謝の気持ちを表す方法を書きなさい。なお，その方法を選んだ理由も書きなさい。

ウ　あなたが経験したこと，または，見聞きしたことにもふれなさい。

エ　字数は600字程度で書きなさい。

解答用紙集

○月×日 △曜日　天気（合格日和）

◆ご利用のみなさまへ
＊解答用紙の公表を行っていない学校につきましては、弊社の責任において、解答用紙を制作いたしました。
＊編集上の理由により一部縮小掲載した解答用紙がございます。
＊編集上の理由により一部実物と異なる形式の解答用紙がございます。

人間の最も偉大な力とは、その一番の弱点を克服したところから生まれてくるものである。 ――カール・ヒルティ――

東京学参株式会社

※解答欄は実物大です。

1

［問 1］

［問 2］

A		B	
C		D	

2

［問 1］

①	
②	
③	

［問 2］

3

［問 1］

［問 2］

①	mL
②	mL
③	mL

4

［問 1］

［問 2］

まい

〔求め方〕

5

［問 1］

位

［問 2］

①			
②			
③			
④			

⑤			
⑥			
⑦			

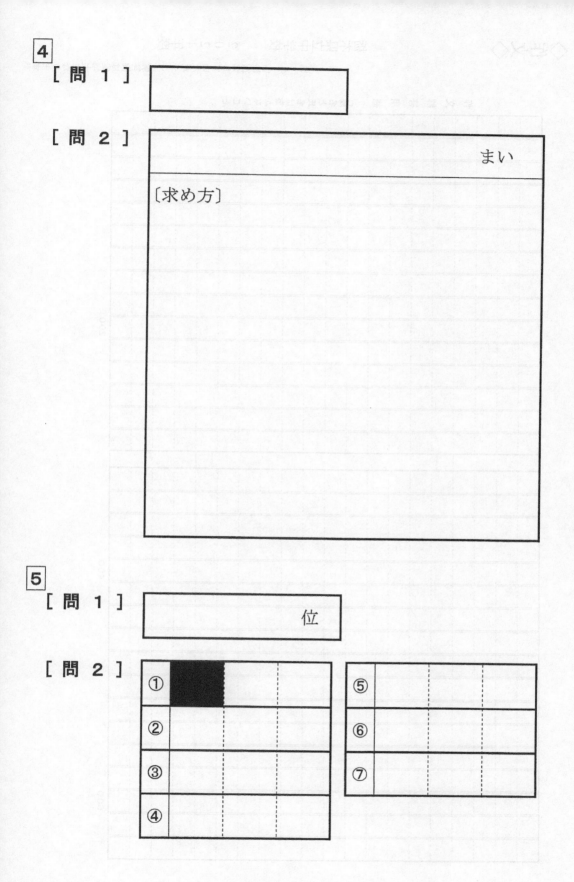

※１６７％に拡大していただくと、解答欄は実物大になります。

◇作文◇

作文解答用紙（題名と氏名は書かないこと。）

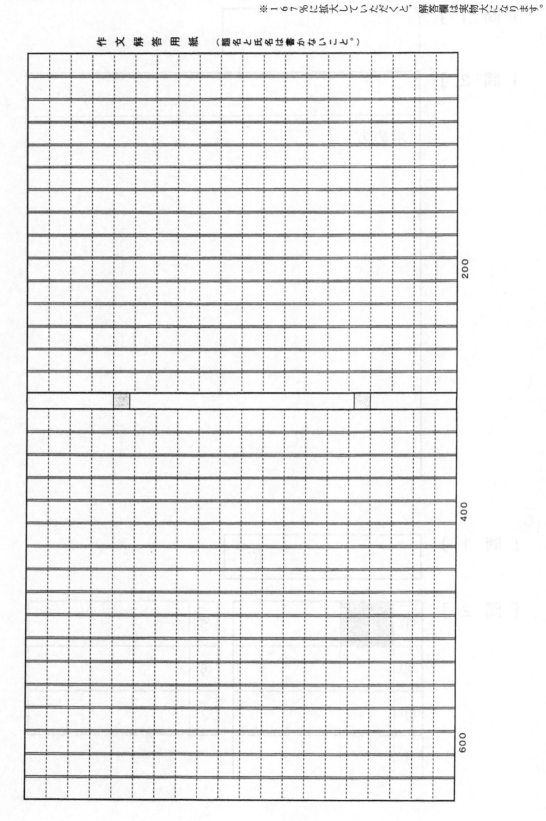

◇適性検査◇

※解答欄は実物大です。

1

［問 1］

［問 2］ 分間

2

［問 1］

［問 2］
①
②
③

3

［問 1］

［問 2］
①
②
③
④

4

［問 1］

本

［問 2］

店
〔求め方〕

5

［問 1］

［問 2］

前列	→ → → →
後列	→ → → →

◇作文◇

栃木県立中学校　2023年度

※167%に拡大していただくと、解答欄は実物大になります。

作文解答用紙（題名と氏名は書かないこと。）

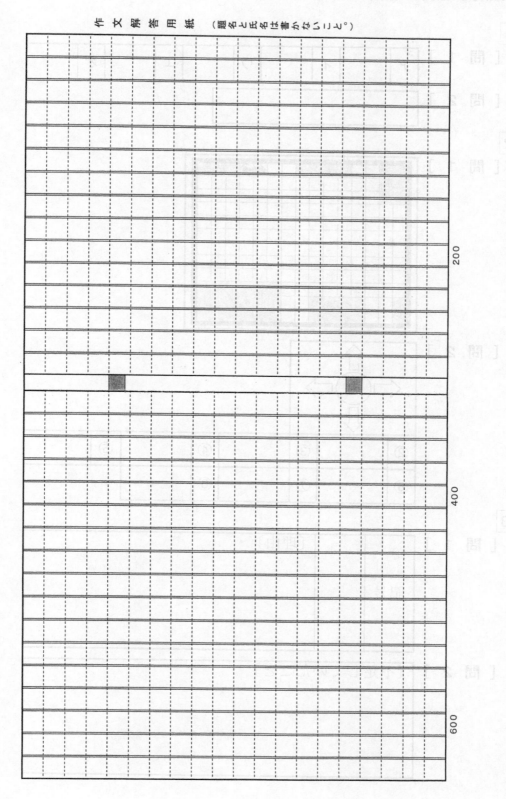

栃木県立中学校　2022年度

◇適性検査◇

※ 112%に拡大していただくと，解答欄は実物大になります。

1

［問　1］

ア		イ		ウ		エ		オ	

［問　2］

2

［問　1］

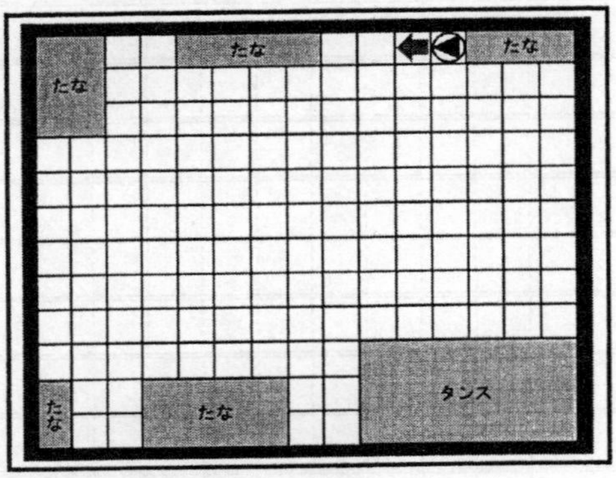

［問　2］

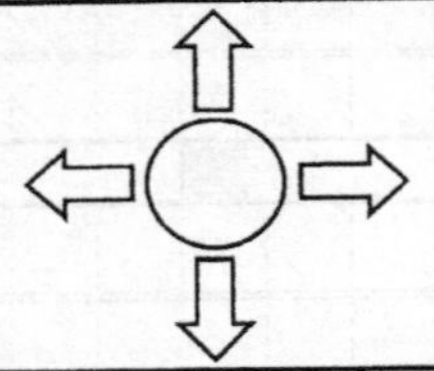

②		③		④		⑤	
⑥		⑦		⑧			

3

［問　1］

記号		〔理由〕

［問　2］

〔不足していたこと〕

4

［問 1］

［問 2］

m

〔理由〕

5

［問 1］

縦の長さ	cm
横の長さ	cm
布の長さ	cm

［問 2］

順番	種目	時間（分間）
1	D	
2		
3		
4		
5		
6	F	10

◇作文◇

栃木県立中学校　２０２２年度

※１６７％に拡大していただくと、解答欄は実物大になります。

作文解答用紙（題名と氏名は書かないこと。）

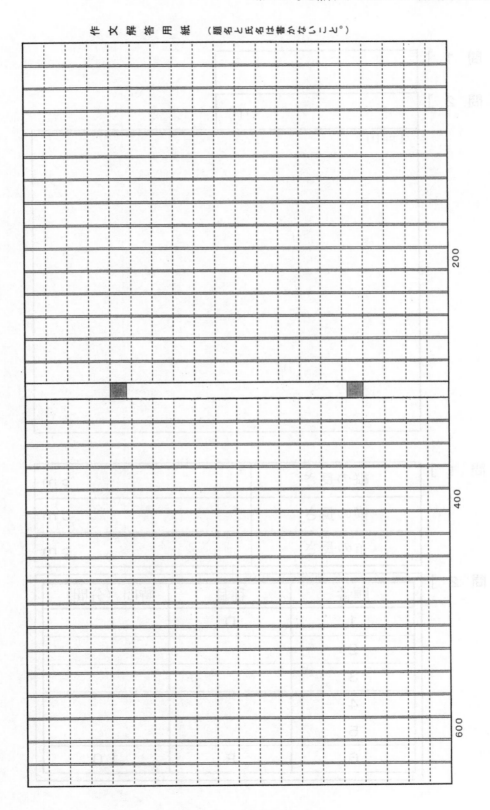

200

400

600

栃木県立中学校　2021年度　◇適性検査◇

※110%に拡大していただくと，解答欄は実物大になります。

1

［問 1］

［問 2］ →　→　→　→

2

［問 1］

［問 2］

①　%	②　g
③　g	④　g

3

［問 1］

①

②

［問 2］

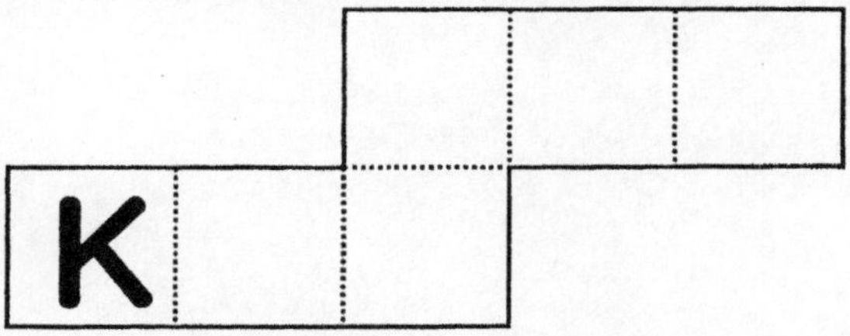

4

［問 1］

①	②	③

［問 2］

第一走者　第二走者　第三走者　第四走者

→　→　→

5

［問 1］

Aチーム		Bチーム		Cチーム		Dチーム		Eチーム	
学年	地区	学年	地区	学年	地区	学年	地区	学年	地区
6	南	6	南			6	南	5	北
5	北		南			4	北	5	北
3	北							4	南
2	南	2							
						1			

［問 2］

※167%に拡大していただくと，解答欄は実物大になります。

作文解答用紙（題名と氏名は書かないこと。）

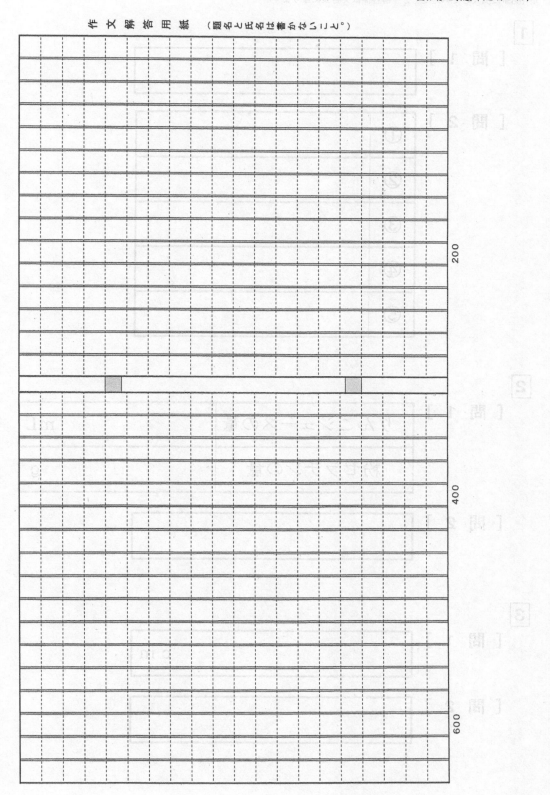

栃木県立中学校　2020年度

◇適性検査◇

※ 106％に拡大していただくと，解答欄は実物大になります。

1

［問 1］

［問 2］

①	
②	
③	
④	
⑤	

2

［問 1］

りんごジュースの量	mL
粉ゼラチンの量	g

［問 2］

3

［問 1］

cm

［問 2］

4

［問 1］

，スタート

［問 2］

人

5

［問 1］

最大　　　　分
〔求め方〕

［問 2］

記号		時刻	時　分

※１７０％に拡大していただくと、解答欄は実物大になります。

◇作文◇

作文解答用紙　（題名と氏名は書かないこと。）

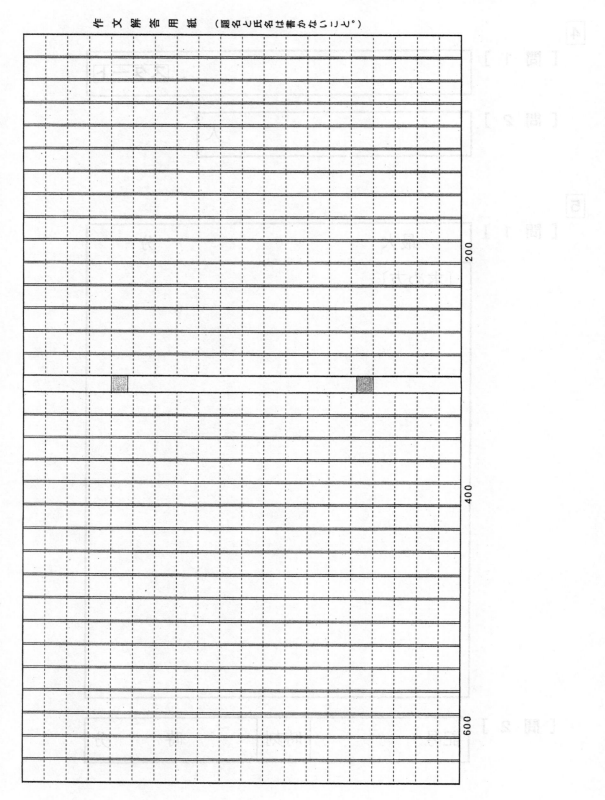

200

400

600

栃木県立中学校　2019年度　　◇適性検査◇

※この解答用紙は118%に拡大していただくと，実物大になります。

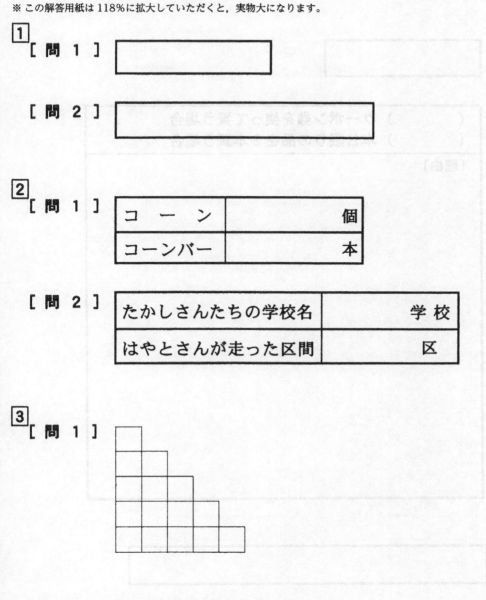

1

［問1］

［問2］

2

［問1］

コーン	個
コーンバー	本

［問2］

たかしさんたちの学校名	学校
はやとさんが走った区間	区

3

［問1］

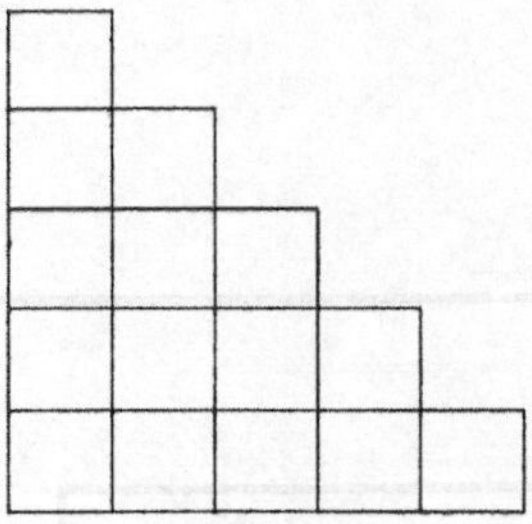

［問2］　　枚

4

［問 1］

［問 2］

(　　　　) クーポン券を使って買う場合 (　　　　) 本日限りの品を２本買う場合
〔理由〕

5

［問 1］

［問 2］

①	g
②	回分

/100

２０１９年度

栃木県立中学校

※この解答用紙は170%に拡大していただくと、実物大になります。

◇作文◇

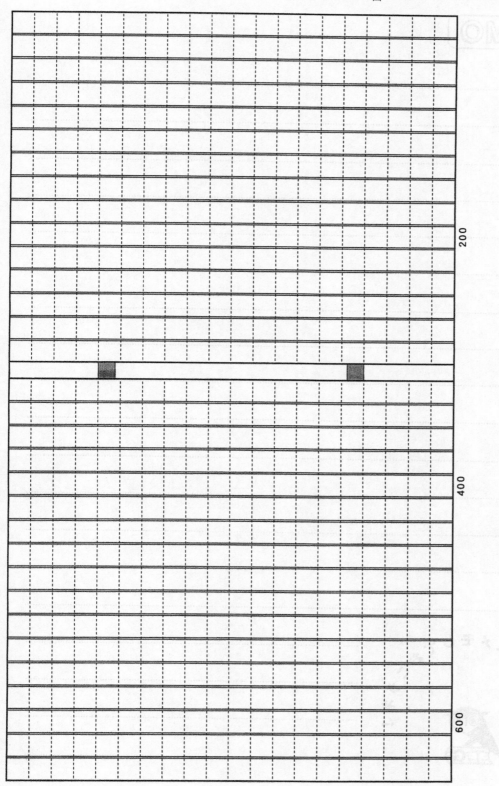

MEMO

大切なことはメモしておこうネ！

公立中高一貫校適性検査対策シリーズ

攻略！ 公立中高一貫校適性検査対策問題集

総合編 ※年度版商品

- 実際の出題から良問を精選
- 思考の道筋に重点をおいた詳しい解説（一部動画つき）
- 基礎を学ぶ6つのステップで作文を攻略
- 仕上げテストで実力を確認

※毎年春に最新年度版を発行

公立中高一貫校適性検査対策問題集

資料問題編

- 公立中高一貫校適性検査必須の出題形式「資料を使って解く問題」を完全攻略
- 実際の出題から良問を精選し、10パターンに分類
- 例題で考え方・解法を身につけ、豊富な練習問題で実戦力を養う
- 複合問題にも対応できる力を養う

定価：1,320円（本体 1,200円 + 税 10%）／ISBN：978-4-8080-8600-8 C6037

公立中高一貫校適性検査対策問題集

数と図形編

- 公立中高一貫校適性検査対策に欠かせない数や図形に関する問題を徹底練習
- 実際の出題から良問を精選、10パターンに分類
- 例題で考え方・解法を身につけ、豊富な練習問題で実戦力を養う
- 他教科を含む複合問題にも対応できる力を養う

定価：1,320円（本体 1,200円 + 税 10%）／ISBN：978-4-8080-4656-9 C6037

公立中高一貫校適性検査対策問題集

生活と科学編

- 理科分野に関する問題を徹底トレーニング！！
- 実際の問題から、多く出題される生活と科学に関する問題を選び、13パターンに分類
- 例題で考え方・解法を身につけ、豊富な練習問題で実戦力を養う
- 理科の基礎知識を確認し、適性検査の問題形式に慣れることができる

定価：1,320円（本体 1,200円 + 税 10%）／ISBN：978-4-8141-1249-4 C6037

公立中高一貫校適性検査対策問題集

作文問題（書きかた編）

- 出題者、作問者が求めている作文とは！？ 採点者目線での書きかたを指導
- 作文の書きかたをまず知り、文章を書くのに慣れるためのトレーニングをする
- 問題文の読み解きかたを身につけ、実際に書く際の手順をマスター
- 保護者の方向けに「サポートのポイント」つき

定価：1,320円（本体 1,200円 + 税 10%）／ISBN：978-4-8141-2078-9 C6037

公立中高一貫校適性検査対策問題集

作文問題（トレーニング編）

- 公立中高一貫校適性検査に頻出の「文章を読んで書く作文」攻略に向けた問題集
- 6つのテーマ、56の良問…バラエティー豊かな題材と手応えのある問題量で力をつける
- 大問1題あたり小問3～4問。チャレンジしやすい問題構成
- 解答欄、解答例ともに実戦的な仕様

定価：1,320円（本体 1,200円 + 税 10%）／ISBN：978-4-8141-2079-6 C6037

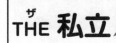

〈ダウンロードコンテンツについて〉

本問題集のダウンロードコンテンツ、弊社ホームページで配信しております。現在ご利用いただけるのは「2025年度受験用」に対応したもので、**2025年3月末日**までダウンロード可能です。弊社ホームページにアクセスの上、ご利用ください。

※配信期間が終了いたしますと、ご利用いただけませんのでご了承ください。

中学別入試過去問題シリーズ

県立宇都宮東・佐野・矢板東高校附属中学校　2025年度

ISBN978-4-8141-3113-6

[発行所] 東京学参株式会社

〒153-0043　東京都目黒区東山2-6-4

書籍の内容についてのお問い合わせは右のQRコードから　⇒

※書籍の内容についてのお電話でのお問い合わせ、本書の内容を超えたご質問には対応できませんのでご了承ください。

2024年6月14日　初版